数字经济系列丛书

数字政府

王琦 张静 编著

北京邮电大学出版社
www.buptpress.com

内 容 简 介

本书根据电子政务发展的特征，重点结合互联网、大数据和区块链等新兴技术，从信用、服务、参与和开放四个方面论述数字政府。数字政府是电子政务的转型升级，是发展的新阶段、新趋势。数字政府作为数据治理阶段的新模式，需要加强基础理论研究，明确数字政府内涵与边界，梳理数字政府发展体系和历程，加快总结国内外数字政府建设经验与面临的挑战，并探讨数字政府未来的运行模式。本书主要采用文献资料研究与实际案例相结合、理论研究与政策研究相结合和中外对比相结合的方法，对相关文献资料进行了整理、综述和分析，对国内外的新动态进行跟踪和总结分析。本书特色在于把处于探索阶段的数字政府理念与丰富的案例分析相结合，理论与实践相结合，为数字政府更好地发展提供一定理论基础和实践经验。

本书可作为经济管理类的教材，也可用于政府各级公务员培训及供有关人员阅读。

图书在版编目(CIP)数据

数字政府 / 王琦，张静编著． -- 北京：北京邮电大学出版社，2020.5(2022.7重印)
ISBN 978-7-5635-6001-1

Ⅰ．①数… Ⅱ．①王… ②张… Ⅲ．①电子政务—研究 Ⅳ．①D035-39

中国版本图书馆 CIP 数据核字(2020)第 031791 号

策划编辑：彭　楠　　责任编辑：孔　玥　　封面设计：七星博纳

出版发行：北京邮电大学出版社
社　　址：北京市海淀区西土城路 10 号
邮政编码：100876
发 行 部：电话：010-62282185　传真：010-62283578
E-mail：publish@bupt.edu.cn
经　　销：各地新华书店
印　　刷：北京九州迅驰传媒文化有限公司
开　　本：720 mm×1 000 mm　1/16
印　　张：12.25
字　　数：252 千字
版　　次：2020 年 5 月第 1 版
印　　次：2022 年 7 月第 2 次印刷

ISBN 978-7-5635-6001-1　　　　　　　　　　　　　　　定价：56.00 元

· 如有印装质量问题，请与北京邮电大学出版社发行部联系 ·

前　言

随着互联网的发展,第二个社会空间的形成,如何建立一个高效、有序的数字政府,成为各国政府纷纷实施数字化转型的目标。习近平总书记在十九大报告中指出,要建设网络强国、数字中国、智慧社会,推动互联网、大数据、人工智能和实体经济深度融合,发展数字经济、共享经济,培育新增长点、形成新动能。当前,随着国家大数据战略的实施,数字中国建设步伐的加快,数字政府已成为落实国家网络强国、数字中国、智慧社会等战略行动的重要着力点。

数字政府是电子政务的转型升级,是发展的新阶段、新趋势。数字政府作为数据治理阶段的新模式,需要加强基础理论研究,明确数字政府内涵与边界,梳理数字政府发展体系和历程,加快总结国内外数字政府建设经验与面临的挑战,并探讨数字政府未来的运行模式。通过数字政府建设,推动政府转型,全面带动经济社会各领域的数字化、智能化建设。我国在电子政务建设方面已经取得了一定的成就,目前市场上同类书籍主要以电子政务书籍为主,很少有数字政府内容相关的书籍。本书通过分析电子政务发展的不平衡,重点结合互联网、大数据和区块链等新兴技术,从信用、服务、参与和开放四个方面论述数字政府。本书分 6 章来阐述。第 1 章数字政府概述,主要探究数字政府的基本概念和特征,从技术体系和网站建设体系两个方面介绍数字政府体系构成,以及数字政府发展历程;第 2 章信用型数字政府是数字政府的基础,主要研究了信用和征信的概况、政府主导的信用管理体系和市场主导的征信体系;第 3 章服务型数字政府是数字政府的关键体现,通过新公共服务理论、数字政府服务模式及服务流程再造理论,尽量消除数字鸿沟,更好地为人民服务;第 4 章参与型数字政府是数字政府的民主体现,主要探究参与型数字政府的相关概念以及发展原因,对参与型数字政府建设模型进行了分析,并对参与型数字政府的现状与展望进行了总结;第 5 章开放型数字政府是数字政府透明化的体现,主要探究开放型数字政府的概念内涵、开放政府数据的作用和挑战、网络空间安全、数据安全和隐私保护等问题;第 6 章数字化城市管理是数字政府中城市化管理的体现,主要阐述网格化城市管理模式和数据化城市管理模式以及它们的应用,为我国数字化城市管理提供解决方案。

本书主要采用文献资料研究与实际案例相结合、理论研究与政策研究相结合和中外对比相结合的方法,对相关文献资料进行了整理、综述和分析,对国内外的新动态进行跟踪和总结分析。本书特色在于把目前处于探索阶段的数字政府理念与丰富的案例分析相结合,理论与实践相结合,为数字政府更好地发展提供一定理论基础和实践经验。

在本书编写过程中，北京邮电大学研究生李慧杰、任奕、牛若男、杨毅、尚志华和张翰颖等六位付出了辛勤的劳动，共同完成了本书相应内容的资料收集、整理和总结工作，在此表示衷心的感谢。本书是未来数字政府运行模式的探索，有一定的前瞻性，由于作者理论水平、研究视野以及研究工作所及的范围所限，对一些理论知识可能分析得不够深入，恳请广大专家和读者提出宝贵意见，为下一步修正和完善奠定基础。

目 录

第1章 数字政府概述 ……………………………………………………… 1
  1.1 数字政府的基本概念 ……………………………………………… 1
    1.1.1 数字政府的概念 ……………………………………………… 1
    1.1.2 数字政府的特征 ……………………………………………… 3
    1.1.3 数字政府的优势 ……………………………………………… 4
  1.2 数字政府体系 ……………………………………………………… 5
    1.2.1 数字政府技术体系 …………………………………………… 5
    1.2.2 数字政府网站体系 …………………………………………… 7
  1.3 数字政府发展历程 ………………………………………………… 10
    1.3.1 政府数字化进程 ……………………………………………… 10
    1.3.2 国外数字政府的发展现状 …………………………………… 11
    1.3.3 数字政府发展的四种形态 …………………………………… 16
  思考题 …………………………………………………………………… 16

第2章 信用型数字政府 …………………………………………………… 17
  2.1 信用与征信 ………………………………………………………… 17
    2.1.1 信用概述 ……………………………………………………… 18
    2.1.2 征信概述 ……………………………………………………… 20
    2.1.3 征信管理体系构成 …………………………………………… 21
    2.1.4 征信体系国内外比较 ………………………………………… 23
  2.2 政府主导的信用管理体系 ………………………………………… 27
    2.2.1 政府公信力 …………………………………………………… 27
    2.2.2 中央银行征信系统 …………………………………………… 29
    2.2.3 信用中国平台 ………………………………………………… 32

2.2.4 地方政府信用体系 ··· 36
 2.3 市场主导的征信体系 ··· 37
   2.3.1 个人征信 ··· 37
   2.3.2 企业征信 ··· 41
   2.3.3 大数据征信 ··· 44
   2.3.4 政府监管 ··· 51
 思考题 ··· 53

第 3 章 服务型数字政府 ·· 54

 3.1 新公共服务理论 ··· 54
   3.1.1 新公共服务理论的起源 ··· 54
   3.1.2 新公共服务理论的理论基础 ··· 56
   3.1.3 新公共服务理论的内容 ··· 57
   3.1.4 新公共服务理论在中国的实践——善治理论 ························· 60
   3.1.5 新公共服务理论简评 ··· 63
 3.2 数字政府服务模式 ··· 63
   3.2.1 政府间的数字政府服务模式(G2G) ································· 64
   3.2.2 政府对企业的数字政府服务模式(G2B) ····························· 66
   3.2.3 政府和公务员之间的数字政府服务模式(G2E) ······················· 68
   3.2.4 政府对公众的数字政府服务模式(G2C) ····························· 69
 3.3 数字政府服务流程再造 ··· 71
   3.3.1 服务流程再造定义 ··· 71
   3.3.2 服务流程再造原则 ··· 72
   3.3.3 业务流程再造 ··· 73
   3.3.4 业务标准再造 ··· 77
   3.3.5 信息系统再造 ··· 78
   3.3.6 组织再造 ··· 80
   3.3.7 完善法律法规 ··· 81
 思考题 ··· 83

第 4 章 参与型数字政府 ·· 84

 4.1 参与型数字政府概述 ··· 84

  4.1.1 参与型数字政府的概念 ………………………………………………… 84
  4.1.2 参与型数字政府的推动原因 …………………………………………… 87
  4.1.3 参与型政府的意义 ……………………………………………………… 88
 4.2 参与型数字政府模型 ……………………………………………………………… 90
  4.2.1 数字化参与的阶段 ……………………………………………………… 90
  4.2.2 数字化参与的主导对象 ………………………………………………… 94
  4.2.3 数字化参与中的政府回应 ……………………………………………… 102
 4.3 参与型数字政府现状与展望 ……………………………………………………… 110
  4.3.1 参与型数字政府发展现状 ……………………………………………… 110
  4.3.2 参与型数字政府展望 …………………………………………………… 113
 思考题 ………………………………………………………………………………………… 116

第 5 章 开放型数字政府 ……………………………………………………………… 117

 5.1 开放型数字政府概述 ……………………………………………………………… 117
  5.1.1 开放型数字政府内涵 …………………………………………………… 117
  5.1.2 开放政府的推动原因 …………………………………………………… 119
  5.1.3 开放型数字政府的意义 ………………………………………………… 121
 5.2 开放政府数据 ……………………………………………………………………… 122
  5.2.1 开放政府数据的作用 …………………………………………………… 122
  5.2.2 开放政府数据的过程 …………………………………………………… 125
  5.2.3 开放政府数据的障碍 …………………………………………………… 127
  5.2.4 国内外开放数据比较和借鉴 …………………………………………… 128
 5.3 隐私与信息安全问题 ……………………………………………………………… 132
  5.3.1 隐私权的内涵 …………………………………………………………… 132
  5.3.2 新形势下隐私权的具体内容 …………………………………………… 133
  5.3.3 网络空间安全及其挑战 ………………………………………………… 135
  5.3.4 数据安全及其挑战 ……………………………………………………… 138
  5.3.5 信息安全和隐私保护策略 ……………………………………………… 140
 思考题 ………………………………………………………………………………………… 141

第 6 章 数字化城市管理 ……………………………………………………………… 142

 6.1 数字化城市管理发展概述 ………………………………………………………… 142

6.1.1　城市管理与城市管理模式 …………………………………… 142
6.1.2　数字化城市管理模式 …………………………………………… 143
6.2　网格化城市管理模式 ………………………………………………… 146
6.2.1　网格化城市管理模式产生的背景 …………………………… 146
6.2.2　网格化城市管理的基础理论 ………………………………… 147
6.2.3　网格化城市管理模式的关键技术 …………………………… 148
6.2.4　网格化城市管理模式的框架体系及运行机制 ……………… 150
6.2.5　网格化城市管理的作用和意义 ……………………………… 157
6.3　数据化城市管理模式 ………………………………………………… 159
6.3.1　政务数据体系建设背景 ……………………………………… 159
6.3.2　政务数据管理的基本要素 …………………………………… 159
6.3.3　政府数据管理的关键技术 …………………………………… 161
6.3.4　政府数据管理体系 …………………………………………… 162
6.3.5　数据化城市管理模式的应用 ………………………………… 164
思考题 ………………………………………………………………………… 171
参考文献 ………………………………………………………………… 172
附录一　联合国电子政务调查报告调查框架 ………………………… 180
附录二　数字政府发展大事件 ………………………………………… 182

第1章　数字政府概述

随着国家大数据战略的实施,数字中国建设步伐的加快,数字政府已成为落实国家网络强国、数字中国、智慧社会等战略行动新的着力点。数字政府作为数据治理阶段电子政务发展新趋势,需要加强基础理论研究,明确数字政府的内涵与边界,梳理数字政府发展体系和历程,加快总结国内外数字政府建设经验与面临的挑战,并探讨数字政府未来的运行模式。希望通过数字政府建设,推动政府转型,全面带动经济社会各领域的数字化、智能化建设。

1.1　数字政府的基本概念

1998年1月美国副总统戈尔在加利福尼亚科学中心开幕典礼上发表题为《数字地球——新世纪人类星球之认识》的演说,首次提出"数字地球"的概念,随后,"数字国家""数字政府""数字城市"和"数字社区"等概念和实践相继出现。"数字化"在当下已不再仅仅是一个概念,而是现实世界的真实存在,并促使各国迅速将"数字治理"上升为国家乃至全球治理的发展战略。2017年12月8日习近平总书记在实施国家大数据战略集体学习时指出:大数据是信息化发展的新阶段,对经济发展、社会治理、国家管理、人民生活都产生了重大影响。回顾我国信息化发展历程,从初期的网络应用与办公自动化,再到"十二金"信息应用系统建设为主的阶段,一直到现在以数据治理为核心的发展阶段,我国电子政务发展环境、存在问题及实际需求等不断发生变化,尤其是当前数据治理阶段,更需要新的理念引领发展、新的模式创新发展、新的策略升级发展。数字政府作为数据治理阶段电子政务发展新趋势,需要加强基础理论研究,加快总结国内外数字政府建设经验与面临的挑战,明确数字政府内涵与边界,理清与网络强国、大数据发展战略的关系等,为深入推进数字中国创造良好环境。

1.1.1　数字政府的概念

数字政府即政府通过数字化思维、数字化理念、数字化战略、数字化资源、数字化工具和数字化规则等治理信息社会空间、提供优质政府服务、增强公众服务满意度的过程,是一种新型政府管理和服务形态,其核心目标在于推进以公众为中心的公共服务,基于信用管理,充分挖掘数据资源,提高管理效率、改善服务体验,促进公众与政府的良性互动,实现政府的社会公共服务价值,是信息社会实现城市政府善治的新思路。

2016年《联合国电子政务调查报告》强调,数字政府的一个重要趋势就是推行以公众为中心的发展理念,注重为公众提供定制化、个性化、便捷化的服务,并且这种服务模式的创新正在改变公共部门的运行方式。数字政府是从政府组织优化、资源配置方式、政府治理能力等视角进行规划建设的新系统工程,是电子政务发展新趋势,是一次发展理念的创新、一种发展模式的升级,主要体现在以下五个方面。

第一,数字政府的目标是更好地提供服务。以公众在民主、法治、公平、正义、安全、环境等方面的实际需求为出发点,通过体制机制创新,充分发挥新一代信息技术优势,革除公共管理服务过程中不符合发展要求的各种障碍,推动政府治理模式的全面升级。所以,打造数字政府,要围绕公众、企业、政府机关工作人员等服务对象,聚焦服务模式创新,不断优化服务流程,打造完善的公共服务体系,为公众提供良好的生活环境与发展空间,使公众充分享受数字政府建设成果,不断提升公众幸福指数。

第二,数字政府以信息技术为支撑,将按照数字化、数据化、智能化、智慧化的演变规律与发展路径,实现层级式优化完善,不断推动政府运行体系的转型升级与融合创新,这是政府在信息社会环境下主动做出改变和被动接受外部压力共同作用的结果。通过针对政府的数字化改造、数据化管理、智能化运行、智慧化共治,使政府运行环境发生根本性改变,促进平台型、数据型、开放型、服务型政府的全面发展。为此,推动数字政府发展演进,需要以政务信息资源整合共享为切入点,加强政府数据资产管理,积极构建政府数据治理体系,提升政府数据运营水平,增强政府管理与决策能力。

第三,数字政府是实体政府数字化、虚拟化的结果,某种程度上也是建立一个相对实体政府而言的虚拟政府。虚拟政府是网络空间的一种组织形态,通过组织扁平化、业务协同化、服务智能化等方式,以及与实体政府的有效衔接与相互驱动,打造一种新型政府运行模式。当然,如何推动政府虚拟化,哪些环节需要虚拟化,虚拟化之后能带来哪些价值等都需要实践探索。从目前实际情况来看,主要可以通过推动实物虚拟化、人员虚拟化、组织虚拟化、服务虚拟化等,减少实体政府一些环节的存在,不断优化服务流程等,如无纸化办公、数字公民与数字公务员、组织架构虚拟化、网上服务与移动服务等。

第四,数字政府是政府运行模式的升级,通过新一代信息技术的广泛应用,在网络空间重新构建一个扁平化、分布式的虚拟政府组织,进而倒逼政府体制机制创新,不断优化改进科学层级的运行模式,全面提高政府运行效率。加快数字政府建设步伐,重点在于促进跨地域、跨部门、跨层级信息共享,以数据流驱动业务流、服务流,进一步优化、再造政务服务及相关业务流程,利用大数据全面固化、流程化政府权力运行过程,切实改变传统运行模式。同时,充分发挥信息技术优势,不断打破时间和地域上的限制,使个性服务、主动服务、精准服务等逐步成为现实,实现公共管理与服务的智能化、精准化、共享化,不断促进政府治理模式现代化。

第五,数字政府是一种新的生态体系,是一种在新的法律法规、标准规范、合作模式等环境下运行的新型组织。目前,随着以大数据为核心的信息化新阶段的到来,数字政府建设运营的复杂度增加,专业性增强,需要进一步理清政府、企业、公众的角色定位,积极吸引具有创新性的企业参与建设运营。首先,加强"管运分离",强化政府管理协调者的角色,将运营工作交给企业,充分发挥企业在资金、技术、人才等方面的优势;其次,大力推动政府数据开放,加强政府与社会数据融合,鼓励企业参与政府数据开发利用,进一步提升公共管理与服务水平;另外,加强公共管理服务资源共享,充分利用政府公共服务平台具有的部分商业属性与企业商业平台公共属性相互延伸的特点,创新运营模式,形成共建共享生态体系,全面提升数字政府建设价值。

1.1.2 数字政府的特征

在信息时代,信息传播和信息交换正在快速取代传统资本流动和物品交换而成为新的社会驱动力量。权力正从国家向网络转移,凭借信息技术,人们的社会互动正取代等级结构作为社会组织形式的主导地位,数据和信息不但已在整个社会层面开始分享和传播,就连"权力"和"权威"也日趋支离破碎为各个"去组织化""去中心化"的网络化社会运动;有关社会公共问题的治理协商也已不再仅仅集中于精英内部的激烈辩论和民意代表之间的唇枪舌剑,普通民众通过自己的移动终端和社交工具也日趋深入参与其中。

在网络化的社会生活中,我们每个个体早已不再是可以特立独行的社会存在,而是彼此互动又相互影响,诸如恐慌、泡沫、游行和动乱等也早已不再是地域性的可控社会现象,而是变得越来越像传染病那样骤然爆发、迅速传导且四下蔓延;决策的本质越来越偏离传统的"理性抉择"与"精英共识",越来越滑向社会网络中的多变量扰动与信息聚合。显而易见,社会形态的改变已经使得我们每个人的决策根植于更宽广的社会信息网络之中,使得我们每个人正在演变成为整个社会决策的一个有机组成部分;有关社会运行管理的政策产出越来越体现为不同民意之间的妥协而不是精英之间的共识。

具体而言,数字社会是一种全新的社会形态,数字政府作为一种新型国家治理方式,其主要特征体现在以下四个方面。

(1) 信息传播的平等化。在社会生活中信息的生产与流动不再局限于精英之间,而是每个具备一定信息技术能力的社会个体都可以成为信息的生产者、传播者和消费者,从而使得知识和信息资源有可能在社会全体成员之间自由流动,也从而使得有关社会公共问题的治理走向多主体参与和多主体协商。

（2）社会生活的全面"数据化"。由于信息采集技术的进步和信息存储成本的降低,社会生活越来越具有高频互动性,同时人们的日常行为也越来越具有可记录性、可监测性和可预测性,人正在成为一切数据足迹的总和,人们的一切行为都以数据的形式被记录、被储存和被处理。

（3）政府服务的"智能化"与"精准化"。政府各部门数据日趋融通、开放和具有可计算性,使得政府服务由以前粗放式管理日趋转向针对具体个人、具体问题的精准化治理,从而提高问题的处理效率。

（4）政府治理的"智慧化"。传统的农业社会和工业社会的政府职能主要以统计管理为主,目标是为统治者和精英决策层提供决策数据与信息支撑,而信息社会的政府职能则以数据融通和提供智慧服务为主,着力解决信息碎片化、应用条块化、服务割裂化等问题,确保信息数据在政府与社会、市场及公民之间畅通,以更好地提供基于个性化的政府服务,以信息化推进国家治理体系和治理能力现代化。

1.1.3 数字政府的优势

数字政府是把新的信息和通信技术运用到政府的职能之中,利用互联网及相关技术的网络潜能来改革政府的结构和运行机制。相比于传统政府,数字政府的优势主要体现在以下四个方面。

（1）管理体系更注重效率和服务质量。传统政府的组织和管理体系是层级垂直式,存在的主要弊端是金字塔式程序危害民主决策,并且,它所提供的服务和反馈比较缓慢。数字政府有助于形成扁平式、网络化的组织和管理体系,既促进民主决策的效率,也提升服务质量。

（2）行政业务流程更精简。传统政府机构庞杂臃肿,业务流程复杂烦琐,导致办事效率低下,行政成本更高。数字政府由于信息通信技术具有的信息丰富、传递迅捷、形式灵活等特点,使各个部门之间无须经由中间部门而能直接对话,达到精简业务流程、提升政务核心执行力的目的。

（3）公民参与度更高。数字政府通过网络、手机客户端等公布政务信息,公众通过计算机或手机了解和参与政府的决策,并监督政府的工作,这种互动方式高效、迅捷。数字政府推进政府职能从"管理型"转向"服务型",可有效提高公民政治参与度,提升政务公开和民主监督力度,抑制行政腐败现象,提高政府工作效率,降低政府工作成本。

（4）更注重价值追求。数字政府建设旨在促使政府工作高效化、透明化、廉洁化,提升对公众、企业和社会的服务质量,建设与公众、企业和社会之间的共同体关系。

1.2 数字政府体系

为了使数字政府系统更好地发挥作用,提高运作效率,提高服务质量,需要建立统一的、与政府部门结构相适应的数字政府体系结构,使之能够对政务各部门的信息资源和信息系统进行连接,以使数据资源能够得到有效管理、分享和利用,并保证信息数据的完整性、安全性、实时性和可访问性。

1.2.1 数字政府技术体系

数字政府的发展是建立在计算机技术、网络与通信技术等现代信息技术高度发展基础上的,也正是这些信息技术的发展和应用,才使得数字政府的服务水平得到提高。在电子政务体系的数据库技术和信息资源管理技术发展的基础上,数字政府还运用云计算作为发展的基础设施,人工智能和物联网作为数字政府的驱动力。

1. 云计算是数字政府发展的基础设施

(1) 云计算的好处

云服务的好处非常多。云计算不仅能帮助机构降低投资过程中的成本,创建一个从网络、应用程序软件到管理工具的系统,还能帮助组织提供数据,并通过网络快速、方便地实现共享。云计算支持在同一个组织中的不同团体间的数据共享,特别是数字政府的共享。云计算有利于提高中央政府与地方政府间的联系和沟通。

为了提高对政府提供的服务的利用率,云计算为政府带来了很多好处,特别是在数字政府服务方面,具体体现在以下四个方面:

第一,快速、便捷地共享数据,同时帮助政府机构实现数据库共享;

第二,降低投资、运行、技术维护成本,并投资这些组织的硬件和软件系统;

第三,提高安全性;

第四,促进绿色信息通信技术等新技术的发展。

(2) 云计算在数字政府中的应用

对于公共部门来说,最重要的是云计算应用可能会出现在多个部门或各级政府层面。在世界范围内,公共部门的信息管理仍然是由"信息孤岛"模式所主导,大部分政府机构都还运作着独立的信息系统。政府面临的更棘手的挑战之一是如何有效地统筹并分享信息技术资源,在核心数字政府项目和公共健康/教育以及公共安全/安保等领域都存在这样的问题。政府在过去十年中为应对这一挑战作出了很多努力。例如,政府已经开发了协作机制、企业架构和互操作性框架。政府还制定了面向共享服务的法律、政策和预算框架,并启动了广泛的多机构 ICT 资产。然而,尽管付出了诸多的努力和代价,但共享服务的进展总体上还是比预期的要慢,而且也没有得到普遍传播和有效利用。政府为信息通信技术发展支付的费用太高,但实际效益较少,尤其是在整个公共部门中这点表现更明显。因此,云计算在政府等公共部门大有用武之地。

【案例1-1 新加坡的云服务】

作为在数字政府领域领先的国家,新加坡总是能抓住在公共部门引进和应用新兴技术的机会。云计算、大数据和物联网的公共项目正在进行或计划在复杂的阶段使用新兴技术。国家云计算咨询委员会(NCCAC)等组织的准备工作是正在关注采用的技术、标准化工业建设以及促进不同部门之间的合作。可以预见,新兴技术在数字政府领域的发展潜力巨大,但政府的指导应该在引导行业和社会发展中发挥重要作用。

新加坡政府认为,每一种云计算模式都有自己的担保和利益。因此,新加坡政府的云战略是通过采用多管齐下的云计算方法来利用适当的云满足适当的需求,具体如下:(1)利用商业上可用的公共云产品提供适当的需求,从而降低计算资源的成本,从中获益;(2)在公共云不能满足安全和治理要求的情况下,采用私有化政府云计算,即政务云(G-Cloud)供整个政府部门使用;(3)通过一套内部的政务云标准,使政务云和代理云之间实现协调。

对下一代政府来说,政务云(G-Cloud)是一项基础设施。它将提供高效、可扩展和有弹性的云计算资源,并将被用来满足不同级别的安全性和治理要求。为了进一步整合政府的全面需求,以最大限度地节省成本,政府将确定提供软件即服务(software as a service,SaaS)的产品,如业务分析、客户关系管理和网页内容管理。G-Cloud可以在政府一级实现标准化,共享计算资源和应用,从而为政府节省成本。

资料来源:早稻田大学,《第13届(2017)国际数字政府评估排名研究报告》。

2. 人工智能和物联网是数字政府发展的驱动力

(1) 人工智能和物联网概述

通常情况下,物联网将提供设备、系统和服务的高级连接,这些连接超越了机器对机器(M2M)的通信,覆盖了各种协议、域和应用程序。这些嵌入式设备(包括智能对象)的相互连接,有望在所有领域实现自动化,同时也支持像智能电网这样的高级应用程序,并扩展到智能城市等领域。

在提供服务方面,数字政府对公民有许多实际的贡献,然而在许多国家,特别是对于最不发达国家和发展中国家而言,由于缺乏沟通、联系和最终用户,政府很难向所有公民传播服务。随着物联网应用于数字政府服务中,政府可以解决这个问题。有了连接多种设备的能力,通过不同的方法,政府就有能力扩大服务,使政府的服务更好、更有效率。将物联网应用于政府运行,能够使政府在紧急情况下做出更好更快的反应(如自然灾害预警系统),为公民提供有价值的服务,并将安全作为首要任务。

人工智能(AI)的应用随着物联网和大数据分析的兴起而不断增长,可用于企业,也适用于公共部门。人工智能帮助组织通过减少投资成本、使用分析工具优化输入、创建信息流和在组织内部使用共享数据库来实现共享输出数据的使用,以此来为组织构建更智能的基础设施。人工智能将为决策过程和业务结果预测提供一个基础平台。构建灵活性系统可以减少输入负荷,并彻底改变人们使用基于云计算的智能设备的方式。因此,对于每个组织来说,人工智能都是一个有用且不可或缺的工具。

(2) 人工智能和物联网在数字政府中的应用

根据物联网的概念,所有设备都可以连接到互联网上,设备之间可以共享信息,从而最大限度地扩大信息传播的范围。在公共管理部门,如果彻底实现物联网应用,可以实现高效工作,如灾害管理和应急管理。在灾害管理中,信息的共享和传播至关重要。政府可以通过建立感官网络,将它们连接到互联网上,如海啸预警、地震预警或森林火灾预警等预警系统,通过全面控制和预防,从而减轻灾害造成的损害。同时实现政府机构之间同步数据共享。

在数字政府的应用中,远程医疗是物联网的应用服务之一。医疗领域的物联网应用也被称为医疗物联网(healthcare IoMT),它是医疗设备和应用程序(医疗信息技术系统)的集合。配备了无线网络的医疗设备可以让以 IoMT 为基础的机器对机器进行通信。IoMT 设备连接到可以存储和分析捕获数据的云平台。许多消费者的移动设备都配有近距离无线通信技术(NFC)射频识别(RFID)标签,允许设备与 IT 系统共享信息,这使应用 IoMT 有了可能。使用 IoMT 设备远程监控病人的做法通常被称为远程医疗。

通过改善交通中的物联网,可以帮助许多城市开展智能交通项目,优化公交路线,创造更安全的道路,减少基础设施成本,并缓解因人流涌入而造成的交通拥堵。对于发展中国家而言,物联网有助于解决交通拥堵问题。此外,物联网能够快速传播道路状况的信息。

1.2.2 数字政府网站体系

1. 总体架构

2017 年 1 月,国务院办公厅下发的《"互联网+政务服务"技术体系建设指南》(以下简称"指南")按照"坚持问题导向、加强顶层设计、推动资源整合、注重开放协同"的原则,以服务驱动和技术支撑为主线,围绕"互联网+政务服务"业务支撑体系、基础平台体系、关键保障技术、评价考核体系等方面,提出了优化政务服务供给的信息化解决路径和操作方法,为构建统一、规范、多级联动的"互联网+政务服务"技术和服务体系提供保障。

《指南》提出"互联网+政务服务"平台总体架构,为数字政府平台体系建设提供了明确指导。"互联网+政务服务"平台体系由国家级平台、省级平台、地市级平台三个层级组成,各层级之间通过政务服务数据共享平台进行资源目录注册、信息共享、业务协同、监督考核、统计分析等,实现政务服务事项就近能办、同城通办、异地可办。如图1-1所示为"互联网＋政务服务"总体层级体系图。

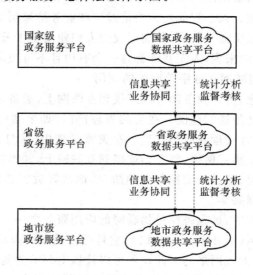

图1-1 "互联网＋政务服务"总体层级体系图

（1）国家级平台

国家级平台包括国家政务服务平台和国务院部门政务服务平台。国家政务服务平台依托国家电子政务外网建设,主要实现各地区各部门政务服务汇聚、跨地区跨部门数据交换、跨地区统一认证、共性基础服务支撑。汇集各地区、各部门政务服务资源,形成统一事项目录库、证照目录库,实现人口、法人、地理空间信息、社会信用等基础信息资源库和业务信息库共享利用,发挥政务服务访问的"公共入口",地方部门数据交换的"公共通道",身份认证、证照互认、安全保障等"公用支撑"作用。充分利用国家数据共享交换平台,做好与国家投资项目在线审批监管平台、国家公共资源交易平台、全国信用信息共享平台、国家企业信用信息公示系统等的衔接与整合。

国务院部门政务服务平台（业务办理系统）实现部门相关政务服务的办理,并与国家政务服务平台实现对接和办理结果汇聚。

（2）省级平台

省级平台充分利用现有电子政务网络资源建设（原则上依托国家电子政务外网）,提供省级部门政务服务事项受理、办理和反馈。建立省（区、市）政务服务数据共享平台,依托统一信息资源目录,通过与国家级平台和地市级平台的数据交换,实现自然人、法人基础信息共享,用户认证信息交互,证照信息共享,办件信息交换,统计分析和监督考核。

（3）地市级平台

地市级平台充分利用各地区统一电子政务网络建设（原则上依托国家电子政务外

网),提供地市级、县级、乡级政务服务事项受理、办理和反馈,有条件的地区可将代办点延伸至村级。依托地市(州)政务服务数据共享平台,实现与国家级平台、省级平台的数据交换,提供地市级范围内基础数据共享共用,实现地市级平台与本级部门纵向系统的衔接与整合。

国家政务服务平台与中央政府门户网站(及其微博微信、客户端)实现数据对接和前端整合;各省(区、市)、国务院部门政务服务平台做好与本地区本部门政府门户网站及客户端的政务服务资源和数据对接;同时,各地区各部门政务服务平台与国家政务服务平台和中央政府门户网站(及其微博微信、客户端)实现数据对接和前端整合,形成全国一体化网上政务服务体系;适应移动互联网趋势,做好网上政务服务平台在手机端的效果展示优化及手机适配,提高百姓用手机登录政务服务平台及政府门户网站的使用舒适度。

2. 平台系统组成

"互联网+政务服务"平台主要由互联网政务服务门户、政务服务管理平台、业务办理系统和政务服务数据共享平台四部分构成。平台各组成部分之间需实现数据互联互通,各组成部分之间的业务流、信息流如图 1-2 所示。

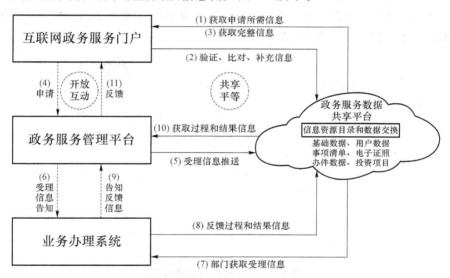

图 1-2 "互联网+政务服务"平台系统组成图

(资料来源:2017 年 1 月,国务院办公厅,《"互联网+政务服务"技术体系建设指南》)

互联网政务服务门户统一展示、发布政务服务信息,接受自然人、法人的政务服务申请信息,经与政务服务数据共享平台进行数据验证、比对和完善后,发送至政务服务管理平台进行处理,将相关受理、办理和结果信息反馈给申请人。

政务服务管理平台把来自互联网政务服务门户的申请信息推送至政务服务数据

共享平台,同步告知业务办理系统;政务服务管理平台从政务服务数据共享平台获取并向互联网政务服务门户推送过程和结果信息,考核部门办理情况。

业务办理系统在政务服务数据共享平台取得申请信息和相关信息后进行业务办理,将办理过程和结果信息推送至政务服务数据共享平台,同步告知政务服务管理平台。

政务服务数据共享平台汇聚政务服务事项、电子证照等数据,以及来自互联网政务服务门户的信息、政务服务管理平台受理信息、业务办理系统办理过程和结果,实现与人口、法人等基础信息资源库的共享利用。

1.3 数字政府发展历程

1.3.1 政府数字化进程

信息技术是带动社会发展的动力,同时也是推动数字政府进程的主要动力,根据不同阶段信息技术带来的主要变化,可以总结出数字政府经历了信息数字化、业务数字化和组织数字化三个时期,如图1-3所示。

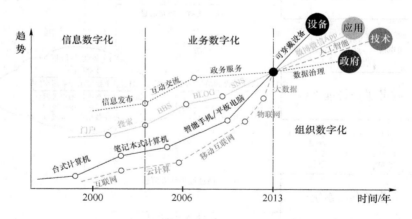

图1-3 数字政府演进路线图
(资料来源:国脉科技研究院网站)

纵观IT设备、互联网应用模式和政府在线服务平台的发展趋势,从台式计算机、笔记本式计算机、智能手机/平板电脑到可穿戴设备,信息传播与处理平台的发展呈现小型化、便携性并且与人的距离越来越近。互联网主流信息平台经历了从专业化到个人化、从PGC到UGC的发展轨迹。政务服务平台从单纯的线上发布信息到线上线下结合的"信息即服务",从单纯的线上体验的改进,到后台流程的优化与数据开放,最终实现政务服务与数据开放。IT设备、互联网应用模式与政府服务平台三大领域协同发展,数字化形态从信息数字化到业务数字化再到组织数字化转变,正在形成一种以数据治理为核心的模式。

如表1-1所示,政府数字化是一个长期发展的过程,根据各个阶段的发展特征,可以将进程分为电子政府、网络政府和数字政府三个阶段。我们现在已经迈入数字政府的阶段。在这个阶段,我们正在从表层走向里层、从外部走向内部。数字政府阶段的关键核心是数据治理和数据资产化。很多国家、省市已经开始在数据治理和数据资产化部署相应行动。

表1-1 政府数字化进程的阶段分析

阶段	发展特征	目标	驱动要素	技术形态	关键核心	行动与举措
电子政府	政府信息数字化呈现	以提升办公和管理效率为主	信息与系统	Web2.0	信息传播数字化	行业信息化系统建设与政府门户网站建设
网络政府	政务服务数字化供给	以优化服务模式与体验为主	连接与在线	云计算、移动互联网	公民体验至上	网上办事大厅建设与社会化服务渠道合作
数字政府	政府组织数字化转型	以推进政府职能转变为主	数据与智能	大数据、物联网、人工智能	理念数字化、数据资产化	统一数据开放平台建设与大数据管理部门设立

资料来源:国脉科技研究院。

1.3.2 国外数字政府的发展现状

1. 新加坡政府的数字化

2014年,新加坡在数字政府总体表现中排名第一。在世界经济论坛发布的2014—2015年全球竞争力报告中,新加坡政府位列"全球最有效率政府排行榜"第二名。2006—2015年的十年间,新加坡人均国内生产总值从全球第七名(六万美元)提升至第四名(八万五千美元)。2006—2015年,新加坡的基尼系数也在逐渐下降。政府的效率、居民的生活质量,很大程度取决于政府为居民、企业提供服务的质量和效率。在这个信息量巨大、环境多变的时代,新加坡政府之所以能高效运转并取得一系列瞩目的成绩,科学技术是推动其发展的关键要素之一。

(1)新加坡政府数字化的进程

新加坡政府的信息和数字化始于1980年国家信息化委员会的成立(Committee for National Computerisation),其目标是使用信息及通信技术来提高政府公共管理效率，主要专注于工作自动化以及办公无纸化。到了 20 世纪 90 年代，其重心逐渐向公共服务内网集成和共享数据转移。21 世纪，政府对数字化更加重视。2000—2003 年，新的电子政务计划（e-Government Action Plan I）出台，其愿景是在全球经济日益数字化的进程中，将新加坡发展为拥有领先电子政务的国家。

自 20 世纪 90 年代末开始，全球互联网经济的发展呈现指数级增长。旨在创造领先电子政务的新加坡政府在第一个计划启动三年后又推出了新的计划（e-Government Action Plan II），其愿景是在 2003—2006 年间，打造一个网络化的政府，通过为用户提供易访问、集成化、有价值的电子政务服务，将国民紧密地团结在一起。2006 年，iGov2010 年愿景诞生，计划从一个集成化电子政务的政府，发展为高度集成管理的政府。通过信息技术连接民众，提升服务满意度。该计划要求所有职能部门改进政务系统的后端流程，增强以用户为中心的服务能力。

在一份覆盖 2011—2015 年的电子政务总规划中，数字化道路由自上而下"政府对用户"的方式转向"政府与用户"。该计划最主要的改变在于，政府、民众、企业将展开合作与互动，共同为国家和民众创造最佳的信息技术解决方案。2014 年，政府宣布由政府科技部（GovTech）启动"智慧国家"工程，通过全国范围的传感器进行数据采集和分析，更好地掌握各项目事务（例如，交通状况、空气质量）的实时信息。

近年来，新加坡政府提出通过机制、架构、云三方面共同保障实现在线服务的一站式和不间断（One-Stop, NonStop）。在组织机制方面，采用一部一局四委员会机制，总体架构上包括业务架构（找到交叉业务）、信息架构（找到共用的数据元素标准）、应用架构（找到可以共享的系统和服务的组件）、技术架构（包括开发步骤、模板、最佳实践）。统一账号、统一平台、行业平台成为当前新加坡在线政府的主要架构。其中，统一账号包括统一邮箱和统一身份认证；统一平台包括统一网上办事平台、统一数据开放平台和统一交互反馈平台；行业平台包括各领域的统一平台、统一地图、医疗共享平台等。

（2）成就与不足

从数字政府战略实施以来，新加坡政府紧跟全球信息技术发展的节奏，不断调整电子政务发展的规划，从实现自动化，到追求卓越，到集成化管理，再到政、民、企合作创新。2003 年政府引入了"SingPass ID"，个人可以一站式登录访问政府所有在线服务。现今，用户已经可以用 SingPass 获取 60 多个政府部门的在线服务（例如申报个税、申请政府租屋、查询社保），无须创建多个账户。同时，企业登记注册流程也全面自动化，一般情况下完成整个在线操作仅需 15 分钟，注册审批通过后会自动通知用户，企业主无须进行进度查询。政府在数字化的进程中，也在逐步提升适应外部变化的能力，更加关注用户体验。例如人力资源部在 2014 年开始新建的外来家政佣工签证管理系统，在该系统中引入了用户体验评估机制。新系统是所有政府机构中第一次使用敏捷开发和项目管理方法的系统，做到了快速上线、持续交付、收集反馈以及持续改进。上线后，呼叫中心的客服电话量减少了 30%，用户不通过中介的自服务比率提升了 15%，72% 参与反馈的用户为使用体验打了满分。该系统不仅节省了人力，也节省了为公民的服务时间，使政府能有更多的人力和资源发展其他方面。

政府科技部（GovTech）在从前身的信息发展局（IDA）分离转型后，更是将"Agile，Bold，Collaborative"（敏捷、无畏、协作）定为新组织的三大核心价值。在科技迅速发展、用户期望值不断提高的今天，庞大的政府系统要完全跟上时代的脚步，也并非易事。李显龙总理在 2017 年 2 月 24 日的一个创投峰会上提道："虽然我们在 2014 年年末启动了'智慧国家'计划，但其进展低于我们的期望。"为了促进"智慧国家"计划的快速实施，2017 年 5 月 1 日，"智慧国家及数字化政府团队"被纳入总理办公室直属管理。

与此同时，政府部门以及国有企业的采购流程还未能较好地支持顶层期望的科技创新。例如，对定制化 IT 系统，采购方常常用超过半年的时间进行预先需求设计，以固定价格方式进行招标，再用几个月的时间来评选、确定服务商。从想法的产生，到落地实现，时间上不能保证，这与当前科技发展的速度形成强烈反差。此外，在固定价格合同方式下，服务商为了降低风险和成本，通常以拒绝变化、固定架构的方式来建造政务 IT 系统，减少了快速尝试、持续改进的机会，且为系统未来的升级改造埋下高额技术债务。

（3）未来挑战

城市人口密度大。新加坡的国土面积仅有 $718\ km^2$，以每平方公里 8 000 人左右的城市密度位居全球第三。在这个人口密集且对政府服务高度依赖的国家，高效和智能的城市交通、良好的居住环境和医疗服务与这个国家的全球竞争力以及民众生活质量密不可分。由于国土和人口数量较小，如果只在国内市场，提供数字化服务的企业发展空间非常有限。加之数字化项目通常投资巨大，对于本国特定、较难在别国直接复制的数字化服务，营利模式不明朗，对初创企业、私营企业及投资者没有足够吸引力。而新加坡特殊的地域特点进一步增大了政府提供多领域数字化服务的压力。

新加坡也是全球老龄化趋势最严重的国家之一。2012 年新加坡 60 岁以上人口占 15%，到 2050 年，60 岁以上人口将超过目前老龄化最严重的日本，达到 38%。从国际趋势上看，为了提升生活质量和寿命，养老方式正在逐渐从集中化转向社区化。如何让庞大的老龄团体在社区内舒适、安全养老也成为这个国家未来发展的巨大挑战。

2. 美国：建设数字平台 建设互动政府

数字化不仅仅提供数字服务，当数字化大规模发展时，还能为政府、企业和社会提供众多益处。因此，美国数字政府战略主要有四大原则。

（1）以信息为中心：从管理文件向管理开放数据和内容过渡，开放数据和内容可标识、共享、维护并显示，以及供民众使用。此外，联邦政府通过绩效评估推进政府工作,通过数字分析项目,衡量服务有效性,每周对400个行政部门和超过4 000个网站进行评价,评价结果对全社会开放。

(2) 以用户为中心:通过网站、移动应用程序、原始数据和其他交互方式来影响数据的创造、管理和展示方式,让民众随时随地创造、分享和消费信息。基于开放数据和内容,美国鼓励第三方开发者开发面向企业和个人的数字服务,诸如"犯罪地图""街道坑洼""领养消防栓"等一系列应用,从而推动公民参与政府治理。

(3) 建设共享平台,推进政府数据公开:机构内部以及跨机构合作,旨在降低成本、提高效率,并确保信息创造和交互的连贯性。美国政府系统全面开放政府数据,所有部门都被要求提供可机读取的公共数据,除了要求在Data.gov上公开,还要在各部门各自的网站上具体说明。Data.gov使用开源代码开发,可以在线查询到39万多个数据库,网上有数据的说明以及开放对象、联系方式。

(4) 安全隐私平台:确保数字服务的安全交互和使用,保护信息隐私安全。

美国联邦政府当前的在线政府建设重点是跨层级信息共享和业务协同。联邦政府以大门户链接和绩效评估为主要手段,重点促进联邦政府、州政府和地方政府之间的协同。具体做法是以"大门户"的方式,链接共计1万多个各级网站,形成整体政府。

美国在数字政府服务领域有丰富经验。在民众服务体验评分中,美国政府在大部分指标中都表现优异,包括服务成熟度、多渠道服务交互、以民众为中心的互动以及积极的沟通和教育。但是,美国政府在跨政府服务互动方面做得不够。

在"民众满意度调查"中发现,尽管美国政府在数字技术上投入很大,但美国民众对政府公共服务的满意度很低,对未来是否能满足需求和期望的信心也不足。另外,很多人不愿意利用新技术(如移动和云计算)与政府互动以及现有数字政府服务的低利用率等都拉低了美国民众的满意度。这些结果和美国民众期望改善未来公共服务的需求相关联,美国民众认为政府提供公共服务的改进工作重点如下。

(1) 以更高效的方式提供服务。民众希望政府让数字化流程变得可持续且高效。并且让民众随时随地利用任何设备获取高质量的数字政府信息和服务。

(2) 制定长远目标。民众希望政府服务有一个明确稳定的愿景,确保政府适应新数字世界,抓住机遇,以智能、安全且经济的方式采购和管理设备、应用和数据。

(3) 让民众更多地参与政府规划。美国民众拥有成熟的数字化技能且受过良好教育,因此,以民众为中心远远不够,超过75%的受访民众希望能参与到政府公共服务的设计规划中,这样能更好地满足他们的需求。

美国政府已部署了强大的数字政府计划。政府正加大对先进数字化技术的投资,降低成本,提高新数字政府在民众中的接受度。

在国内收入署(IRS)的电子服务项目中,美国政府为纳税人提供了一系列的在线服务,让民众自觉遵守纳税条款,减少税收缺口。政府在这一行动中利用社交媒体等渠道来推广税收信息,确保最大范围的覆盖率。国内收入署官网上的"互动税收助手"

页面回答了民众关于税收法的所有提问,点击率超过百万。另一个例子是境外自愿披露(Offshore Voluntary Disclosure)计划,确保国民在境外遵守纳税法,避免刑事诉讼。

3. 英国:向"默认数字化"转移

英国政府通过强有力的数字政府战略,旨在提供世界一流、以民众为中心的公共服务,提高管理效率,推动经济发展。英国政府成立了"政府数字服务小组"(Government Digital Service,GDS),主要负责定制公众的数字服务。英国数字政府战略包含16项行动计划,并出台了详细的实施路线图和主要业绩指标,旨在实现"默认数字化",为选择数字化的人提供条件,为无法数字化的人创造条件。

政府提供公共服务的跨部门通用平台,部门和民众可在这些应用和服务上面开发附加应用;云侧提供"政府云",计划将几百个数据中心整合至10~12个;管侧建立公共部门安全网络(PSN),类似政务外网,政府网关通过数字认证方式实现外网互联网数据交换;端侧推行政务App,在线政务应用程序商店,财政部采购相关应用程序,同时推进公共桌面服务。

英国政府部门在GOV.UK网站上建立具备高可靠性、高安全性以及高效能的在线服务,为2500万用户提供更好的服务。通过探索为企业和中介组织提供基于身份特征的服务选项,从而更好地满足用户需求。在此基础上,进一步拓宽用户的概念,对需要通过使用政府应用程序编程接口(API)的第三方用户给予支持,在政府内部和外部扩大应用API批量服务的范围。在2012年联合国电子政府调查排名中,英国政府的在线服务排名第四,可见,英国政府十分注重提升在线政府服务的规模和质量。

英国政府发布的《政府转型战略(2017—2020)》旨在加快推进政府数字服务,促进跨政府部门建设共享平台,提高政府数字服务效能,改善民众与政府之间的关系。该战略逐一列出了2020年之前英国政府转型需要达到的水平状态,制定了具体的工作计划措施。

伴随着英国数字政府转型建设的不断深入,英国政府同时也注意到公共资金的合理使用以及进一步推动技术创新。为了达到这些目标,英国政府正在努力解决运营中存在的以下挑战。

(1) 数据隐私和安全。政府机构应对服务对象更加信任,不让民众和企业重复提交资料。政府旨在为用户提供一个安全可靠的交易环境。政府必须安全、可靠地管理和运用数据,才能赢得和维持民众的信任,确保个人数据和敏感数据能够在可靠的治理框架内,得到安全且符合社会公德的保护。因此,政府需要开展网络安全规划,合理确定网络安全等级,在数字化转型过程中确保采用可靠的网络安全和隐私保护措施。

(2) 全面实现数字化。数字政府建设是一项长期复杂任务。自2012年以来,英国已经向数字政府迈出坚实的一步。目前,还有超过900万的英国民众没有实现数字化,这就意味着他们不使用互联网。在向数字化转移的过程中,英国政府希望确保郊区和边缘人群能更易于管理,最终实现"默认数字化"的愿景。

1.3.3 数字政府发展的四种形态

目前以及未来相当长的一段时间内,我们可以展望数字政府将呈现信用型数字政府、服务型数字政府、参与型数字政府和开放型数字政府。

信用型数字政府强调的是数字政府的信用体系建立,信用是市场经济的"基石",也是一个国家进步的标志。信用体系是通过应用信息技术,如云计算、物联网和区块链等技术建立的。

服务型数字政府通过新公共服务理论、数字政府服务模式及服务再造理论,尽量消除数字鸿沟,更好地为人民服务。

参与型数字政府旨在通过互联网、计算机、智能终端等软硬件技术,通过网络、新媒体等渠道,让更多的人民参与政府的治理过程,通过分析网络舆情传播规律,有效地管理网络舆情,并进行有效的政府沟通。

开放型数字政府,旨在通过信息公开、数据开放、政府和公民互动,以及政府与企业、非营利组织之间的协作,提升政府的治理职能,从而实现公民获得感。开放型数字政府主要强调政府数字资产的开放,更大限度地挖掘数据资产的价值,更好地服务人民,更充分地实现可持续发展。

思 考 题

1. 数字政府的概念及主要特征。
2. 政府的数字化进程分为哪几个阶段,各有什么特点?
3. 我国数字政府与发达国家的优劣势对比。

第 2 章　信用型数字政府

征信,最早起源于《左传》,出自"君子之言,征而有信,故怨远于其身"。信用是市场经济的"基石",然而,据商务部 2011 年的数据显示,我国每年由于企业失信约损失近 6 000 亿元人民币。2014 年,李克强总理就明确指出:要完善奖惩制度,全方位提高失信成本,让守信者处处受益、失信者寸步难行,使失信受惩的教训成为一生的"警钟"。经过多年不断地开创与坚守,我国征信体系建设取得了巨大成就:改善了我国社会与经济发展的信用环境,为我国市场经济发展与社会治理建立了信用新规则。未来征信业将会受到社会各界更加广泛的关注,征信体系必将发挥更大的作用。

2.1　信用与征信

我国每年约有近 6 000 亿元的社会成本损失源于失信问题。根据中国企业联合会的数据显示,我国每年因为逃废债务、合同欺诈、产品质量低劣和制假售假、"三角债"和现款交易等诚信缺失问题造成的损失合计为 5 855 亿元。然而,这还只是表面的、可计量的失信代价,其更深层面的、涉及面更广的失信"潜"代价是无法估量的。我国不同失信原因导致的经济损失如图 2-1 所示。

失信问题导致的后果较为严重。从经济角度来说,失信提高了经济活动中的交易成本。由于交易者之间的诚信缺失,许多人不敢采用信用交易,在交易前花费巨大的时间和精力去考证对方的诚信度,导致交易成本上升;从社会角度来说,一个普遍失信、欺诈多发、官员徇私舞弊的社会需要制定更多的制度法规,增设更多的机构和人员,来维护社会正常的运行秩序,从而大大增加了社会管理的难度和成本。失信已经影响和阻碍了我国经济社会发展的速度和质量,大大增加了社会发展的成本,而且这种负面影响是深远的,更具有系统性和全局性。

基于信用缺失产生的严重影响,我国在近些年不断努力加强征信体系建设。抑制不诚信行为,对鼓励创业就业、刺激消费、保障和改善民生、促进社会文明进步,势在必行。

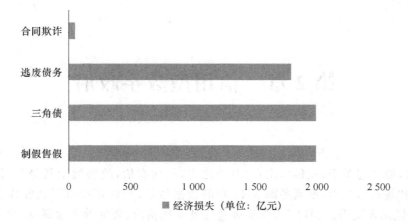

图 2-1 我国不同失信原因导致的经济损失
(数据来源：中国企业联合会)

2.1.1 信用概述

信用,包括信任、声誉、遵守诺言或实践履约,即能够履行诺言而取得的信任,信用是长时间积累的信任和诚信度。信用是难得易失的。费十年功夫积累的信用,往往由于一时一事的言行而失掉。信用还指我们过去的履行承诺的正面记录,是一种行为艺术,是一种人人可以尝试与自我管理的行为管理模式。

随着经济和社会的发展,信用的范畴在不断变化和拓展,信用的地位也日趋重要。作为经济领域的重要活动之一,信用活动有着自身的特点与作用。在经济学中,信用专指借贷活动,即建立在信任基础上以还本付息为条件的借贷活动。尤其是在市场经济条件下,信用的作用不可替代。从一个经济社会整体考察,信用活动涵盖了公共部门、金融部门、企业部门和个人,并由此孕育了信用管理行业的产生和发展。

1. 信用的内涵

从伦理道德层面看:信用主要是指参与社会和经济活动的当事人之间所建立起来的、以诚实守信为道德基础的"践约"行为。

从法律层面来看:2009年公布的《中华人民共和国民法通则》正文第一章第四条规定"民事活动应当遵循自愿、公平、等价有偿、诚实信用的原则"。1999年公布的《中华人民共和国合同法》第一章第六条中要求:"当事人行使权利、履行义务应当遵循诚实信用原则。"

从经济学层面看:信用是指在商品交换或者其他经济活动中授信人(债权人)在充分信任受信人(债务人)能够实现其承诺的基础上,用契约关系向受信人放贷,并保障自己的本金能够回流和增值的价值运动。

2. 信用的主要形式

公共信用，也称政府信用，是指一个国家各级政府举债的能力。政府为对人民提供各种服务，诸如国防、教育、交通、保健及社会福利，需要庞大的经费支应。但是政府税收的增加往往赶不上支出的增加，因此，政府每年出现庞大的赤字。为弥补财政赤字，政府发行或出售各种信用工具。这些信用工具代表政府对持有人所做出的将来偿还借款的承诺。这种偿还债务的承诺来自公共机关，因此称为公共信用。

企业信用，泛指一个企业法人授予另一个企业法人的信用，其本质是卖方企业对买方企业的货币借贷。它包括生产制造企业在信用管理中，对企业法人性质的客户进行的赊销，即产品信用销售。企业信用还涉及商业银行、财务公司、其他金融机构对企业的信贷，以及使用即期付款和预付货款方式以外的贸易方式所产生的信用。

消费者信用，指消费者以对未来偿付的承诺为条件的商品或劳务的交易关系。事实上，消费者信用作为市场经济中的交易工具已经有很长的历史了。第二次世界大战以后，科技突飞猛进，生产力大幅提高。为了推销商品，商人设计出许多创新推销方式，诸如分期付款、赊购证、信用卡等。消费者信用的出现扩大了市场的规模并使消费者可以提前享受到他们所要的东西。如果以信用的使用目的为标准，消费者信用可以再分为零售信用和现金信用等。

3. 信用的作用

现代信用的三部分主要体现在三个不同的社会领域：诚信，主要体现在道德、文化领域；合规，主要体现在社会活动领域；践约，主要体现在经济交易领域。因此，在现代社会中，信用具有以下作用：第一，信用是市场经济运行的前提与基础；第二，信用是市场经济健康发展的基本保障；第三，信用是市场经济微观主体经济活动的启动器；第四，信用是市场经济核心（金融活动）形成和发展的基础；第五，信用为市场经济活动与交易创造工具和基本条件。

4. 信用风险

信用风险是借款人因各种原因未能及时、足额偿还债务或银行贷款而违约的可能性。发生违约时，债权人或银行必将因为未能得到预期的收益而承担财务上的损失。造成信用风险的因素是多方面的，主要包括政治风险、信息风险、商业风险、管理风险、财务风险等。信用风险不仅造成债权人的损失，而且往往会引起连锁反应，中断信用链条，破坏债权债务关系，动摇公众信心，引发信用危机。

信用风险主要有以下几类：

违约风险。债务人由于种种原因不能按期还本付息，不履行债务契约的风险。如授信企业，可能因经营管理不善而亏损，也可能因市场变化出现产品滞销、资金周转不灵导致到期不能偿还债务。一般说来，借款人经营中风险越大，信用风险就越大，风险的高低与收益或损失的高低呈正相关关系。

市场风险。资金价格的市场波动造成证券价格下跌的风险。如市场利率上涨导致债券价格下跌,债券投资者就会受损。期限越长的证券,对利率波动就越敏感,市场风险也就越大。

收入风险。人们运用长期资金作多次短期投资时实际收入低于预期收入的风险。

购买力风险。指未预期的高通货膨胀率所带来的风险。当实际通货膨胀率高于人们预期水平时,无论是获得利息还是收回本金时所具有的购买力都会低于最初投资时预期的购买力。

5. 信用管理

信用管理就是提供信用的一方利用管理学的方法来解决信用交易中存在的风险问题。信用管理的主要职能包括识别风险、评估风险、分析风险,并在此基础上有效地控制风险,并用经济、合理的方法综合性地处理风险。在现实的市场环境下,由于信用交易主体和形式的不同,信用管理的目标市场被分成三个部分:资本、工商企业和消费者个人。在不同的目标市场上,信用风险的特征不同,信用管理的职能和内容也各不相同。

所谓信用管理,就是授信者对信用交易进行科学管理以控制信用风险的专门技术。信用管理的主要功能包括五个方面:征信管理(信用档案管理)、授信管理、账户控制管理、商账追收管理、利用征信数据库开拓市场或推销信用支付工具。然而,当前广义征信已覆盖信用管理的各个方面,因此,本书主要是从征信的角度介绍信用管理。

2.1.2 征信概述

征信,即依法收集、整理、保存、加工自然人、法人及其他组织的信用信息,并对外提供信用报告、信用评估、信用信息咨询等服务,帮助客户判断、控制信用风险,进行信用管理的活动,它为专业化的授信机构提供了信用信息共享的平台。

1. 征信机构

征信机构,即从事征信活动的机构,就是征信机构,又称征信所,如1949年之前的中国征信所、联合征信所等。按照台北中国文化书院1968年版《中文大词典》的解释,征信所是以调查报告工厂、商号暨个人身家事业之财产信用,以及市场消息为职务之机关,有营利、非营利两种。前者以营利为目的而设立,受他人之委托,调查报告公司、团体或个人之信用状况。后者系银行业或工商业联合组织,为自卫手段之一种。征信机构从多种渠道主动采集被征信对象信息数据,利用相关技术将数据进行集中汇总,生成并储存为征信对象信用档案,个人或商业机构出于风险评估的需求,在得到被征信对象授权的前提下,征信企业利用模型算法,对被征信对象的信用状况、信用资质进行评估,并将评估报告及结果出售给个人或企业,以便帮助其了解被征信对象真实信用状况。

2. 大数据征信

大数据征信,即通过对海量的、多样化的、实时的、有价值的数据进行采集、整理、分析和挖掘,并运用大数据技术重新设计征信评价模型算法,多维度刻画信用主体的"画像",向信息使用者呈现信用主体的违约率和信用状况。

经历了数十年的发展,我国征信行业主要经历了从工业化到互联网的变革,当今处于新科技领航的发展期,如图2-2所示。

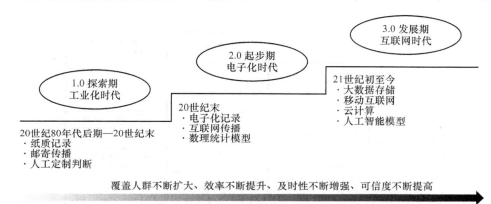

图 2-2 我国征信行业发展历程
(资料来源:蚂蚁金服、广证恒生、案头研究)

征信活动的产生源于信用交易的产生和发展。信用是以偿还为条件的价值运动的特殊形式,包括货币借贷和商品赊销等形式,如银行信用、商业信用等。20世纪80年代后期,由于工业的迅速发展,征信需求不断涌现,但受限于科技,最早的征信业务主要靠手动、人工等形式进行。2003—2015年期间,政府通过设立央行征信中心,连接金融机构数据库,实现国内征信数据共享,扩大征信覆盖群体,征信正式步入正轨。近几年,随着计算机网络、硬件设施的不断发展,现有征信基于大数据、云计算等,使得征信数据来源更加多元化,存储并可用于分析的数据量更加巨大,分析算法不断科学化、体系化,实时性也有显著提升,促使当今的征信覆盖人群更加广泛、效率不断提升、及时性不断增强、可信度不断增强,实现了飞速发展。

2.1.3 征信管理体系构成

20世纪80年代后期,中国人民银行批准成立第一家信用评级公司,经历了三十余年的发展,我国征信体系正处于由政府公共征信主导向企业市场化征信主导的过程,并形成由公共征信机构、民营征信机构、信用评级机构三大类别组成的征信体系,如图2-3所示。

1. 公共征信机构

在公共征信这一分支，主要为政府主导，数据主要来自权威的政府性质机构数据库、司法部门、公安机关以及大型金融机构（银行等）。各省市信用中心及地方企业（例如上海资信有限公司等）也具有相应的信用信息数据库，同样为政府主导。公共征信中最为官方的征信机构为央行，具有个人以及企业的信用信息基础数据库。而民营征信机构若想要介入央行数据库，需要获得相应的许可牌照。

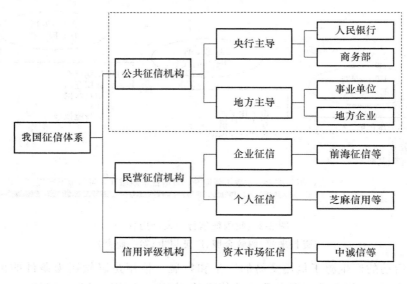

图 2-3 我国征信体系

2. 民营征信机构

目前中国征信体系是以央行征信中心为主，由银行、小额贷款公司等金融机构、类信贷企业提供信用数据，央行征信中心对数据统一处理，具有信息安全度高等特点。但是政府主导的公共征信体系在更新频率、人群覆盖面、数据维度、商业场景应用等方面存在不足，因此监管层批准征信行业市场化。市场化的民营征信机构主要可以分为企业征信和个人征信两大类。

（1）企业征信，即征信机构作为提供信用信息服务的企业，按一定规则合法采集企业、个人的信用信息，加工整理形成企业、个人的信用报告等征信产品，有偿提供给经济活动中的贷款方、赊销方、招标方、出租方、保险方等有合法需求的信息使用者，为其了解交易对方的信用状况提供便利。

针对企业征信至今已有135家已在央行就企业征信业务完成备案，并开展相关业务，可谓发展迅速。

（2）个人征信，即依法设立的个人信用征信机构对个人信用信息进行采集和加工，并根据用户要求提供个人信用信息查询和评估服务的活动。个人信用报告是征信机构把依法采集的信息,依法进行加工整理,最后依法向合法的信息查询人提供的个人信用历史记录。

与企业征信快速市场化相比,监管层对个人征信相对谨慎。2015年年初,人民银行印发《关于做好个人征信业务准备工作的通知》要求8家机构做好个人征信业务的准备工作,试点单位有芝麻信用,腾讯征信,深圳前海征信等8家机构。自此,征信市场化大幕已经开启。但由于数据孤岛现象严重,信用市场尚在培育,监管法律法规仍在完善等原因,目前个人征信市场化尚未有相关进展。

此外,与资本市场征信、企业征信主动调查采集获取用户数据信息不同,由于自然人用户具有人员地域分布广、生活场景众多、数据碎片化严重等特点,出于数据征集成本及真实性考量,个人征信机构往往采取与厂商合作的方式批量获取数据,即依靠授权机构或其他机构定期批量报送被征信人信用状况。

3. 信用评级机构

信用评级机构主要集中在资本市场,国家明确要求股票、证券等均需要进行信用评级,因此信用评级机构主要为其提供相应的服务。资本市场信用评估,评估对象为股票、债券、大型基建项目等。一是帮助投资人了解投资项目的真实状况,减少因信息不对称造成的投资损失。二是帮助融资企业正确评估其信用资质,以便融资方、借款方在融资额度、利率、期限等方面获得较为优惠的条件。

预计未来中国将形成三大征信体系:一是央行征信中心积累的金融信息整合和报告体系,包括贷款、担保、抵押等数据,此为金融征信体系;二是以政府部门监管数据为核心的行政管理信用信息体系,随着电子政务的发展以及政府信用信息共享平台的搭建,会很快在全国形成一个数据体系,此为公共征信体系;三是以互联网交易、社交活动等为内容的征信体系,此为商业征信体系。

2.1.4 征信体系国内外比较

1. 政府主导模式

政府主导模式,又称公共模式或中央信贷登记模式。这种模式是以中央银行建立的"中央信贷登记系统"为主体,兼有私营征信机构的社会信用体系。欧洲的征信机构组织模式多种多样,既有世界上最早、最发达的公共征信,也有很活跃的私营征信机构。目前欧洲大部分国家征信都是采用政府主导模式,这种模式是以中央银行建立的"中央信贷登记系统"为主体,兼有私营征信机构的社会信用体系。其征信系统由两部分组成:一部分是由各国中央银行管理,主要采集一定金额以上的银行信贷信息,目的是为中央银行监管和商业银行开展信贷业务服务;另一部分由市场化的征信机构组成,一般从事个人征信业务。

在法国，实行的是以政府主导模式的个人征信体系。法国的征信服务最早开始于20世纪20年代。1929年，受到美国经济大萧条的影响，法国的银行出现大面积的坏账。1946年，在法兰西银行的组织下，法国政府建立了FIBEN数据库，后来发展成为法国的信用风险登记系统，包含了企业信贷和个人信贷两个登记系统。

与其他使用相似模式的西欧国家相比，法国体系最大的区别在于只有国营征信机构，而没有私营征信机构。归纳起来，法国征信体系有3个主要特点：一是信用信息服务机构是由中央银行的一个部门建立，而不是由私人部门设立。在法国，中央银行的信用部门按月从银行采集向公司客户发放贷款的信息，信用办公室作为中央银行的一个部门。二是银行依法向信用信息局提供相关信用信息。在法国，商业银行向中央银行的信用办公室或信用信息局提供所要求的信息，是一种强制行为。三是中央银行承担主要的监管职能。

法国的社会信用体系主要是为了防范金融信贷领域的违约风险，而中央银行，也就是法兰西银行在社会信用体系中发挥着举足轻重的作用。但是，法国的中央信贷登记系统只为中央银行进行金融监管和执行货币政策，以及商业银行控制信贷风险服务，只有被授权的中央银行职员和商业银行等金融机构被授权的职员才可以使用中央信贷登记系统，其他人不能够通过中央信贷登记系统直接查询个人信用状况。公共信用登记系统是指为向商业银行、中央银行和其他金融监管部门提供关于公司、个人乃至整个金融系统的负债情况而设计的一套信息系统。为了保护抵押贷款人的利益，法国拥有不动产抵押品信息的公共登记系统，并且公布破产信息以提醒当前贷款人以及潜在的新的贷款人。

法兰西银行还拥有个人公共信用登记系统，它是一个全国性的个人贷款不良行为档案。所有的金融机构都必须每月报告分期购买贷款、租赁、私人贷款、贷款额度和透支方面的不良记录。此外，法国规定征信机构每次采集个人数据，录入数据库时必须告知数据主体并获得书面同意。

2. 市场主导模式

美国的第一家征信所是在1841年由经营桑蚕丝的商人刘易斯·大班创建的。这家征信机构是一家私营征信机构，私营征信机构是指产权私有，以市场化方式运作的征信机构。美国征信模式为私营征信模式，其最初的建立者为桑蚕丝商人，以提供满足顾客需要的信息为利润来源，最初服务目的是解决商业活动中的信息不对称，交易的双方在交易前，如果不了解对方的资信，可以向征信所咨询。后来服务对象扩大到银行，也用于解决信贷方面的信息不对称。当前，美国是全球征信业最发达的国家。世界上最著名的企业征信机构、个人征信机构、信用评级机构都在美国。例如，世界最著名的企业征信机构美国邓白氏公司(dun & bradstreet)；世界最著名的个人征信机构艾可菲公司(Equifax)、益百利公司(experian)和环联公司(TransUnion)；以及世界最著名的信用评级机构穆迪投资者服务公司(Moody's)、标准普尔公司(Standard & Poor's)和惠誉评级公司(FitchRatings)。

从简单征信服务到比较完善的现代信用体系的建立,美国经历了近180年的历史,它们独立于政府和金融机构之外,是第三方征信机构,并且按照市场经济的法则和运作机制,以营利为目的,向社会提供有偿的商业征信服务。在美国,征信机构提供的信用报告是商品,按照商品交换的原则出售给需求者或委托人。由最初几家地方性征信机构发展到2000多家竞争者,最终优胜劣汰,一些机构在激烈的市场竞争中破产、兼并,形成了目前高度集中的个人征信行业。在市场中胜出的以艾可菲、益百利和环联三大个人征信局为代表的征信机构都是市场成熟度高、竞争力强的公司。他们除直接收集信息外,还从其他独立征信公司购买和整合数据,信息内容也较为全面,不仅征集负面信用信息,还征集正面信息。这些机构面向全社会提供信用信息服务,既相互合作又依靠各自的产品差异形成竞争,共同推动着美国征信行业的不断发展。美国征信体系如图2-4所示。

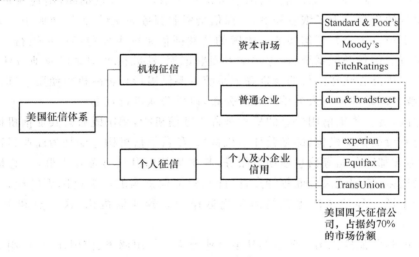

图2-4 美国征信体系

目前美国征信市场的特点可以用12字概括:专业分工、边界清晰、各司其职。整个征信体系分为机构征信和个人征信。美国为市场化主导的征信体系,经过长时间充分竞争,最终在个人征信领域,experian、Equifax和TransUnion成为美国最主要的3家征信机构;在企业征信领域,dun & bradstreet是全世界最大、最有影响的公司;这4家公司占据美国征信业约70%的市场份额。此外,凭借区域性或行业性优势,还有400多家区域性或专业性征信机构依附于上述几家机构,或向其提供数据,形成了稳定的征信生态。目前,美国是全球征信业最发达的国家。世界上最著名的企业征信机构、个人征信机构、信用评级机构都在美国。因此,中国征信在市场化的过程中,可能会经历如同美国的从野蛮生长到理性整合的发展过程,最终行业将出现头部公司。

当前，中国征信正处于政府主导向市场主导的过渡阶段，从数量上看，目前美国市场化征信产值预计约700亿美元，中国人口总数是美国的4倍，可见，中国市场化征信的发展前景广阔。

现在美国不仅具备了较为完善的信用法律体系，而且伴随市场经济的发展，形成了独立、客观、公正的法律环境，政府基本上处于社会信用体系之外，主要负责立法、司法和执法，建立起一种协调的市场环境和市场秩序，同时政府本身也成为商业性征信公司的评级对象，这样就使征信公司能确保其独立性、中立性和公正性。

3. 混合模式

（1）以德国为代表的混合模式

与英美的纯市场操作不同，德国的信用体系是典型的混合征信模式，涵盖了三种征信模式：以中央银行为主体的公共模式；以私营征信机构为主体的市场模式；以行业协会为主体的会员制模式。

受1929年经济危机的影响，德国经济出现衰退，企业大量倒闭，出现大量坏账并且波及银行的生存。为了恢复经济，确保信贷资源服务的质量，德国政府于1934年建立了世界上第一个公共征信系统。德国的公共征信系统主要包括中央银行——德意志联邦银行的信贷登记系统、地方法院工商登记簿、法院破产记录以及地方法院的债务人名单。德意志联邦银行的信贷登记系统主要供银行与金融机构使用，工商登记信息、法院破产记录和债务人名单均对外公布，以供公众进行查询。

在德国，负责收集信用信息的机构被称为征信机构，德国既有公共征信机构，也有私人部门所设的征信机构（即私营征信机构）。私营征信机构主要是为商业银行、保险公司、贸易和邮购公司等信息使用者服务，其采集的信息具有覆盖人群广、总量大、信息来源渠道多、信用记录全面等特点，因此私营征信机构的服务范围更广泛。目前在德国居于市场主导地位的也都是商业化运作的私营征信机构，这一点和美国完全一致。

德国的私营征信机构主要包括从事企业与个人信用调查、信用评级、信用保险、商账追收、资产保理等业务的信用服务公司。schufa、Creditreform、Buergel是德国最主要的三家征信调查和评估机构。其主要业务是通过收集与企业和消费者个人信用有关的所有信息，并用科学的方法加以分析评估，向顾客提供信用报告和信用评估风险指数。其中以schufa的经营范围最为广泛，受认可程度最高。除了公共和私人征信体系，德国还有会员制模式的行业征信协会。行业征信协会会为其会员提供一个信用信息共享的平台。但是相比其他两种体系，行业征信协会的信息收集和使用都较为封闭，仅对内部会员企业开放。

总体来看，德国的三种征信模式是一种互补关系。德国公共征信系统仅采集消费者个人和企业的基本信息以及一定额度以上的正面信贷信息。基本信息主要用于确认消费者的身份和对企业经营状况的了解查询。根据《德意志联邦银行法》的规定，德国所有的信贷机构、保险公司、风险投资公司以及自有账户交易商等金融机构每季度都必须向德意志银行报告以上相关数据。而私营征信机构则主要负责采集个人和企业的信用信息，包括正面和负面信息。

（2）以日本为代表的混合模式

由于行业协会在日本经济中具有较大的影响力，它的征信体系明显区别于美国和西欧国家。日本采用的是以行业协会为主，建立信用信息中心的会员制模式，为协会会员提供个人和企业的信用信息互换平台，通过内部信用信息共享机制实现征集和使用信用信息的目的。在这种模式下，会员向协会的信息中心义务提供自身掌握的个人或企业的信用信息，同时协会信用信息中心也仅限于向协会会员提供信用信息查询服务。这种协会信用信息中心不以营利为目的，只收取成本费用。

日本的信用信息机构大体上可划分为三类：银行体系、消费信贷体系和销售信用体系，分别对应银行业协会、信贷业协会和信用产业协会。三大行业协会的信用信息服务基本能够满足会员对个人信用信息征集考查的需求。

此外，日本征信业也还存在一些商业性的征信公司。日本行业协会的内部规定在信用管理活动中发挥着非常重要的作用。消费者的信用信息并不完全公开，只是在协会成员之间交换使用。对此，以前并没有明确的法律规定，但在银行授信前，会要求借款人签订关于允许将其个人信息披露给其他银行的合同。

2.2 政府主导的信用管理体系

目前，以政府部门监管数据为核心的行政管理信用信息体系建设发展很快，已经出现了几大公共信用信息数据板块，如"信用中国"、企业信用信息公示系统等。但是，在电子政务公开、政府信用信息公开与共享等工作中，哪些信息可以公开、怎样公开，哪些需授权，哪些完全不能公开只能内部使用等问题，缺乏法律法规依据。再如信息主体权益如何维护，如何建立救济与修复通道；如果建立信息主体的投诉或者申诉渠道，还应建立和完善相应的制度对申诉主体资格、申诉的受理机构、申诉程序、受理范围等进行明确。

2.2.1 政府公信力

政府公信力是政府依赖于社会成员对普遍性的行为规范和网络的认可而赋予的信任，并由此形成的社会秩序。政府作为一个为社会成员提供普遍服务的组织，其公信力程度通过政府履行其职责的一切行为反映出来，因此，政府公信力程度实际上是公众对政府履行其职责情况的评价。

政府公信力涉及两个主体：信用方（即政府），信任方（即社会公众）。它包含公众对政府的信任和政府对公众的信用,其中政府信用是政府公信力的核心内容。政府信用是社会组织和民众对政府信誉的一种主观评价或价值判断,是政府行政行为所产生的信誉和形象在社会组织和民众中所形成的一种心理反应,它包括民众对政府整体形象的认识、情感、态度、情绪、兴趣、期望和信念等,也体现出民众自愿地配合政府行政,减少政府的公共管理成本,以提高公共行政效率,是现代民主和法治条件下的政府责任的重要标识。政府公信力体现政府的信用能力,它反映了公民在何种程度上对政府行为持信任态度。政府公信力的强弱,取决于政府所拥有的信用资源的丰富程度。这种信用资源既包括意识形态上的(如公民对政府的政治合法性的信仰,公民对政府制度及公共选择过程的公正性、合理性的认可程度,等等)、物质上的(如政府的财力),也包括政府及其工作人员在公民心目中的具体形象等。

政府信用贯穿于政府与公众的整个互动关系之中,是政府履行职能、从事行政管理、提供公共服务的综合反应。其基本内涵包括三个方面:决策信用,即政府决策的科学性和连续性,政府的决策是否符合客观实际,尊重客观规律,决策过程是否科学、公开和民主,出台的政策能否体现出连续性。行为信用,即政府行政过程中严格依法律规定行使其管理职权,不越位、不出位,不乱行使职权;程序信用,即政府行政过程的透明、公开,严格按法定程序实施,便于公民的参与和监督。

由此政府信用包括三个衡量标准:一是名实一致,即政府职能、权力、责任一致,这是体现政府信用的重要基础;二是言行一致,即理论与实践一致,政令与行动一致,不弄虚作假,不言而无信,不禁而不止;三是前后一致,即不渝初衷,信守诺言,而不是无端变换,朝令夕改。政府信用的具体表现形式复杂多样,如民众信赖政府和政府的行政决策、行政计划、行政执行能获得民众的理解、支持与配合;民众支持、拥护政府的公共管理行为;政府与社会组织及民众之间形成融洽、和谐的关系等。

地方政府公信力是地方政府行政能力的客观结果,体现了人民群众对地方政府的评价,反映了人民群众对地方政府的满意度和信任度。当前,公众对自身利益的期望同地方政府有效满足人们诉求之间的矛盾日益突出,地方政府公信力不断流失,并有陷入"塔西佗陷阱"的危险。不仅如此,地方政府公信力的弱化还可以扩散到整个社会信用体系,对社会的方方面面产生不可忽视的消极影响。从多元协同治理的视角来看,重塑地方政府公信力,不仅要审视并解决地方政府自身存在的问题,更需要考虑地方政府与公众之间的互动关系。地方政府(尤其是县、乡层级)距离社会公众较近,多元协同治理可以大大拓宽民间组织和公众参与公共管理和决策的渠道,从而强化政府与社会公众之间的合作、沟通和反馈,有利于提升社会公众对地方政府的满意度和信任度。与此同时,社会公众和民间组织自主参与治理全过程,地方政府的一切活动都展现在公众监督之下,从而有利于彼此之间的尊重和信任。因此,发挥好各个治理主体在地方公共事务管理中的优势和作用,走多元协同治理之路,是重塑地方政府公信力的治本之策。

2.2.2 中央银行征信系统

1. 建设背景

20世纪90年代初,中国的社会主义市场经济体制改革全面展开。伴随着经济主体的多元化和金融服务面的不断扩大,信用交易在商业交易中的比重逐渐增加,因交易中的信息不对称而引发的企业多头贷款、恶意拖欠和逃废银行债务现象不断发生,交易风险日益严重,市场迫切需要一个信用信息的共享平台。同时,金融体制改革的深化也使中央银行、商业银行开始逐步认识,征信对于防范信用风险、降低融资成本、维护金融稳定和改善金融生态方面的作用至关重要。1999年,国务院总理朱镕基批示:"银行信贷登记咨询系统应赶快建立,全国联网。"2001年12月,温家宝总理批示:"请人民银行会同有关部门研究提出方案。可从信贷信用征信起步。"

2002年,《中共中央、国务院关于进一步加强金融监管,深化金融企业改革,促进金融业健康发展的若干意见》提出"要在试点的基础上,抓紧建立全国企业和个人征信体系"。2002年3月,由中国人民银行牵头的22个单位,组成建立企业和个人征信体系专题工作小组,研究和制定全国企业和个人征信体系建设总体方案。2003年9月,国务院明确赋予中国人民银行"管理信贷征信业,推动建立社会信用体系"的职责,我国征信体系建设进入统筹规划和系统推进阶段。

2004年,温家宝总理在全国银行、证券、保险工作会议上强调,我国社会信用体系建设应从"信贷信用征信"起步,要"加快全国统一的企业和个人信用信息基础数据库建设,形成覆盖全国的基础信用信息服务网络"。2011年10月,十七届六中全会通过《中共中央关于深化文化体制改革推动社会主义文化大发展大繁荣若干重大问题的决定》,提出"要把诚信建设摆在突出位置……抓紧建立健全覆盖全社会的征信系统"。2012年1月,全国金融工作会议再次强调"要抓紧建立覆盖全社会的征信体系,加快建立金融业统一征信平台"。

2. 征信系统

中国人民银行征信系统包括企业信用信息基础数据库和个人信用信息基础数据库。

(1) 企业征信系统

20世纪90年代初,中国人民银行深圳分行为了解决企业多头贷款和拖欠、逃废银行债务的行为,适应银行对贷款信息共享的需求,首先开始施行"贷款证"制度。1992年,多个省份在辖内选取地级市进行试点探索,全国范围内的"贷款证"制度初步展开。1996年,试点成功的"贷款证"制度在全国得到推广。随着IT技术的发展,纸质贷款证变为电子贷款卡成为现实。1999年年底,银行信贷登记咨询系统上线运行。

2002年,银行信贷登记咨询系统建成地级行、省级行、总行三级数据库,并实现全国联网查询。2005年,中国人民银行启动银行信贷登记咨询系统升级工作。2005年12月,企业征信系统实现主要商业银行的全国联网运行,并在天津、上海、浙江、福建4个省(市)开通查询用户试运行。2006年6月末,企业征信系统实现所有中资、外资商业银行和有条件的农村信用社的全国联网运行,并于2006年7月末完成全国范围内与银行信贷登记咨询系统的切换工作。

企业信用信息基础数据库(简称企业征信系统)是我国社会信用体系的重要基础设施,是在国务院领导下,由中国人民银行组织建立的全国统一的企业信用信息共享平台,其日常的运行管理由中国人民银行征信中心承担。该数据库采集、保存、整理企业信用信息,为商业银行、企业、相关政府部门提供信用报告查询服务,为货币政策、金融监管和其他法定用途提供有关信息服务。

(2) 个人征信系统

我国的个人征信系统建设,最早是从上海资信有限公司试点经营个人征信业务开始的。1999年,中国人民银行批准在上海和深圳开展个人征信试点。1999年7月,上海市政府发起成立上海资信有限公司,主要从事个人信用信息服务。中国人民银行上海分行和上海市信息办是上海资信有限公司的行政主管部门。

2004年年初,中国人民银行开始组织商业银行建立全国统一的个人征信系统,年末时,个人征信系统实现了15家全国性商业银行和8家城市商业银行在全国8个城市的成功联网试运行。2005年8月,个人征信系统完成与全国所有商业银行和部分有条件的农村信用社的联网运行,并于2006年1月在全国正式运行。

个人信用信息基础数据库(简称个人征信系统)是由中国人民银行组织商业银行建立的个人信用信息共享平台,其日常运行和管理由征信中心承担。它就像一个"信用信息仓库",采集、保存、整理个人信用信息,为商业银行和个人提供信用报告查询服务,为货币政策、金融监管提供统计信息服务。个人信用信息基础数据库是我国社会信用体系建设的重要基础设施,是在国务院领导下,由中国人民银行组织商业银行建立的个人信用信息共享平台,其日常运行和管理由中国人民银行征信中心承担(图2-5)。

企业和个人征信系统的建设参考了国际最佳做法,采取集中数据库模式,全面采集企业和个人正、负面信贷信息,按照"统一系统、统一管理、统一标准"的原则,实现了企业和个人信用信息在全国各商业银行的交换和全国共享,系统效率高,实现了信用报告查询秒级响应。

经过中国人民银行与商业银行的共同努力,在短短的几年时间内,我国建成了世界上覆盖人口最多的个人征信系统、企业信息规模位居前列的企业征信系统,填补了我国金融基础设施中的一项空白,征信系统建设取得明显成效。自2006年以来,接入企业和个人征信系统的机构不断扩充,收录信息数量快速增长,数据质量稳步提升,数据查询量大幅增加。截至2015年4月,该数据库收录企业及其他组织共计2 068万

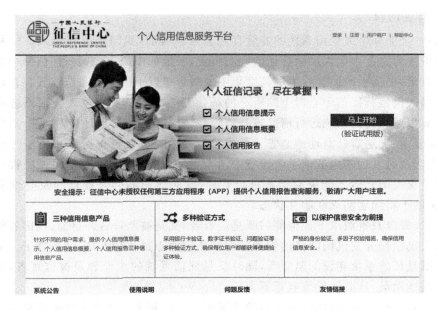

图 2-5　中国人民银行个人信用信息服务平台

户。个人信用信息基础数据库建设最早始于 1999 年,2005 年 8 月底完成与全国所有商业银行和部分有条件的农信社的联网运行,2006 年 1 月,个人信用信息基础数据库正式运行。截至 2015 年 4 月,该数据库收录自然人数共计 8.6 亿多。

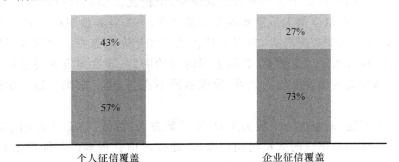

图 2-6　2016 年央行征信中心收录用户构成

央行征信系统的主要使用者是金融机构,其通过专线与商业银行等金融机构总部相连,并通过商业银行的内联网系统将终端延伸到商业银行分支机构信贷人员的业务柜台。目前,征信系统的信息来源主要也是商业银行等金融机构,收录的信息包括企业和个人的基本信息,在金融机构的借款、担保等信贷信息,以及企业主要财务指标。2016 年央行征信中心收录用户构成如图 2-6 所示。

3. 存在问题

第一，企业和个人征信系统的监管存在盲区。目前，我国企业和个人征信系统的运行维护主要是由中国人民银行征信中心负责，各地的中国人民银行征信分中心只有查询的权限，征信系统监管权力的高度集中使得省级以下的征信系统监管存在较大盲区。中国人民银行征信中心对全国所有的征信分中心以及所有接入征信系统的金融机构和非金融机构的系统运行情况进行监管，监管范围广，覆盖面宽泛，监管对象种类多、情况复杂，无法有针对性地监管。各省（区市）、市、县级征信分中心由于没有监测权限，无法及时发现辖内征信系统运行中出现的问题，只有在接到中国人民银行征信中心的情况反馈之后才能采取措施进行管理，这必然影响问题处理的及时性和有效性，也无助于将问题消灭在萌芽状态。

第二，省级及省级以下征信部门既是监管者，又是被监管者。目前，我国省级及以下中国人民银行分支机构的征信管理部门和征信中心是一套人马、两个牌子。征信管理部门既是征信系统建设的监管者，同时又是征信系统的建设者及被监管者，既是裁判员又是运动员，这必然导致监管不力。

第三，地方征信管理部门人员和经费紧张。企业和个人征信系统的正常运行需要大量资金、人员和技术的投入。近年来，随着社会信用体系建设的深入，全社会信用意识的养成，企业和个人征信系统的查询量也逐年大幅提升，地方征信中心的经费开支逐年提高。由于征信管理部门扮演着征信管理和征信中心双重角色，现有的经费拨付虽然在原来的基础上增加了信用报告查询经费，但仍无法满足日益增加的工作需求。此外，工作量的加大也使得人员紧张现象日益严重，一人身兼数职现象非常普遍。

第四，立方体反馈数据滞后，内容不符合地方实际应用需要。中国人民银行征信中心按季度向地方返回统计数据，数据返回时间的滞后，导致地方人民银行分支机构无法及时得到相关的统计数据。此外，数据返回不充分，也无法满足地方实际应用的需求。

基于以上问题，未来可考虑权力下放，赋予地方人民银行对征信系统的监测权限，加大对地方征信中心建设的人员与经费投入，地方征信管理部门与征信中心分离，实现总行与地方征信统计数据资源共享等举措。

2.2.3 信用中国平台

1. 建设背景

如图2-7所示，"信用中国"网站（以下简称网站）是政府褒扬诚信、惩戒失信的窗口，主要承担信用宣传、信息发布等工作，使用社会信用体系建设部际联席会议成员单位提供的对社会公开的信用信息。网站由国家发展和改革委员会、中国人民银行指导，国家信息中心主办，并由百度公司提供技术支持及运维。

图 2-7 "信用中国"网站

2015年6月1日,"信用中国"网站正式上线运行,网站的开通对于贯彻落实党中央、国务院关于加强社会信用体系建设的要求,推动各省级信用门户网站互联互通,归集发布各地区、各部门可向社会公开的信用信息具有重要意义。网站向社会公众提供"一站式"的查询服务,日益成为社会信用体系建设领域沟通社情民意、推进信用信息公开的"总窗口"。下一步将推进"信用中国"网站的改版升级,进一步强化网站信用信息共享服务功能。

2. 平台功能

网站的建设采取政府与社会力量合作的创新模式,充分利用了百度公司最先进的大数据、云计算、搜索引擎等技术,面向全社会开放信用信息查询功能,打造信用信息的"一站式"查询平台,截至2017年10月,"信用中国"网站已归集来自各部委及地方的1.5亿条数据。2017年10月15日,"信用中国"网站2.0版正式上线运行。此次改版升级对原网站的页面进行了重新设计,结构进行了调整优化,更加便于社会公众"一站式"查询信用信息,"全方位"了解信用建设进展。同时,也为社会信用体系建设部际联席会议成员单位宣传信用、发布政策,有关部门和地方发布市场主体信用信息提供了全新的载体和平台。

(1) 信用服务

在信用服务板块,信用中国平台对违法、失信情况(失信被执行人名单、重大税收违法案件、政府采购严重违法失信名单等)以及重大违法案件等进行披露,并提供投诉举报平台,此外,也提供企业统一社会信用代码查询,同时提供各省市信用平台的链接,以供查找相应省市企业的信用信息等共计14大方面的信用服务,如图2-8所示。

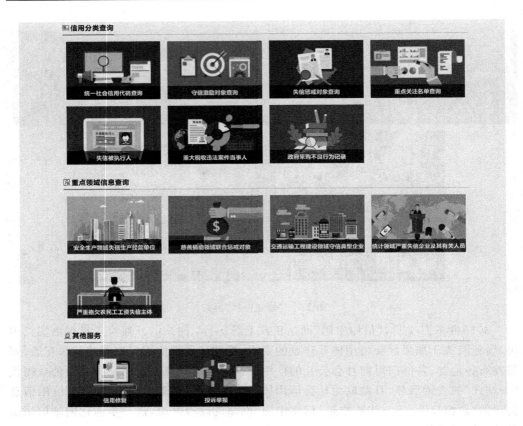

图2-8 信用服务平台功能

(2) 个人信用查询

为方便用户查询个人信用信息,全面多角度了解个人信用状况,"信用中国"网站于2018年开通个人信用信息查询功能,汇总了包括央行征信信息、信用服务机构信用分、地方信用分、电信运营商信用分等4类14个个人信用信息查询渠道,实现了主流个人信用信息查询的"一键直达",可以说是个人信用查询渠道集中汇总的一次"破冰"。

登录"信用中国"网站,点击进入"个人信用信息查询"页面,如图2-9所示,可以看到14个个人信用信息查询渠道分类罗列。央行征信信息查询即央行征信报告,信用服务机构信用分查询包括百度的百度信用分、鹏元征信的天下信用分、芝麻信用的芝麻信用分、腾讯征信的腾讯征信分、前海征信的好信分、中诚信征信的万象分、考拉征信的考拉信用、京东征信的小白信用分、万达征信的非凡信用分,地方信用分查询包括苏州桂花分、宿迁西楚分,电信运营商信用分查询包括联通征信的沃信用分、试金石信用(中国移动)的试金石信用分。点击每一个查询渠道模块,即可跳转至相应网站进行查询。

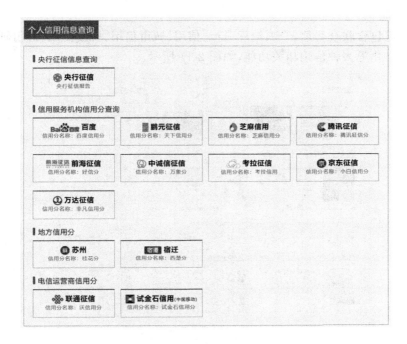

图 2-9 个人信用查询界面

(3) 政策信息发布

在信用中国平台上,会发布国家及地方相关的政策法规以及法规解读、综合性/各行业/地方性标准、规范等,如图 2-10 所示。

图 2-10 标准规范发布

（4）其他

此外，还包含联合奖惩、专项治理、行业信用、城市信用、校园信用、信用研究、信用刊物、诚信文化等多种信用相关功能，如图 2-11 所示。

图 2-11　诚信文化界面

2.2.4　地方政府信用体系

针对国有机构在资金、技术、人才、地方政府行政资源等方面的优势，人民银行南京分行联合苏州、常州、无锡、南通等地方政府支持国有征信机构按市场化原则发展业务，建成全面、及时、有效的地方征信数据库，集中采集政府行政管理登记信息等企业非银行信用信息，打破信息壁垒，为金融机构、商业机构提供征信服务，形成信息采集、运用的良性循环。

以苏州市为例，在人民银行苏州市中心支行与苏州市政府的共同推动下，苏州企业征信公司构建了完善的公司管理架构，设立了专业数据中心，打造了一支具备征信、科技等复合知识结构的业务团队。为打破政府部门间的信息壁垒，苏州市政府牵头建立了信息采集协调机制，明确了信息采集范围、采集方式和职责分工。与此同时，苏州企业征信公司制定了 27 项内部制度，确保获取授权及信息安全。针对普遍需求及个性化需求，苏州企业征信公司开发了征信报告、信息分析、风险预警、企业筛选等产品，重点服务于金融机构贷款审批、贷后管理、风险监测和客户识别环节。江苏省内无锡、徐州、常州、南通等地多次考察苏州企业征信公司的发展模式，探讨以技术、信息、参股等形式的合作共建意向，苏州企业征信公司有望进一步扩大信息采集及服务范围。

2.3 市场主导的征信体系

随着信息社会的快速发展,征信业逐渐成为现代金融体系良性运转不可或缺的基础设施。相比国际征信业 200 余年的发展历程,中国征信业可谓刚刚起步,被视为"朝阳产业"。近年来,我国企业征信机构发展势头迅猛,峰值时备案企业征信机构达 143 家,还有大量机构提出了申请。但是,这些机构经营现状如何?未来发展势头怎样?据人民银行征信管理局统计,2016 年上半年,143 家备案机构中产生征信业务收入的仅有 66 家。江苏省内陆续有 30 余家机构向人民银行申请企业征信业务备案,但多数不具备信用信息资源,也无法满足征信市场的需求。企业征信市场机构盲目发展与有效供给不足的结构性矛盾突出。

2.3.1 个人征信

我国个人征信市场尚不成熟,目前只有上海资信、深圳鹏元、中诚信征信等少数民营机构可以通过与银行等金融机构合作开展个人信贷征信调查和信用评分方式间接参与个人征信市场,但这些企业并不能直接发布个人信用报告。个人要想获得个人信用报告只能通过央行的金融信用信息基础数据库。2015 年 1 月 5 日,央行下发《关于做好个人征信业务准备工作的通知》,首批 8 家机构被央行列为通知对象,如表 2-1 所示。现在 8 家民营征信机构结束了央行的相关验收工作,获得批准的个人征信牌照即将下发。可见,个人征信机构的数量和影响力将快速扩大,个人征信业务具有巨大的市场空间。

表 2-1 第一批个人征信机构牌照获批企业

序号	机构名称
1	芝麻信用管理有限公司
2	腾讯征信有限公司
3	深圳前海征信中心股份有限公司
4	鹏元征信有限公司
5	中诚信征信有限公司
6	中智诚征信有限公司
7	拉卡拉信用管理有限公司
8	北京华道征信有限公司

(1) 数据构成

传统个人征信的分析维度包括:①个人基本数据,如年龄、性别、职业、收入、婚姻状况、工作年限、工作状况等;②信贷情况,主要是信贷和信用卡相关数据;③公共数据,包括税务、工商、法院、电信、水电煤气等部门的数据;④个人信用报告查询记录。

如今,随着大数据时代的到来和发展,可用于评估人们的数据越来越丰富,如电商的交易数据、社交类数据(强社交关系如何转化为信用资产)、网络行为数据等,来自互联网的数据将帮助金融机构更充分地了解客户。

(2)征信系统

个人征信系统又称消费者信用信息系统,主要为消费信贷机构提供个人信用分析产品。随客户要求提高,个人征信系统的数据已经不局限于信用记录等传统运营范畴,注意力逐渐转到提供社会综合数据服务的业务领域中来。个人征信系统含有广泛而精确的消费者信息,可以解决顾客信息量不足对企业市场营销的约束,帮助企业以最有效的、最经济的方式接触自己的目标客户,因而具有极高的市场价值,个人征信系统应用也扩展到直销和零售等领域。在美国,个人征信机构的利润有三分之一是来自直销或数据库营销,个人征信系统已被广泛运用到企业的营销活动中。

(3)信用报告

信用报告目前主要用于银行的各项消费信贷业务。随着社会信用体系的不断完善,信用报告将更广泛地被用于各种商业赊销、信用交易和招聘求职等领域。此外,个人信用报告也为查询者本人提供了审视和规范自己信用历史行为的途径,并形成了个人信用信息的校验机制。

个人征信系统的功能分为社会功能和经济功能。社会功能主要体现在:随着该系统的建设和完善,通过对个人重要经济活动的影响和规范,逐步形成诚实守信、遵纪守法、重合同讲信用的社会风气,推动社会信用体系建设,提高社会诚信水平,促进文明社会建设。经济功能主要体现在:帮助商业银行等金融机构控制信用风险,维护金融稳定,扩大信贷范围,促进经济增长,改善经济增长结构,促进经济可持续发展。个人征信系统的社会功能和经济功能相辅相成,互相促进。随着数据采集和个人信用报告使用范围的逐步扩大,个人征信系统的功能将会逐步提高和完善。

个人征信系统的意义:

(1)个人征信系统的建立使得商业银行在贷款审批中将查询个人信用报告作为必需的步骤,从制度上规避了信贷风险。

(2)个人征信系统的建立有助于商业银行准确判断个人信贷客户的还款能力。

(3)个人征信系统的发展,有助于识别和跟踪风险、激励借款人按时偿还债务,支持金融业发展。

(4)个人征信系统的建立也是为了保护消费者本身的利益,提高透明度。

(5)全国统一的个人征信系统可以为商业银行提供风险预警分析。

(6)个人征信系统的建立,为规范金融秩序、防范金融风险提供了有力保障。

【案例 2-1 芝麻信用】

2015 年 1 月，芝麻信用正式上线，是蚂蚁金服旗下的第三方征信公司。2015 年获得个人征信业务牌照，2016 年获 ISO27001 信息安全认证，基于蚂蚁金服 3 亿＋的实名用户以及淘宝天猫等店家，已经在上百个场景为用户、商户提供信用服务，目前拥有 4.5 亿实名用户。

芝麻信用的主营业务为两大方面：第一，通过云计算、机器学习等技术客观呈现个人和企业的信用状况，已经形成芝麻信用评分、芝麻信用元素表、行业关注名单、反欺诈等全产品线；第二，通过分析大量的网络交易及行为数据，可对用户进行信用评估，这些信用评估可以帮助互联网金融企业对用户的还款意愿及还款能力做出结论，继而为用户提供快速授信及现金分期服务。

信用信息主要来源于阿里巴巴的电商交易数据、蚂蚁金服的互联网金融数据，并与公安网等公共机构及商业合作伙伴建立数据合作。与传统征信信息不同，芝麻信用的信息涵盖了信用卡还款、网购、支付转账、理财、水电燃气缴费、租房信息、社交关系等。芝麻信用依托阿里云的大数据分析技术，整合分析用户的个人信息，从用户的信用历史、行为偏好、履约能力、身份特质和人脉关系 5 个维度评价用户的还款意愿和还款能力，对不同的用户给出相应的芝麻分。

以芝麻信用所构建的信用体系来看，芝麻信用根据当前采集的个人用户信息进行加工、整理、计算后得出的信用评分，分值范围是 350 到 950，分值越高代表信用水平越好，较高的芝麻分可以帮助个人获得更高效、更优质的服务。如图 2-12 所示，芝麻分综合考虑了个人用户的信用历史、行为偏好、履约能力、身份特质、人脉关系五个维度的信息，其中来自淘宝、支付宝等"阿里系"的数据占 30%～40%。

1) 信用历史：过往信用账户还款记录及信用账户历史。目前这一内容大多来自支付宝，特别是支付宝转账和用支付宝还信用卡的历史。

2) 行为偏好：在购物、缴费、转账、理财等活动中的偏好及稳定性。比如一个人每天打游戏 10 小时，那么就会被认为是无所事事；如果一个人经常买纸尿裤，那这个人便被认为已为人父母，相对更有责任心。

3) 履约能力：包括享用各类信用服务并确保及时履约，例如租车是否按时归还，水电燃气是否按时交费等。

4) 身份特质：在使用相关服务过程中留下的足够丰富和可靠的个人基本信息。包括从公安、学历学籍、工商、法院等公共部门获得的个人资料，未来甚至可能包括根据开车习惯、敲击键盘速度等推测出的个人性格。

5) 人脉关系：好友的身份特征以及跟好友互动的程度。根据"物以类聚人以群分"的理论，通过转账关系、校友关系等作为评判个人信用的依据之一。其采用的人脉关系、性格特征等新型变量能否客观反映个人信用还有待考证。目前芝麻信用还没有将社交聊天内容、点赞等纳入参考。

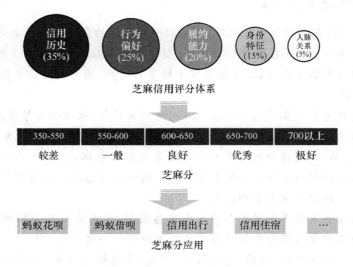

图 2-12　芝麻信用个人征信产品

目前，芝麻信用已经与北京银行签署战略合作协议，并已成为蚂蚁花呗等互联网金融领域快速授信、现金分期服务的信用依据，同时与合作伙伴在租车、租房、婚恋、签证等多个生活领域展开合作。

此外，芝麻信用还有针对中小微企业的业务。如图 2-13 所示，基于海量的数据来源，依托在云计算、机器学习方面的前沿技术，信用数据洞察、信用价值链接、信用风险模型构建等多方面的经验，客观地呈现中小微企业信用状况，帮助守信企业降低交易成本，更加便捷地获得金融服务，推进普惠金融，让中小微企业的信用等于财富。当前，芝麻信用已具备企业征信资格《企业征信备案证》。

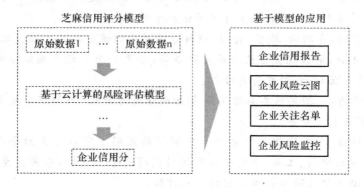

图 2-13　芝麻信用企业征信产品

芝麻信用基于阿里体系，在产业链各环节均占有优势，形成产业链闭环，如图 2-14 所示。

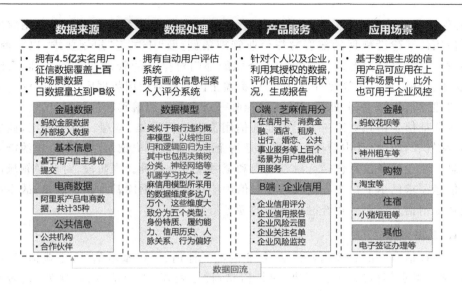

图 2-14 芝麻信用产业链

基于征信产业链分析,可以将芝麻信用的成功总结为以下几点:第一,芝麻信用具有强大的数据竞争力。芝麻信用背靠蚂蚁金服,而蚂蚁金服拥有 3 亿多实名用户,覆盖近一半中国网民,涵盖上百种场景数据。第二,芝麻信用具有极好的模型竞争力。芝麻信用有严密的云计算信用模型系统体系:自动用户评估系统、用户画像信息档案、关系识别与评价、个人评分系统等。此外,互联网用户识别覆盖度为60%,因此芝麻信用评分区分能力好。第三,芝麻信用具有极佳的产业链竞争力。芝麻信用基于其阿里庞大的产品体系以及阿里云计算技术,具有先天优势。此外,阿里系贯穿整个征信产业链,形成完美产业链闭环,对芝麻信用来说,其数据源及应用场景均有衔接,比起传统的征信公司,其优势极其明显。

2.3.2 企业征信

企业征信的快速发展是从 20 世纪 60 年代开始的,第二次世界大战后,一些国家经过经济恢复时期后,到 20 世纪 60 年代普遍进入了经济高速增长时期,国内外贸易量大幅度增加,交易范围日益广泛,企业征信的业务量也随之迅速增大,从而进入了大规模信用交易的时代。又经过几十年的发展,发达国家的征信服务业已经比较成熟,形成了比较完备的运作体系和法律法规体系,对各国经济发展和规范市场秩序起了重要作用。

由于少数人道德出现滑坡,制假售假、商业欺诈等失信行为渐成蔓延之势,致使诚信的企业无法证实,大众消费顾虑重重,交易出现信任危机。我国政府高瞻远瞩,大力推行社会信用体系建设,要求建立长效机制,使诚信者得到保护认可,失信者得到惩处，确保社会经济健康发展。按照国务院《关于社会信用体系建设的若干意见》《关于社会信用体系建设规划的部署》《征信业管理条例》及"十二五"规划要求，以工商、税务、质检、法院等全国各级、各区域54个职能部门对企业的管理信息为基础，吸纳社团、媒体、金融、消费者等评价信息，建成覆盖全国的社会信用数据库，为合法注册的企业依法建立信用档案，并匹配与法人执照唯一对应的信用编码和信用网址。

企业征信是由独立第三方对企业的信用信息进行采集、整理、保存、加工，向信息使用者提供的活动，其中信用信息主要是指企业的负债历史记录以及偿债履约能力判断信息。企业债务信息包括金融领域内和金融领域外两种。现阶段，对金融领域内的债务信息需求已由征信中心建设的金融信用信息基础数据库基本予以满足，故本小节中企业征信信息主要是指金融领域外的债务信息。

1. 数据构成

企业征信查询的具体内容包括：企业的工商注册、变更基本信息；企业信贷、质押担保、贸易融资等信息；司法判决、执行信息；税务处罚、表彰信息；环保处罚、表彰信息；质监处罚、表彰信息；食药局处罚、表彰信息；人社处罚、表彰信息；电信、水电、燃气等公共事业处罚、表彰信息；交通处罚、表彰信息；住建处罚、表彰信息；海关处罚、表彰信息；安全处罚、表彰信息等。

2. 征信系统

企业征信系统的建设是对银行信贷登记咨询系统的升级改造。企业征信系统建设是变三级数据库结构为集中式数据库结构，增加了系统采集的信息内容，从而加工生产出更多的企业信用产品满足商业银行和社会各方面对信息服务的需求。

3. 信用报告

企业信用报告是按照国务院《征信管理条例》，根据政府部门、社会组织、金融机构、主流媒体、消费者等发布的信息，按统一计算模式出具，反映着企业当前的信用状况，是大众消费、交易、就业、信贷、投资等商业决策的重要参考，是政府采购、招标投标、市场准入、行政审批、资质审核等行政事项中明确规定依法使用的重要依据。报告主要由六部分构成：第一部分：全国各级政府职能部门依法公开的监管信息；第二部分：金融机构（包括小额贷款公司、民间借贷等）对企业的信贷评价信息；第三部分：企业相关的互联网信息；第四部分：新闻单位、主流媒体对企业的评价信息；第五部分：企业经营信息；第六部分：市场反馈信息（包括消费者、上下游企业及员工等主体实名提交的评价信息）。

信用报告主要应用如下。

（1）大中型企业：汇聚信用力量，提升诚信形象，增强信用核心竞争力。

（2）小微企业：赢得客户信任，获得合作商机，实现快速增长。

（3）外贸型企业：与国际接轨，开拓更大市场。

(4) 经营状况不佳的企业:规避信任风险,转化信任危机,扭亏为盈。

(5) 让"知道"变为"信任",是注重广告宣传企业的高效之策。企业诚信损失借助信用档案产生舆论压力,追回利益。

4. 解决方案

内容即为数据,是信用风险管理的核心和基础。在商业环境下,企业数据涉及面广而且庞杂。因此,在庞大的数据中找出真正能够利用、帮助预测未来趋势的信号才是关键。这需要在获得各种不同来源的数据后,针对不同客户的需求,对其进行建模与分析,才能得出有意义的洞察分析,并最终运用到商业决策中。基于这些有价值的信息而挖掘出的洞察分析,才能设计出有竞争力的产品。在互联网金融时代,可视化的信用报告则可以有效服务于快速决策的要求,它运用一个主体,一个指数,加一张图表的模式呈现信用数据,可以帮助用户直观地解读企业信用状态,迅速作出信用判断。一个重要的趋势是将内容、分析、产品和技术无缝植入客户运营管理的各个环节,无论是采购、分销、营销还是风险控制,让客户能够在熟悉的环境下使用。同时,在内容的递交方式上,未来所有的征信机构都应该用客户需要的方式来交付内容,无论在世界哪个角落,无论是移动端还是云端,一切为了让使用更加方便。

近年来,我国企业征信机构发展势头迅猛,峰值时备案企业征信机构达143家,还有大量机构提出了申请。但是,这些机构经营现状如何?未来发展势头怎样?据人民银行征信管理局统计,2016年上半年,143家备案机构中产生征信业务收入的仅有66家。江苏省内陆续有30余家机构向人民银行申请企业征信业务备案,但多数不具备信用信息资源,也无法满足征信市场的需求。企业征信市场机构盲目发展与有效供给不足的结构性矛盾突出。

【案例2-2 邓白氏】

作为有着160多年历史的商业信息服务行业"教父"级企业,美国邓白氏对中国市场早有预见。据美国邓白氏公司国际业务拓展高级副总裁余以恒介绍,邓白氏早在1994年就在中国设立了办事处,在此之前,邓白氏在1981年受汇丰银行邀请在香港设立了合资公司,从中美贸易往来时起,邓白氏就已经为其美国的客户提供中国企业的信息服务。

为加快中国业务发展,美国邓白氏公司与华夏国际信用集团(以下简称"华夏信用")成立了合资企业——华夏邓白氏中国,这种互补性合作不仅提高了邓白氏在中国的业务实力,也为邓白氏在中国的发展带来了更广阔的发展空间。美国邓白氏公司董事会主席兼首席执行官史蒂夫认为,B2B市场将是邓白氏在中国的主攻方向。"现在中国的信用体系发展主要是在个人信用方面,而企业商务信用信息方面发展比较缓慢,特别是与美国相比还有很大差距,邓白氏恰好可以利用自身的经验和优势帮助中国企业补上这一课。"

中国业务的发展对邓白氏来说具有重要的战略意义，中国是目前邓白氏全球业务增长最快的市场之一，邓白氏在中国的中小企业信用数据库每年均有增长。在余以恒看来，中国的征信市场目前跟美国相比还是相差很远，主要是由于信息没有真正达到国际化，信息透明度和公开度不够，企业的意识缺乏。但同时，中国的市场潜力又非常巨大。

余以恒认为，一方面是大环境的改变。"我们和史蒂夫这几天在和政府相关部门的接触中听到的都是一个声音，那就是要改变中国的信用环境，这是非常好的信号。"比如国资委就非常支持我们的"企业信用评级"活动，他们和地方国资委联合组织旗下的公司纷纷报名，其中包括石油、电信、能源、煤炭等很多大企业。另一方面，余以恒认为目前中国的很多企业没有面临真正激烈的竞争，因为激烈的竞争肯定需要信息，没有好的信息根本不能做大做强。但是在WTO开放之后，形势逼迫很多行业逐步开始竞争，如银行、保险等行业现在的竞争就很激烈。

和华夏信用合资可以看作是邓白氏在中国发展策略的一个具体措施。自去年11月邓白氏和华夏信用成立了合资企业——华夏邓白氏中国到现在，其整合工作已经基本完成。

在史蒂夫看来，与华夏信用的合作是一个战略意义上的决定，双方的优势互补就好像给邓白氏插上了翅膀。华夏邓白氏中国的整合工作完成后，其在团队、产品、数据库、客户群等方面的优势都将有很大的提高。余以恒也认为，邓白氏和华夏信用有着共同的理想，就是帮客户做好信用管理工作。客户群可能会有不同，但需求是一样的。

2.3.3 大数据征信

2014年，李克强总理明确指出，要完善奖惩制度，全方位提高失信成本，让守信者处处受益、失信者寸步难行，使失信受惩的教训成为一生的"警钟"。2016年，马云在外滩国际金融峰会上指出，一个合格的互联网金融企业必须达到三个要素，一是大数据，二是要建立基于数据的强大信用体系，三是基于大数据的风控体系。纵观近几年互联网金融行业的发展，征信体系缺失限制了其健康发展。中国征信体系发展较不成熟，覆盖率低（个人覆盖率43%，企业覆盖率27%），互联网金融征信不可直接沿用原有征信体系，需要开辟新的征信道路。

1. 大数据征信形式

征信的概念是指专业化的机构，依法采集、整理、保存、加工个人或公司的信用信息，并向合法使用者提供信用信息的服务。从这个概念可以看出，征信活动的开展依赖于大量信息的收集、整理和分析。而大数据最核心的价值就是对海量数据进行的储存和分析。通过大数据技术，可以更加全面地分析用户数据，现在的电商行业（如淘宝网、京东电商）做出判断的消费数据信息就是大数据征信，这些电商和一些第三方的互联网金融机构都有属于自己的可靠大数据征信来源，大数据与征信行业的结合将成为不可阻挡的趋势。

大数据与传统征信的区别从本质上来看,大数据征信就是将大数据技术应用到征信活动中,大数据征信,简单地说就是运用这些海量数据集合,经挖掘分析后用于证明一个人或企业的信用状况。理解大数据征信,可以从它与传统征信的区别入手。传统的征信公司采用的是同业信息分享模式,即客户查询一条信息需要先共享一条相应的信息;而互联网公司则是利用自身的海量数据优势和用户信息,从财富、安全、守约、消费、社交等几个维度来评判,为用户建立信用报告,形成以大数据为基础的海量数据库。传统征信存在着征信数据不全,数据更新不及时,接入门槛高等问题。与传统征信相比,大数据时代的征信更强调广泛、多维、实时。具体来说,有如下几个方面。

数据完整性:传统央行征信只考虑用户的借贷历史和还款表现(信用卡逾期、贷款记录等),通过逻辑回归的方式来判断个人信用情况,缺乏对用户完整行为的刻画,衡量的维度较为单一,难以有效评估用户的真实信用能力。如图 2-15 所示,大数据征信的数据源则十分广泛,包括电子商务、社交网络和搜索行为等大量数据,其覆盖人群更广,能够满足长尾用户的征信需求。

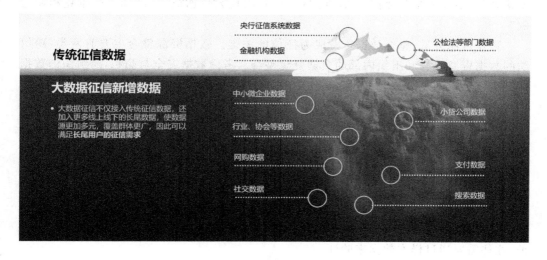

图 2-15 大数据征信数据源

数据覆盖面:据统计,央行征信覆盖有信贷记录的用户数只有 3 亿多,可能产生贷款需求的有 8.6 亿,那么,没有央行征信记录又有贷款需求的用户,需要借助更多的外部数据评估才能申贷成功。

数据动态性:传统征信的数据是静态的,只有发生信贷行为时才有数据,但大数据征信强调动态性,通话、消费、社交等都可以成为动态信用评估的依据。例如,某用户 5 年前用过信用卡,后来经济实力雄厚,近 5 年没用过信用卡也没贷款,就难以通过传统征信真实衡量其现在的信用能力。

2. 大数据征信要素

大数据征信主要由数据资源、数据模型、数据场景应用三要素组成,随着大数据征信行业的探索与实践,大数据征信的发展趋势日益明朗。

(1) 数据资源

征信领域主要应用的数据包括电信运营商、银联、社保、公积金、学历、社交、消费等数据。对于第三方大数据征信企业来说,官方数据都可以与数据资源方谈合作,各数据征信公司都能获得,数据源差异不大,只是数据成本问题。所以,数据同质化趋势不可避免。大数据征信企业的数据源主要有两类:自有数据源和第三方数据源。芝麻信用、腾讯征信、前海征信等都有自己的数据积累,数据成本可以忽略不计,但存在数据资源维度不够等局限性。例如,芝麻信用主要是网上消费数据,缺少学历、工作、住房、线下消费、行为偏好等数据。目前部分信用机构与电信运营商、银联等机构合作,获取第三方数据资源,建立征信模型,提供征信服务。当然,数据资源受制于数据资源方的大数据政策,有一定风险性。除了数据成本外,数据资源方考虑数据隐私,也会标签化处理,不开放某些数据,"数据之殇"仍是困扰大数据征信行业的"达摩克利斯之剑"。

数据资源分散,整合数据资源成为征信的关键。数据资源整合主要有两类:跨组织的数据资源整合和组织内部的数据资源整合。考虑数据安全与隐私,跨组织的数据资源交互非常困难。部分第三方机构的数据资源整合存在一定的法律风险,即使像中国移动这样的大公司,也缺乏中国电信、中国联通两家的用户数据。在组织内部,如电信运营商要将全国数据资源统一整合,省公司需要将各部门的数据资源先整合,工程浩大,除了体制问题,还有利益问题。当然,数据资源是个生态系统,彼此之间是相互依存的关系。

(2) 数据模型

数据征信模型并非"一个模型吃遍天下"。在数据征信实践中,常规数据模型方法变化不多,但是参数、变量要根据数据源、应用场景等不断调整。在模型正式应用之前,往往需要通过样本数据来验证。

首先是模型选择。大数据征信模型与传统评分体系有所不同,深度融合了传统信用评估与创新信用评估,模型考虑的变量和参数更多。其次是变量确定。在数据模型中一般有5个变量。信用历史是非常重要的一项,其他维度包括身份特质、履约能力、行为偏好和人脉关系,这五大维度基本可以构成刻画个人信用全貌的模型。最后是参数设置。参数主要结合应用场景来设定,通过样本数据的模拟计算和评估之后确定。以汽车融资租赁为例,不同汽车融资租赁公司的客户,可能客户分布不同或者汽车产品不同,模型参数就不同。即使同一类企业,模型参数或者变量也要调整。所以,模型不是建立起来的,而是结合数据训练出来的。建立模型更多是从经验的角度,训练模型更多是从实践的角度。芝麻信用分是一个很好的信用评估手段,但仅仅是作为参考,对于一些经济实力较强的人,如果线上消费很少,那么芝麻信用分作为信用评估依据就不够。

(3)数据场景

互联网金融渗透进更多的应用场景,也为大数据征信提供了更多商业机会。中国互联网金融行业受网贷"跑路"事件影响,被普遍关注,但是互联网金融作为"草根金融",仍将成为中国金融业内不可忽视的分支。互联网金融未来将更多通过快速、灵活的方案,解决个人、企业在各种场景的资金需求。

互联网金融场景多样化决定征信场景多样化。大数据征信方案设计要理解各种资金需求场景。例如,中国存在很多中专、高职学生,他们通过IT技能培训等方式,可以获得更高的平台和收入。有些人信用可能不错,但是国内一般的信用评价体系,要求本科以上才能获得信用贷款。这些人有资金需求和成长潜力,但是根据传统征信模型却无法给予授信。

此外,大数据还可应用于社会治理。结合大数据和认知科技两大前沿技术,信用大数据基于各地方经济开放区或产业园区内企业的行业分类,从纳税视角进行数据挖掘、分析,评估不同行业纳税贡献,结合园区行业特点从基本面进行分析,形成区域认知报告,为当地政府在招商管理、经济环境治理等方面提供客观参考;此外政府可积极推动当地"信用城市"的建设。

当前,中国头部公司基于大数据进行信用体系建设,以阿里为首的互联网巨头纷纷布局个人/企业征信领域。最为典型的大数据征信公司有芝麻信用、腾讯信用和聚信立,如图2-16所示。除大型互联网公司以及传统的征信机构外,互联网征信公司也从不同的细分领域,如专注于企业数据服务的天眼查、专注于个人数据服务的闪银、专注于风控模型的同盾科技、专注于综合服务(背调、精准营销、反欺诈、催收、解决方案等)的小虫科技等公司。

	数据来源	数据获取方式	信用模型	应用场景
芝麻信用 ZHIMA CREDIT	> 淘宝 > 天猫 > 支付宝 > 阿里系其他产品	> 公司内部数据 (30%-40%) > 外部数据接入	> 芝麻分综合考虑了个人用户的信用历史、行为偏好、履约能力、身份特质、人脉关系五个维度的信息 > 芝麻信用分分值范围是350到950,分值越高代表信用水平越好	> 蚂蚁花呗 > 出行 > 通信 > 借物 > …
腾讯信用	> QQ > 微信 > 财付通 > 腾讯网 > 腾讯系其他产品	> 公司内部数据	> 利用其大数据平台TDBank,采集并处理包括消费、财富、安全、守约等四个维度数据,并利用机器学习等方法,得出用户信用得分 > 信用星级一共7颗星,亮星颗数越多代表信用越良好	> 出行 > 借贷 > 当前处于部分地区试运营状态
聚信立 Juxinli	> 运营商数据 > 电商数据 > 公积金社保数据 > 学信网数据 > …	> 自爬取 > 数据接入	> 通过借款人授权,利用网页极速抓取技术获取各类网络个人数据,通过比对分析,交叉验证,为金融机构提供用户的风险分析判断 > 底层架构对所有数据源网站进行实时监控,人工智能自动排错,可用率超过90%	> 为金融机构服务(客户包含百度、京东、小米、宜信、万达等)

图2-16 大数据征信典型公司

3. 区块链技术与征信

长期以来,由于征信数据流通方、加工方、使用方的分离,征信数据二次交易没有手段稽核及管控、无法实时校验授权真实性等原因,征信数据交易授权长期还停留在纸质协议(数据需方需要获取数据供方的书面授权方可合理合法地使用征信数据)的手段上,在技术层面并没有过多进展。

区块链技术的发展使得这一领域产生了新的突破。由于其交易公开透明、安全可靠、难以篡改,并且自带时间戳属性,将区块链技术用于征信数据交易授权具有可行性。通过搭建私有链或联盟链的形式,由数据供方对征信数据需方授权。数据采集与加工的过程中,可以对授权文件进行同步流通与校验,从而实现实时校验授权真实性、二次交易稽核及管控的目的。这种方法搭建下的体系中,无须使用方改变现有业务流程,并且授权记录可实时更新。以上两点可以应用于征信数据交易授权领域。随着区块链技术的发展和应用场景的不断增加,区块链技术未来还有可能在征信数据交易行业中发挥更大的作用。

区块链技术应用在个人征信管理领域也是可行的。首先,从个人层面来说,区块链能帮助我们确立自身的数据主权,生成自己的信用资产。这是个人信用生产的基础,也是我们将来的重要资产来源及保障,同时也有利于征信机构信用生产成本的降低。现在,除征信中心外,用户数据的所有权几乎全是错配的,它们被掌握在各大互联网公司手中,所以我们难以控制自己的私人数据,更不用说授权了。并且,这些大互联网公司各自垄断了一个市场,形成一个个相互封闭、隔绝的数据孤岛,从而征信数据难以充分地发挥其共享价值。其次,受益于密码学的诸多成熟技术,对征信数据进行加密处理,或者直接采用双区块链的设计来确保用户征信数据安全,确保征信数据在区块链上绝对安全。这样,个人征信数据直接可以在区块链上做安全交易,那么我们的交易数据将来可以完全存储在区块链上,成为我们个人的信用,所有产生的交易大数据将成为每个人产权清晰的信用资源。不止于此,区块链还在人与人之间公开透明地收集和共享数据。这样,就可以将散落在私有部门及公共部门的"全部"个人数据充分地聚合起来,取之于用户而用之于用户,促进数据的开放共享与社会的互联互通。

【案例 2-3 ZestFinance】

ZestFinance 是美国一家新兴的互联网金融公司,2009 年 9 月成立于洛杉矶,由互联网巨头 Google 的前信息总监道格拉斯·梅瑞尔和金融机构 CapitalOne 的信贷部高级主管肖恩·卜德(曾管理过收益超过 10 亿美元的次级信贷业务)联合创办。ZestFinance 的研发团队主要由数学家和计算机科学家组成,前期的业务主要通过 ZestCash 平台提供放贷服务,后来专注于提供信用评估服务,旨在利用大数据技术重塑审贷过程，为难以获得传统金融服务的个人创造可用的信用，降低他们的借贷成本。

ZestFinance 起初是为传统的发薪日贷款（PaydayLoans）提供在线替代的产品。发薪日贷款因借款人承诺在发薪日还款而得名。由于美国传统的信用风险评估体系无法覆盖全部的人群，大约 15% 的人因没有信用评分而被银行排斥在外，无法获得基本的信贷需求。除了解决传统信用评估体系无法解决的无信用评分借贷问题，ZestFinance 还主要面向传统信用评估解决不好的领域，将信用分数低而借贷成本高的人群视为服务对象，利用大数据技术降低他们的信贷成本。与传统信贷管理业务比较，ZestFinance 的处理效率提高了将近 90%，风险控制方面，ZestFinance 的模型相比于传统信用评估模型性能提高了 40%。

2014 年 2 月，ZestFinance 宣布推出基于大数据分析的收债评分，旨在为汽车金融、学生贷款、医疗贷款提供一种新的评分系统。ZestFinance 的未来发展方向是希望把其在这种发薪日的贷款上的优势继续拓展到其他贷款领域，包括信用卡、汽车的贷款，甚至包括房屋的贷款，在未来的 10~15 年，这一方法将取代现行指标，成为申请信贷的唯一评估标准。2013 年 7 月，当时全球第三方支付平台 PayPal 联合创始人、美国知名投资人彼得·泰尔领投了 ZestFinance 的 2 000 万美元融资。

ZestFinance 的成功主要源于以下两方面。

1. 数据竞争力

ZestFinance 的数据来源十分丰富，依赖于结构化数据的同时也导入了大量的非结构化数据。另外，它还包括大量的非传统数据，如借款人的房租缴纳记录、典当行记录、网络数据信息等，甚至将借款人填写表格时使用大小写的习惯、在线提交申请之前是否阅读文字说明等极边缘的信息作为信用评价的考量因素。类似地，非常规数据是客观世界的传感器，反映了借款人真实的状态，是客户真实的社会网络的映射。只有充分考察借款人借款行为背后的线索及线索间的关联性，才能提供深度、有效的数据分析服务，降低贷款违约率。

如图 2-17 所示，ZestFinance 数据来源的多元化体现在：首先，对于 ZestFinance 进行信用评估最重要的数据还是通过购买或者交换来自于第三方的数据，既包含银行和信用卡数据，也包括法律记录、搬家次数等非传统数据。其次是网络数据，如 IP 地址、浏览器版本甚至电脑的屏幕分辨率，这些数据可以挖掘出用户的位置信息、性格和行为特征，有利于评估信贷风险。此外社交网络数据也是大数据征信的重要数据源。最后，直接询问用户。为了证明用户自己的还款能力，用户会有详细、准确回答的激励，另外用户还会提交相关的公共记录的凭证，如水电气账单、手机账单等。多维度的征信大数据可以使得 ZestFinance 能够不完全依赖于传统的征信体系，对个人消费者从不同的角度进行描述和进一步深入地量化信用评估。

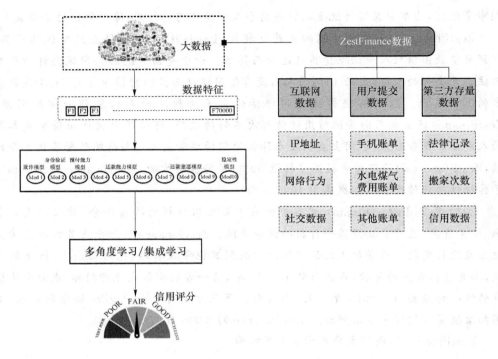

图 2-17　ZestFinance 数据来源示意图

2. 模型竞争力

如图 2-18 所示,ZestFinance 的信用评估分析原理,融合多源信息,采用了先进机器学习的预测模型和集成学习的策略,进行大数据挖掘。首先,数千种来源于第三方(如电话账单和租赁历史等)和借贷者的原始数据将被输入系统。其次,寻找数据间的关联性并对数据进行转换。再次,在关联性的基础上将变量重新整合成较大的测量指标,每一种变量反映借款人的某一方面特点,如诈骗概率、长期和短期内的信用风险和偿还能力等,然后将这些较大的变量输入到不同的数据分析模型中去。最后,将每一个模型输出的结论按照模型投票的原则,形成最终的信用分数。

多维度的征信大数据可以使得 ZestFinance 能够不完全依赖于传统的征信体系,对个人消费者从不同的角度进行描述和进一步深入地量化信用评估。当 ZestFinance 不断地进行数据搜集和增加新数据源的同时,评分模型也在不断更新。从 2012 年到目前,差不多每一个季度就会新推出一个新的信用评估模型。而且模型是以每一位不同的开发者命名,目前已经有 14 个模型。ZestFinance 评分模型的改进也提高了其信用风险评估水平。虽然这些新的模型仍然会遇到数据充足性和数据可得性的挑战,但是模型的持续改进还在进行中。

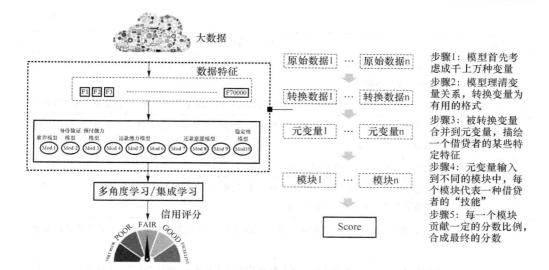

图 2-18 ZestFinance 模型

2.3.4 政府监管

相较于国外,我国征信业监管起步较晚。2003 年,国务院赋予中国人民银行"管理信贷征信业,推动建立社会信用体系"职责,批准设立征信管理局,标志着征信管理工作开始起步。2008 年,国务院将中国人民银行的管理职责调整为"管理征信业,推动建立社会信用体系",中国人民银行开始全面履行对征信业的管理职责,征信管理工作步入正轨。2013 年,国务院印发《征信业管理条例》(简称"条例"),明确了中国人民银行及其派出机构依法对征信业进行监管,从而确立了中国人民银行监督管理的地位。2015 年初,中国人民银行下发通知,要求 8 家机构做好个人征信的业务准备工作。监管机构面向第一批个人征信机构的审批工作仍未完成,但目前已开始接受第二批审批报备,中国征信业的市场化管理工作正在加速推进。借鉴国外征信监管经验,结合我国征信实际,确定了以中国人民银行为主、地方政府和有关部门多方参与的征信业监管体制。

表 2-2 对我国政府信用监管的大事件进行了整理和介绍。

表 2-2 政府信用监管大事件整理

时间	重要监管事件
2003 年 3 月	十届全国人大一次会议审议通过 2003 年《政府工作报告》,首次提出"加快建立社会信用体系"
2004 年 4 月	人民银行成立银行信贷征信服务中心
2006 年 3 月	央行设立中国人民银行征信中心,央行征信中心信用信息基础数据库实现全国联网查询

续表

时间	重要监管事件
2009年2月	央行发布《征信数据元 信用评级数据元》和《征信数据交换格式 信用评级违约率数据采集格式》两项行业标准
2013年3月	国务院下发《征信业管理条例》并正式实施,对征信活动中信息采集、信息使用做出了规范
2013年12月	央行发布《征信业管理办法》,进一步细化了《条例》涉及征信机构管理的条款,规范征信机构的设立、变更和终止程序
2014年6月	央行公布首批26家企业征信备案机构名录
2014年12月	央行发布《征信机构信息安全规范》,从安全管理、安全技术和业务运作三个方面明确了不同安全保护等级征信系统的安全要求
2015年1月	央行下发《关于做好个人征信业务准备工作的通知》,要求芝麻信用等八家机构做好准备工作
2015年12月	央行发布《征信机构监管指引》,对征信机构的许可和备案、保证金提取、非现场监管和现场检查办法等方面做出规定
2016年6月	央行下发《征信业务管理办法(草稿)》,拟对征信机构的信息采集、整理、保存、加工、对外提供、征信产品、异议和投诉及信息安全等征信业务的各个环节做出规范,强调信息保护,征信产品事后备案等
2016年11月	央行下发《关于加强征信合规管理工作的通知》,要求各相关机构开展征信合规的自查自纠工作,加强个人信息保护
2017年7月	最高人民法院、最高人民检察院发布《关于办理侵犯公民个人信息刑事案适用法律若干问题的解释》,对侵犯公民个人信息犯罪的定罪量刑标准和有关法律适用问题做出了规定
2017年12月	央行征信管理局下发特急文件《关于开展金融信用信息基础数据库接入机构征信信息泄露风险自查的通知》,加强信息安全管理,防范金融风险

政府监管对象主要包括:一是民营征信机构;二是金融信用信息基础数据库的运行机构;三是信用信息提供者和使用者。《条例》出台以前,中国人民银行依据自身出台的部门规章对金融信用信息基础数据库的运行机构以及金融信用信息基础数据库的信息提供者和使用者进行监管;《条例》出台后,监管对象逐步扩大到民营征信机构以及向其提供数据的信息提供者和使用者。

政府监管内容主要包括:机构、业务和人员的准入和退出、业务开展情况、内控制度建设和执行情况、信息采集和处理情况、投诉和异议处理情况、查询流程及使用合规性等。

政府监管方式主要包括:对不同征信业务采用不同的监管方式,具体而言对企业征信采用备案制、个人征信采用审核制。

在企业征信方面,2014 年,中国人民银行放开企业征信备案登记,2014 年 6 月央行公布首批企业备案机构,共 26 家。截止到 2017 年 7 月底,我国在央行征信中心取得企业征信备案机构已达 138 家,其中,存续的备案企业征信机构共 133 家。2016 年底开始,央行强化企业征信备案管理,先后取消了吉林省立信征信有限公司、望洲征信服务有限公司、华夏信融信息技术有限公司、博昌征信有限公司、中原征信有限公司等五家机构的企业征信备案登记资格,取消原因主要因机构连续六个月以上未实质开展企业征信相关业务。同时,自 2016 年,中国人民银行全面收紧企业征信备案登记,集中核查真实征信业务情况,排除虚假备案情况。

在个人征信方面,2015 年 1 月,中国人民银行发布《关于做好个人征信业务准备工作的通知》,提出中诚信、芝麻信用、前海征信等 8 家机构做好试点准备工作,准备期半年,然而几年过去了,个人征信牌照始终未发放,2017 年 4 月,央行征信管理局局长万存知在"个人信息保护与征信管理"国际研讨会上首次就个人征信机构验收工作进行表态,称 8 家机构中无一家合格,一时间引起行业内一片哗然,监管否定态度给个人征信行业发展前景蒙上了阴影。嘉银征信认为,由于个人征信涉及个人信息采集、加工处理,尤其涉及个人隐私信息,行业属性促使监管机构对征信机构提出更高的信息安全要求。其次,在当前我国互联网金融领域全面整顿背景下,给服务于互联网金融的个人征信业务增添了更多的不确定性,也给监管措施的出台增添了障碍。另外,受历史因素影响,当前我国个人征信业务面临数据来源少,服务人群错位、分散,8 家试点机构依靠大型集团或互联网巨头,虽形成了自身的数据闭环,但征信业务的第三方独立性却难以保证,这也是监管层对未发放牌照的一大考量。

在征信市场化的推进过程中,由于监管政策天然的滞后性,并未对个人信息的获取、使用等方面做出具体细则规定,造成公民信息泄露情况严重,易被不法分子利用。2016 年 11 月,央行下发《关于加强征信合规管理工作的通知》,要求各相关机构开展征信合规的自查自纠工作,加强个人信息保护。同时指出部分备案企业征信机构,存在突出的违规经营问题,严重影响企业融资的公平环境。

思 考 题

1. 政府在信用管理体系中扮演的角色。
2. 中国征信体系市场化面临的风险。
3. 大数据征信对传统征信的影响。
4. 腾讯信用与芝麻信用在征信领域各自具有哪些优劣势。

第 3 章　服务型数字政府

李克强总理在 2016 年国务院常务会议中指出,加快推进"互联网＋政务服务",是深化简政放权、放管结合、优化服务改革的关键之举,变"群众跑腿"为"信息跑路"、变"企业四处找"为"部门协同办"。我国数字政府建设发展迅速,但难免会出现信息孤岛和数字鸿沟等问题。为更好地建设服务型政府,应该坚持以人民为中心,开展整体政府服务再造,重新设计方便服务对象的工作流程。

3.1　新公共服务理论

新公共服务理论是以美国著名公共管理学家罗伯特·丹哈特为代表的一批公共管理学者基于对新公共管理理论的反思,特别是针对作为新公共管理理论之精髓的企业家政府理论缺陷的批判而建立的一种新的公共管理理论。

新公共服务理论认为,公共管理者在其管理公共组织和执行公共政策时应该集中于承担为公民服务和向公民放权的职责,他们的工作重点既不应该是为政府航船掌舵,也不应该是为其划桨,而应该是建立一些明显具有完善整合力和回应力的公共机构。

3.1.1　新公共服务理论的起源

新公共服务理论对新公共管理理论的批判和超越主要体现在以下几个方面。

1. 企业家精神的质疑

新公共服务理论认为在关注企业家精神的足智多谋的同时,不应该忽视其暗含的其他意义。(1)企业家精神意味着每个政府代理人是以自己或代理机构的利益为基础来行动。这个理念使政府代理人像所有者一样思考,纯粹把公共的资金看成自己的,以激发个人利益来实现管理的目的。这种观念赞扬了自利的个人的创新潜力,否定了公众在资金开支的确定以及公共方案设计上的作用。新公共服务理论认为公众才是公共资金的所有者,所以公共管理者不应是追求自己或代理机构的利益,而是要追求公共利益,必须重视长期存在的责任和回应性。(2)企业家精神注重创新和改革的背后,是习惯于冒险,不愿意遵守制度或受到约束,甚至对员工横行霸道。(3)企业家精神追求经济、效率和效益,很难承担起整个社会发展进步的责任。因而,让公共管理者在提高效率的同时又保持责任心,具有相当的难度。

2. 公共管理核心价值的弱化

新公共管理理论把"三 E"(economy、efficiency、effectiveness)作为自己价值的基础,公共管理者忽视了人对公平愿望的要求,无力担负起公共行政捍卫民主与公平的政治责任,也无法实现道德水准的责任。公平是指"处理事情合情合理,不偏袒哪一方面",也就是含有公正、平等的意义。在不同的年代对于"公平"一词有着不同的理解和诉求。因此,公平是很难用具体标准来衡量的,是一种主观价值判断和道德标准,是个人用来判断事物合理性的一种观念,是建立在对客观事物的评价基础之上的。公共服务理论认为,公共管理者的重要作用并不是体现在对社会的控制或驾驭,而是在于帮助公民表达和实现他们的利益,保障公民的各项权利。如受教育权、社会保障权、工作与劳动权、居住权以及健康权等,使得城乡之间、区域之间以及社会群体之间所享受的公共服务大致相同,有平等的发展机会。

3. 公民身份的忽视

公共服务的消费者不仅仅是"顾客",更应该是"公民"。公民与顾客这两个概念是不同的。公民不仅是政府的顾客,还是委托人和所有者,是主人。公民与政府之间多种多样的关系——顾客、委托人、选民、主体——暗示着顾客这个称号正在受到特别的限制。并且与私人部门不同,公共部门识别其服务对象也是相当困难的。政府的服务对象远不止直接的顾客。政府也服务于这样一些人,如等待服务的人、没有积极地寻求服务但可能需要服务的人、服务受益者的后辈、直接受益者的亲友等,甚至也有一些不想成为顾客的顾客,例如,那些因超速行驶而收到罚单的人。

以顾客为导向的政府最终只是对每个分散的个体的短期自我利益做出回应,政府的存在仅仅是一个能够使自我利益得到体现的地方。但是公民身份则有其不同的重要方面,表现为能够整合自我的多个方面去超越个体存在,在协商的过程中,个体对他人利益和需要的理解,并将这种理解内化,从而以一种更广泛、更包容的观点看待公共利益。公民地位不是市场的竞争关系所追求的,也是它不能提供的。

4. 竞争机制的怀疑

在市场模型中竞争成为一种更为普遍的策略,而不是合作。公共管理中的竞争体现在公共与私人部门之间、私人部门为争取公共合同之间、公共部门之间以及政府各部门的内部服务之间,等等。但是,在政府交易中,并没有一种支配性的力量来控制交易,迫使买卖双方以公共利益为目标终止他们追求自我利益的交易。公共服务理论认为,个人利益的最大化并不能必然地推动公共利益的实现,市场的作用抑制了协商的发展,合作比竞争更能推动公共利益的实现。通过竞争解决冲突总是显得不那么令人满意和缺乏稳定性;而谈判和调解使争论处于对话之中,民主的对话总比政治市场能产生更好的政策。

3.1.2 新公共服务理论的理论基础

1. 民主社会的公民权理论

亚里士多德在《政治学》中首先提出了公民权,卢梭将公民界定为把社区利益放在心上的人,美国林肯总统在葛底斯堡演讲中的"民有政府、民治政府、民享政府"(government of the people, by the people, for the people)充分说明在美国政治生活中对公民角色的重视。桑德尔认为:政府的存在就是要有一定的程序(如投票程序)和公民权利,从而使公民能够根据自身利益做出选择。金和斯迪沃斯主张行政官员应当把人民当作公民来看待,而不只是把他们看作投票人、委托人或顾客,公共管理者应当寻求更有效的回应,相应地提高公民的信任度。这种观点直接为新公共服务理论提供了理论基础。

2. 社区和市民社会

政府的作用,特别是地方政府的作用,事实上就在于帮助创立和支持"社区"。这种努力部分地取决于建设健康的、有活力的"中介机构"。这些机构既要关注公民的愿望和利益,也要为公民更好地参与更大的政治体系提供经验。正如普特纳姆所主张,美国的民主传统以存在活跃的公民为基础,他们活跃于各种团体、协会和政府机构之中。这些小型团体聚合起来就构成了"市民社会"。只有在这里公民才能够以个人对话和讨论的形式共同参与进来,而这种方式便是社区建设和民主本身的实质。正如金和斯迪沃斯所指出的那样,政府在创建、促进和支持公民与社区之间联系的过程中能够起到重要的决定性作用。

3. 组织人本主义

新公共服务主要吸收组织人本主义优于传统组织的精华。由于组织人本主义能够出现创造性的对话,感情的共鸣和尊重,不仅使团体和组织能够更加有效、负责地对应环境的复杂性,而且有助于个人的成长和发展。也就是说人本主义认为组织中的人并不是中立的,一切工作也不能仅以效率来评判,平等、公平、正义、回应性等也是重要的价值核心。

4. 后现代主义的话语理论

后现代主义认为,由于我们在后现代世界中是互相依赖的,所以治理必定会越来越以相关各方,包括公民与行政官员之间开诚布公的对话为基础:为了使公共管理活动充满生机与活力,增进公共管理的合法性,就必须增进公共对话。在后现代主义看来就是要培育一种话语理论,但是这种话语是建立在这样一种正当性基础之上的:(1)真诚。就是参与对话的要彼此信任。没有一个真诚的公众对话,就不要指望满足公共利益且为此付诸行动。(2)切合情景的意向性。对话要把诉求和特定的语境相联系,以加强针对性。(3)自主参与。它能使对话具有积极性和主动性。因为缺乏参与精神的参与者所具有的冷漠和被外力所迫的参与使对话毫无意义。(4)具有实质意义的贡献。每一个人都有机会在对话中发表自己的观点。

3.1.3 新公共服务理论的内容

1. 基本公共服务

基本公共服务是指建立在一定社会共识基础上,根据一国经济社会发展阶段和总体水平,为维持本国经济社会的稳定、基本的社会正义和凝聚力,保护个人最基本的生存权和发展权,为实现人的全面发展所需要的基本社会条件。基本公共服务包括四个基本点:

一是底线生存服务。包括就业服务、社会保障、社会福利和社会救助,主要目标是保障公民的生存权。

二是公众发展服务。包括义务教育、公共卫生和基本医疗、公共文化体育,主要目标是保障公民的发展权。

三是基本环境服务。包括居住服务、公共交通、公共通信、公用设施和环境保护,主要目标是保障公民起码的日常生活和自由。

四是基本安全服务。包括公共安全、消费安全和国防安全等领域,主要目标是保障公民的生命财产安全。

根据罗尔斯基于公平的正义理论,如表3-1所示,在自由、平等和幸福之间的统筹协调原则有两条,即第一正义原则(平等自由原则)和第二正义原则(机会均等化原则和差别原则)。其中第一正义原则优先于第二正义原则,在第二正义原则中机会均等原则优先于差别原则。

表3-1 罗尔斯基于公平的正义理论

均等化原则	理论基础	罗尔斯基于公平的正义理论	分配方式	主要内容
受益均等原则	结果公正	第一正义原则(平等自由原则)	公平分配(非均对平均)	每一成员享受大致相等的基本公共服务
主体广泛原则	起点公正(机会均等)	第二正义原则(机会均等化原则)	公正分配	全体社会成员享受某种服务具有大致相等的机会
优惠合理原则	过程公正(程序公正)	第二正义原则(差别原则)	公开分配(合法分配避免暗箱操作)	享受额外照顾和优惠必须有合理合法的理由和程序

(1) 受益均等原则。根据罗尔斯第一正义原则(平等自由原则),每一成员享受大致相等的基本公共服务,包括品种和受益程度两个层面,这意味着基本公共服务均等化最终体现为一种结果公正。该原则保证"底线完全平等",即基本公共服务的供给水平应该平均,所有地区和所有个人都应该享受这一水平以上的公共服务。这里不排除某一特殊群体(如老少边穷地区居民、下岗职工、特殊疾病者)享受更多的基本公共服务。基本公共服务均等化概念的提出,其初衷正是为了解决公众受益严重不均、部分居民明显受到歧视的公共服务供给的问题。因此在三大原则中,受益均等原则最为重要。

(2) 主体广泛原则。根据罗尔斯第二正义原则(机会均等化原则),全体社会成员作为社会契约的签订方,在接受或拒绝政府提供的某种服务上具有大致均等的机会。该原则保证所有社会成员在基本公共服务的分配上具有起点公正,无人被排除在外,即保障最广泛的主体、社会的最大多数成员能够享受政府提供的基本公共服务。

(3) 优惠合理原则。根据罗尔斯第二正义原则(差别原则),享受额外的照顾和优惠必须有合理合法的理由和程序。这里要明确的是政府必须公开特殊优惠的合理标准和享受范围,同时还要经过有关认可程序得到全社会公认或多数成员认可,以保证程序公正(即过程公正)。程序公正意味着除了合理合法的优惠之外不存在其他形式的豁免、特权和优惠,特别是既得利益集团不能利用其优势社会地位获得更多的公共服务。

2. 电子公共服务

电子公共服务是指政府应用信息技术为公众提供公共服务的过程,是一种区别于传统公共服务的全新方式。

电子公共服务的目标可以从以下四个方面概括:第一个目标是关于政府与公众之间的关系,即"更易接近的政府";第二个目标是关于服务的质量,即"更好、更可靠的服务";第三个目标是关于公众的认同和接受程度,即"建立在线服务的公信力";第四个目标是关于服务对象范围,即"为所有人服务"。这四个方面相辅相成,共成一体。

3. 新公共服务的七大原则

新公共服务理论认为,个人利益的最大化并不能必然地推动公共利益的实现,市场的作用抑制了协商的发展,合作比竞争更能推动公共利益的实现。通过竞争解决冲突总是显得不那么令人满意和缺乏稳定性;而谈判和调解使争论处于对话之中,民主的对话总比政治市场能产生更好的政策。登哈特夫妇在民主社会的公民权理论、社区和市民社会的模型、组织人本主义和组织对话的基础上,提出了新公共服务的七大原则。

(1) 服务而非掌舵

这是被登哈特夫妇认为是七大原则中最突出的原则。公共管理者的重要作用并不是体现在对社会的控制或驾驭,而是在于帮助公民表达和实现他们的共同利益。在现代复杂的社会生活中,政府控制或驾驭社会的能力越来越弱,感到力不从心。政府在公共政策的制定过程中,不再是唯一的主角,政府事实上已经成为一个参与者,一个非常重要的参与者。政府的首要作用不是通过命令和管制来指挥公众的行动,也不是简单地制定奖惩规则来引导群众。新公共服务理论认为,问题的解决需要公民的参与,需要政府与私人、非营利组织协同行动。政府的角色应从控制转变成调节、协调甚至裁决。

（2）公共利益是目标而非副产品

公共利益是管理者和公民共同的利益和责任,是目标而不是副产品。新公共服务理论提出,建立社会远景目标的过程并不能只委托给民选的政治领袖或被任命的公共行政官员。事实上,在确立社会远景目标或发展方向的行为当中,广泛的公众对话和协商是非常重要的。政府的作用将更多地体现在把人们聚集到能无拘无束、真诚地进行对话的环境中,共商社会应该选择的发展方向。以这些协商为基础,才能建立具有广泛基础的社区、国家或民族的远景目标,才能为未来提出指导性的理想。通过该过程,促使行政官员、政治家和公民处于思考社区和国家预期发展前景的过程中。除了这种促进作用,政府还肩负着道义责任,即确保经由这些程序而产生的解决方案完全符合公正和公平的规范,政府的作用将是确保公共利益居于主导地位,确保解决方案的过程符合公正、公平和平等等民主价值准则。公务员应当积极地提供舞台,在这个舞台上,公民能够通过对话清楚地表达共同的价值观念,并形成共同的公共利益观念。公共行政官员不应该仅仅通过促进妥协而简单地回应不同的利益需求,而应该鼓励公民采取一致的行动。这样,他们就可以更加理解各自的利益,具备更长远、更广博的社区和社会利益观。

（3）战略地思考,民主地行动

新公共服务理论认为,符合公共需要的政策和计划,只有通过集体努力和协作的过程,才能够最有效地、最负责任地得到贯彻执行。为了实现集体的远景目标,在具体的计划实施过程中,依然需要公民的积极参与,使各方的力量集中到执行过程中去,从而迈向预期的理想目标。通过参与和推动公民教育计划、培养更多的公民领袖,政府可以激发公民自豪感和责任感。

（4）服务于公民而不是顾客

新公共服务理论认为,政府与公民之间的关系不同于工商企业与顾客之间的关系。民主治理中,公民应具有多重角色,他是公共服务的接收者、参与者和监督者,亦是纳税等义务的承担者。将公共服务的对象比作顾客,可能无法全面理解公民的角色,使公民与政府间的关系不健全、角色混乱。同时,对于政府来说,公民与顾客在参与政府决策或公共事务中所处的地位也是不同的。顾客更多的是享受政府提供的公共服务,政府主动搜集其意见与态度;但公民是政府公共事务和决策的主体之一,是重要的组成部分,且公民没有排斥性,政府对公民也会一视同仁,公民的态度与需求是政府发展和更好地提供公共服务的重要动力。

(5)责任不是单一的

新公共服务要求公务员不应当仅仅关注市场,他们也应该关注宪法和法令,关注社会价值、政治行为准则、职业标准和公民利益。新公共服务理论意识到了这些责任的现实性和复杂性,在规范互相冲突和重叠的情况下,公共行政官员陷入了复杂的价值冲突之中。

对于新公共管理理论来说,政府的目标是向社会和公民提供公共服务,以满足公民的社会需求。对于政府来说,公民需求满足即是其任务与服务的完成;但是从新公共服务的理论来看,服务与需求满足仅是政府职责的一部分,政府同时还需要去保障社会公平和公正,向社会提供一定差异化或受众不一致的公共服务。这对于公民来说,也是至关重要的。

(6)重视人而不只是生产率

新公共服务理论家在探讨管理和组织时十分强调"通过人来进行管理"的重要性。从长远的观点来看,试图控制人类行为的理性做法在组织成员的价值和利益并未同时得到充分关注的情况下很可能要失败。此外,虽然这些探讨可能会取得一些成果,但是它们却培养不出具有责任心、献身精神和公民意识的雇员或公民。在新公共服务理论家看来,如果要求公务员善待公民,那么公务员本身就必须受到公共机构管理者的善待。公务员的动机不只是工资和稳定性的问题,他们的动机与工作的目的应当是为公民提供更好的服务,促进制度与服务方式的完善,为社会和公民提供便利。

(7)超越企业家身份,重视公民权和公共事务

新公共服务理论明确提出,政府官员并不是其机构和项目的业务所有者。政府为公民所有。新公共管理理论最大的特点之一是提出政府官员要有企业家的精神,同时在政府行政管理过程中也需要加入一些企业管理的理念与工作方式。这种工作理念与工作方式在初期让许多资本主义发达国家走出了20世纪70年代政府管理中面临的各种问题与困境,大大提高了政府的工作效率,也提高了社会公众对于政府工作的满意度,大大增强了公民对于政府的信任程度。但是,从长远发展来看,新公共管理理论也在一定程度上更进一步影响了政府与公民关系的深入发展。所以新公共服务理论的提出也是基于政民关系的深入发展,让政府更加清晰地认知公民在政府管理中的地位与作用:必须将公民地位上升到一定的高度,将政府公共服务提供的全面性、丰富性等不断完善,提高政府公共服务提供的水平与效率,只有这样才能更好地体现政府的地位与价值。

3.1.4 新公共服务理论在中国的实践——善治理论

善治(Good Governance),即良好的治理,其本质特征是政府与公民对公共事务的

合作管理,是政府与市场、社会的一种新颖关系。善治一词是在1989年世界银行在非洲的发展报告中首次提出。张尚仁认为"善治"这一译名出自老子《道德经》第八章"正善治"。老子的《道德经》提出了系统性的"善治"社会管理理论。该理论认为,对社会应以柔性管理为主。"柔"与"和"是"道"的本质属性。柔性的社会管理,其内涵包括"天下神器""为无为,则无不治""以正治国"及无形管理比有形管理更重要的思想。社会的治理者,必须重视民生,在民众中形成淳朴的社会风气,不可与民争利,在利益面前要将自己摆在最后。管理民众时,管理者一定要起好表率作用;要"居其实不居其华",还要注重自身的修养。

俞可平于1999年发表了《治理和善治引论》一文,将海外的善治理论进行了本土化改造,以服务于他关于中国政治发展的特定主张和实践,也是新公共服务理论与中国行政管理模式相结合的典型理论。俞可平认为,善治具备以下要素:

(1) 合法性。合法性可以很清楚地通过民主与法治原则获得,即通过由人民选择和授权,通过合理的法律和政治程序,并通过政治竞争上位和存在退出可能性的政权就天然地获得了合法性。除此之外,没有什么别的程序可以使得一个政权获得合法性。

(2) 法治。法治的基本含义是法律是公共政治管理的最高准则,任何政府官员和公民都必须依法行事,在法律面前人人平等。

(3) 透明性。透明性不仅仅指政府单方面的信息透明,还包括整个社会内部的信息透明。透明性是社会公共产品供给水平的最优和社会妒忌程度下降的前提。

(4) 责任性。责任性指的是"在公共管理中,与某一特定职位或机构相连的职责及相应的义务"。责任性本质上不会通过公职人员自发的动机实现,而是需要竞争的压力和第三方契约的力量。也就是责任性本质是可以由民主和法治原则实现的。

(5) 回应。回应指的是"公共管理人员和管理机构必须对公民的要求作出及时和负责的反应",显然回应也是可以由竞争性和法治原则所确保的。

(6) 有效性。有效性指"公共管理的效率"。效率只可能由竞争和第三方的约束共同作用形成。

(7) 参与。参与指"公民对政治和其他公共生活的参与"。参与是由第二条基本条件"公民偏好的表达和选择"所涵盖的。

(8) 稳定性。稳定性指国内的和平、生活的有序、居民的安全、公民的团结、公共政策的连贯等。俞可平教授定义的稳定性包括三方面:①公共产品的秩序和安全;②社会内部矛盾最小;③政策的连贯。公共产品的秩序和安全与社会内部矛盾最小是政治的竞争压力和分配正义的自然结果。而竞争性的选举政治经常被诟病的是政策的不连贯。但是首先,一个良好的民主的政策本质是来自于公民内在的政治需求。因此,要求政策本身具有合法性。其次,法治原则也确保了政策本身不受制于上台的政治家的自发的意愿而随意更改,而是符合大多数公民的意愿。相反,人治社会政策因人而变的事例更是比比皆是。因此,政策的连贯性是可以被民主和法治所涵盖的。

(9)廉洁。廉洁来自三个基本条件的共同约束:政治上退出的约束、法治下的惩罚和信息透明下的监督。

(10)公正。公正指不同性别、阶层、种族、文化程度、宗教和政治信仰的公民在政治权利和经济权利上的平等。

如果要实现善治,必须具备如下四个条件:政治上的竞争和退出的压力;公民偏好的表达和选择权;第三方社会契约的约束;信息透明下的分配正义。从这四个条件中可以看出,政治上的竞争和退出的压力、公民偏好的表达和选择权以及信息透明下的分配正义表达了民主这一原则,第三方社会契约的约束、信息透明下的分配正义则表达了法治这一原则。

善治的本质特征,就在于它是政府与公民生活的合作管理,是政治国家与市民社会的一种新颖关系,是两者的最佳状态。善治实际上是国家的权力向社会的回归,善治的过程就是一个还政于民的过程,表示国家与社会或者说公民之间的良好合作。从全球范围来看,善治离不开政府,但更离不开公民。

① 善治模式的主体未必是政府,也无须依靠国家的强制力量来实现。一直以来,公共权力中心的唯一性被默认为是一个不可更迭的原则,但是善治理论却使公共权力中心多元化。除了政府之外,各种机构(包括社会的、私人的)只有得到公众的认可,才可以成为公共权力的中心。公共权力不再被政府所垄断,使得政府与其他公共权力中心之间不再是管理者与被管理者的关系,而是平等合作,依赖互动的新型关系。

② 善治模式强调国家与社会的合作,模糊了公共领域与私人领域的明确界限,并且更加强调国家与社会的依赖关系。作为政府管理模式的善治与市场、社会自治组织、社会中介组织、社会独立组织等具有许多联系。存在于私人领域和第三领域的治理并不是一个封闭的系统,它们与政府的治理有着密切的联系。现代社会国家正在把原先由它独自承担的责任转移给公民社会,后者包括各种私人部门和公民自愿性团体,它们正在承担越来越多的原先由国家承担的责任。国家与社会之间、公共部门与私人部门之间的界限便日益变得模糊不清。但这种模糊与古代社会中国家与社会的未分化有着本质的区别,当代社会的模糊说明利益整合和聚合的程度,其前提是在社会利益的分化程度非常发达,而古代社会中国家与社会的模糊却是在社会利益的分化程度非常低的情况下发生的。

③ 善治是一个上下互动的管理过程,它强调管理对象的参与。统治的权力运行方向是自上而下的,它运用政府的政治权威,通过发号施令、制定政策和实施政策,对社会公共事务实行单一向度的管理。与此不同,善治则是一个上下互动的管理过程,它主要通过合作、协商、伙伴关系、确立认同和共同的目标等方式实施对公共事务的管理。善治的实质在于建立在市场原则、公共利益和认同之上的合作。它所拥有的管理

机制主要不依靠政府的权威,而是合作网络的权威,其权力向度是多元的、相互的,而不是单一的和自上而下的。善治组织的产生不是来自授权,而是来自协商,是由成员平等协商产生的。组织内部的议事规则、办事程序又经过成员协商约定。决定事项的过程由于通过了彻底的民主协商,成员的意见能够得到充分的表达,具有非常灵活的利益表达机制,能够更好地体现公开、公平和公正。

④ 善治还意味着管理方式和管理手段的多元化。统治的典型模式是运用发号施令来达成目标。而善治模式则认为办好事情的能力并不仅限于政府的权力,在公共事务的管理中,还存在着其他的管理方法和技术。政府应该运用各种可行的办法来达到公共事务的良好管理。

3.1.5 新公共服务理论简评

新公共服务理论提出和建立了一种更加关注民主价值与公共利益,更加适合现代公共社会和公共管理实践需要的、新的理论选择:

(1) 吸收了传统公共行政的合理内容,承认新公共管理理论对于改进当代公共管理实践所具有的重要价值,但摒弃了新公共管理理论特别是企业家政府理论的固有缺陷。

(2) 把效率和生产力置于民主、社区、公共利益等更广泛的框架体系中。

(3) 对传统的公共行政理论和目前占主导地位的管理主义公共行政模式都具有某种替代作用。

(4) 有助于建立一种以公共协商对话和公共利益为基础的公共服务行政。

3.2 数字政府服务模式

数字政府网络由政务内网和政务外网构成,两网之间物理隔离,政务外网与互联网之间逻辑隔离。政务内网主要是副省级以上政务部门的办公网与副省级以下政务部门的办公网物理隔离。政务外网是政府的业务专网,主要运行政务部门面向社会的专业性服务业务和不需在内网上运行的业务。

数字政府网络从业务角度也可以分为基础层、领域层和综合层三个层次。基础层集中体现了对全社会经济活动中基本要素的管理,如三大基础信息库等。领域层则实现对不同的政府基本职能部门的有效管理,如金字工程。综合层是各级政府的决策支持层和战略管理层,如城市应急联动系统。

数字政府网络由"三网一库"构成。其中,三网包括:政府机关的内部办公业务网,又简称政务内网;实现地区级政府涉密信息共享的办公业务资源网,又简称政务专网;以因特网为依托的政府公众信息网,又简称政务外网。一库即政府系统共建共享的政务资源数据库。

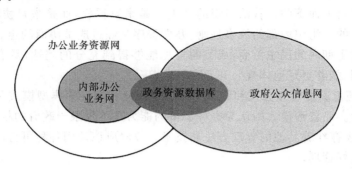

图 3-1 数字政府"三网一库"

根据服务对象的不同,数字政府服务模式基本上可以分为政府间的数字政府（G2G）、政府对企业的数字政府（G2B）、政府和公务员之间的数字政府（G2E）、政府对公众的数字政府（G2C）等服务模式。

3.2.1 政府间的数字政府服务模式(G2G)

政府间的数字政府服务模式(G2G)是上下级政府、不同地方政府、不同部门政府之间的数字政府服务模式。如表3-2所示,政府间的数字政府服务模式系统包括电子法规政策系统、电子公文系统、电子司法档案系统、电子财政管理系统、电子办公系统、电子培训系统、业绩评价系统等。

政府间的数字政府服务模式主要应用于四种不同工作关系的政府机关之间:隶属关系、业务指导关系、平行关系、不相隶属关系。隶属关系指同一组织系统中的上下级机关之间属于领导与被领导的隶属关系,如省政府与下属各市县政府;业务指导关系指同一专业系统中的上下级主管业务部门之间属于业务指导关系,如人事部与省人事厅;平行关系指同一组织系统中的同级机关之间属平行关系,如省政府下属的公安厅与财政厅;不相隶属关系指非同一系统中的任何机关或部门之间均为不相隶属关系,如中央宣传部办公厅与解放军原总政治部。

表 3-2 G2G 模式系统构成

系统名称	内容说明
电子法规政策系统	对所有政府部门和工作人员提供相关的现行有效的各项法律、法规、规章、行政命令和政策规范,使所有政府机关和工作人员真正做到有法可依,有法必依
电子公文系统	在保证信息安全的前提下,政府上下级、部门之间传送有关的政府公文,如报告、请示、批复、公告、通知、通报,等等,使政务信息快捷地在政府间和政府内流转,提高政府公文处理速度
电子司法档案系统	在政府司法机关之间共享司法信息,如公安机关的刑事犯罪记录,审判机关的审判案例,检察机关检察案例等,通过共享信息改善司法工作效率和提高司法人员综合能力

续表

系统名称	内容说明
电子财政管理系统	向各级国家权力机关、审计部门和相关机构提供分级、分部门历年的政府财政预算及其执行情况，包括从明细到汇总的财政收入、开支、拨付款数据以及相关的文字说明和图表，便于有关领导和部门及时掌握和监控财政状况
电子办公系统	通过电子网络完成机关工作人员的许多事务性的工作，节约时间和费用，提高工作效率，如工作人员通过网络申请出差、请假、文件复制、使用办公设施和设备、下载政府机关经常使用的各种表格，报销出差费用等
电子培训系统	对政府工作人员提供各种综合性和专业性的网络教育课程，特别是适应信息时代对政府的要求，加强对员工与信息技术有关的专业培训，员工可以通过网络随时随地注册参加培训课程、接受培训，参加考试等
业绩评价系统	按照设定的任务目标、工作标准和完成情况对政府各部门业绩进行科学的测量和评估

【案例 3-1 无锡市公务员绩效考核考评系统】

2009 年，无锡市人力资源和社会保障局推出了一套面向全市市级机关公务员的绩效考核考评系统（以下简称"绩效系统"），旨在加强对全市公务员的日常考核管理。作为一个典型的 G2G 应用项目，该系统在建设、推广之际也遭遇到了一些问题，但建设单位从实际出发，有针对性地采取一些对策措施，最终有效地规避了问题，使该项目顺利实现了预期目标。绩效系统建成后，先后受到了江苏省公务员管理局的好评和国家公务员管理局的关注。

第一，提取"共性需求"应对需求难以统一。

无锡市公务员绩效考核考评系统旨在加强政府行政机关的公务员考核。虽说公务员考核的具体内容由《公务员法》统一规定为"德、能、勤、绩、廉"五个部分，但这只是一个大体的分类，在细化标准和实施办法上，不同部门还存在着差异。例如一些专业技术类岗位的工作绩效比较容易量化而综合管理类偏重于定性分析；一些窗口部门的"服务水平"可以由行政相对人来进行考评，而非窗口部门往往由相互之间考评。无锡市在推广公务员绩效系统时，充分考虑了这些具体细节上的差异，采取了寻找各个单位需求方面的"最大公约数"的办法，最大限度地提取所有单位在公务员平时考核中都要用到的"共性需求"。经过研究，最终将这套系统首期建设的主要功能定为"考勤签到""工作计划""工作纪实""处室工作"四个部分——这是行政机关都会用到的功能。

在强调"共性"的同时，无锡市也没有封堵"个性"发挥的空间。考虑有些部门基础较好，在绩效考核方面也有进一步探索的愿望，绩效管理系统也留出了空间让这些部门加载一些个性化设置。系统统一上线运行以后,无锡市财政局等部门就在该系统的基础之上,进一步细化了公务员考核指标,不仅对绩效系统的优化作了进一步探索,同时也让"共性"和"个性"实现了有效的融合。

第二,以"嵌入原则"应对数字鸿沟。

绩效系统针对的对象是无锡市市级行政机关四十多个职能部门,这些部门之间信息化基础和水平良莠不齐。一些信息化基础较好的部委办局已经开发了独立的信息化管理系统,有些系统本身就含有绩效考核的内容,而有些基础较差的单位则连独立的服务器都没有,达不到系统安装的基本要求。

面对这样的局面,无锡市采取了两个"嵌入"的办法。其一,针对信息化基础较好、已有独立OA系统的部门,把绩效系统作为一个模块"嵌入"到已有的OA系统中,如以前该系统就有类似功能的则取代该功能。其二,对于有些信息化基础比较薄弱,尚没有独立服务器的单位,将它们的绩效系统模块"嵌入"到市人力资源和社会保障局统一安排的服务器上,它们只需使用和平时负责管理即可。两个"嵌入"原则的应用,拉平了不同部门之间因为信息化发展程度的差异,使绩效系统在四十多个部门中顺利推广。

第三,在项目建设、运维过程中加强督导。

绩效系统的发起单位是无锡市人力资源和社会保障局(简称"人保局"),作为一个职能部门,其协调能力相对偏弱。为了让各参与单位重视、积极参与绩效系统,人保局采取与其他部门联合,加强督导的办法。在项目发起阶段,联合市监察局,以"市政办发"的名义共同发文推进;在项目实施、运行阶段,又联合监察局、机关党工委等单位,组织检查组进行了两轮现场调研督导,对开展不力的单位进行整改督促,对做得好的单位吸收其经验向其他单位推广。截至目前,绝大多数目标单位都已运用了绩效系统,有些单位甚至主动将系统延伸至区县级对口部门和下属事业单位,强有力的督导起到了很好的协调效果。

3.2.2 政府对企业的数字政府服务模式(G2B)

政府对企业的数字政府服务模式(G2B)是政府通过网络为企业提供公共信息资源,实施基于网络系统的业务监管以及电子采购与招标。企业通过获取政府公开的各种信息资源,可以避免发展的盲目性,将更容易地找到更多商机。政府对企业服务的监管和服务的网络化有助于营造公平的竞争环境。政府对企业的数字政府服务模式要求政府以数字政府的形态为商业服务,包括电子采购与招标、电子税务、电子工商行政管理系统、电子证照办理、信息咨询服务、中小企业电子服务等。如表3-3所示为面向企业提供的8项服务。

表 3-3　面向企业提供的 8 项服务

评估内容	内容说明
人力资源服务	包括向相关部门申报企业应负担的员工保险福利服务
企业纳税服务	包括企业所得税的申报、通知等服务
税收减免服务	包括增值税的申报、通知等服务
企业开办服务	包括为新公司注册提供的服务
统计数据服务	包括向统计部门或机构提交统计数据的服务
关税申报服务	包括进行关税申报的服务
政府环境许可	包括获得环境相关的许可服务
政府采购服务	包括参与中央政府采购时的服务

【案例 3-2 大连出口退税综合服务平台】

出口退税综合服务平台是大连市国税局自主研发的开放型出口退税服务管理系统,如图 3-2 所示。该平台具备申报退税(包含单机版远程预申报、正式申报及 Web 版在线申报)、外部数据(提供报关单、代理出口证明、增值税专用发票、加工贸易电子手册单数据的查询)、文书开具(企业可自主下载、导出和打印退税类、单证类文书)、退税进度(直接展示申报数据的全环节审核状态)、风险防控(企业可利用平台内嵌的风控系统规范流程管理、防范退税风险)、外贸平台(对接单一窗口、跨境电商、外贸综合服务等平台)及金融服务(整合中银退税贷、平安退税贷、信保易等特色金融工具)等核心功能。

图 3-2　大连出口退税综合服务平台示意图

大连市国税局将出口退税无纸化与"互联网"有效衔接,研发并构建出全国首个智能退税全天候、效用功能全覆盖、咨询辅导全方位、风险防控全流程和外部平台全联通的智慧出口退税生态系统。与以往的出口退税办理模式相比,该平台最显著特点是功能全面和智能高效。平台整合了出口退(免)税预审核、正式申报、结果反馈、认证发票、业务数据下载、文书凭据自助开具等多个功能,满足了退税办理各项需求。同时该综合服务系统还拥有强大的防风险能力,它集成了出口退税风险管理系统,形成了税企双方共同的风险管理机制;以出口合同为主线,通过工作流管理完整记录业务节点,引导企业通过规范流程管理防范风险;系统还设置了与各类企业资源计划(ERP)实现数据交换的接口,收录并实时更新税务机关提供的风险信息。该综合服务系统"一站式"地整合了中国银行、平安银行、中国出口信保公司等大型正规金融机构为出口企业定制的金融工具,让企业可以在平台获得审核时间短、放款速度快的高效融资服务。"税银互动"已为全市出口企业新增退税信用贷款额度54亿元,累计为全市200余家小微出口企业免费提供信保方案,带动出口额2.12亿美元。

目前该系统已在大连市全面覆盖,进一步巩固和扩大了国税地税征管体制改革影响力。大连市国税局在设计平台的过程中,坚持以全国出口退税规范为标准,既紧贴大连地区发展实际,又兼顾全国出口退税企业共性需求。各地国税机关均可以直接移植系统主体模块,用于本地出口退税服务管理,平台可复制性高。大连国税局积极适应新业态,以互联网理念改造传统退税流程,打通外部申请与内审批流程,实现退税业务办理电子化、网上一站式办理;在基于安全认证、安全互信的前提下,实现财务报表数据共享;"7×24"小时全天候开放的免费服务模式,打破时间与地域的限制,为企业提供便捷普惠的出口综合服务,是"互联网"在税务领域中的一大创新。在"一带一路"发展趋势下,中国企业出海已成潮流,"中国创造"在国际市场上获得认可也成为国内的新目标,大连市国税局出口退税综合服务平台将管理与服务相结合,为企业出海提供更为便捷的税务服务。

3.2.3 政府和公务员之间的数字政府服务模式(G2E)

政府和公务员之间的数字政府服务模式(G2E)利用互联网建立起有效的行政办公和员工管理体系,为提高政府工作效率和公务员管理水平服务。该模式主要是要求政府内部实现办公自动化,主要包括公文处理、档案管理、工作考核、办公流程处理等。该模式是通过借鉴企业间办公系统的经验,如供应链管理、财务管理和知识管理等,更好地利用信息技术减少政府支出,改善行政管理,提升工作效率,改进绩效,消除工作拖延问题,改善公务员的满意度和忠诚度。

【案例3-3 青海省电子公文传输系统】

青海省政府电子公文传输系统是实现红头文件和相关信息在网络中安全传输的公文处理系统。该系统利用数字文档技术、信息安全技术、中间件技术及计算机网络

第 3 章 服务型数字政府

技术等实现了红头文件的制作、盖章、分发、接受、阅读、打印、归档等功能,以现代的电子公文传输系统模式取代了传统的邮寄传递模式。如图 3-3 所示,电子公文传输系统在不改变现有工作流程的情况下,使发送红头文件像发送普通电子邮件一样快捷,同时能保留红头和公章,符合现代所有公文和公章的管理制度,保证文件的有效性、规范性、严肃性,安全程度有质的提高。

青海省政府电子公文传输系统由三大模块构成:公文排版模块、公文生成和处理模块、电子公文传输系统模块。公文排版模块安装在客户端,主要使用方正书版等排版软件生成版式文件,在公文处理流程中生成公文文件;公文生成和处理模块主要对版式文件进行盖章、加密、浏览、打印、归档等操作,该模块在客户端作为一个独立的模块存在,在服务器端嵌入在电子公文传输系统模块各相应环节;电子公务传输系统模块主要进行文件的登记、发送、签收、退文等操作。

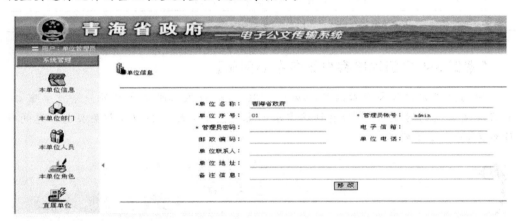

图 3-3 青海省电子公文传输系统单位信息界面

3.2.4 政府对公众的数字政府服务模式(G2C)

政府对公众的数字政府服务模式(G2C)是指政府通过网络系统为公民提供各种服务。它是以公共利益为目标,通过互联网平台为公民提供各种满意的公共产品和公共服务,进而提高政府政务活动透明性,强化公民的民主参与和多元监督。该模式主要包括教育培训服务、就业服务、社会保险网络服务、电子医疗服务、交通管理服务、公众信息服务、电子证件服务等业务。如表 3-4 所示为面向市民的 12 项基本服务。

表 3-4 面向市民的 12 项基本服务

评估内容	内容说明
个人纳税服务	包括个人所得税的申报、结果通知等服务
就业安置服务	包括劳动部门提供的工作介绍等服务

续表

评估内容	内容说明
社会保障服务	包括领取失业保险、儿童补助、医疗报销、奖学金等服务
政府办理服务	包括获取护照和驾驶执照等服务
车辆注册服务	包括新车、二手车、进口车的注册等服务
建筑许可服务	包括获得个人拥有的建筑物的建设和翻新许可等服务
社会治安服务	包括向当地公安部门申报个人财产失窃等服务
图书馆服务	包括在公共图书馆获得相关信息(图书、CD等)服务
个人证明服务	包括出生证明和结婚证明等服务
入学服务	包括高等教育机构或大学完成入学手续等服务
搬迁服务	包括在一个国家之内搬迁声明并变更地址等服务
医疗卫生服务	包括获得相关医疗服务信息、医院预约等服务

【案例3-4 中国铁路客户服务中心网站】

中国铁路客户服务中心网站(www.12306.cn)是铁路服务客户的一个重要窗口。它将集成客运的运输信息,为有铁路需求的客户提供运输业务以及相关公共信息的查询服务,如图3-4所示。

图3-4 中国铁路客户服务中心网站(一)

客户通过登录该网站,可以查询购票退票以及想要购买区域间的余票情况、旅客列车时刻表、旅客列车正晚点查询、票价查询、客票代售点查询以及客运营业站站点等,如图 3-5 所示。

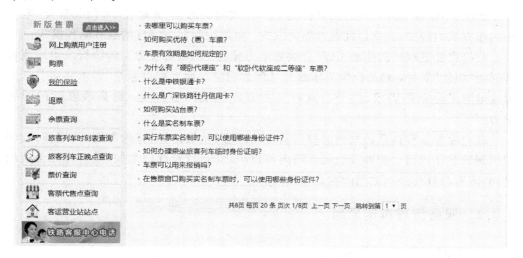

图 3-5　中国铁路客户服务中心网站(二)

中国铁路客户服务中心网站按照建设和谐社会的要求,不断丰富相关的信息,完善界面的浏览效果,为社会和铁路客户提供了更加翔实、更加丰富和优质以及便捷的服务。

3.3　数字政府服务流程再造

3.3.1　服务流程再造定义

数字政府服务流程再造就是以互联网为依托,对政府业务进行现状描述、要素分析、规范优化,建立智能高效的服务网络。其目的在于消除服务流程障碍,整合破碎流程,通过信息技术重新配置传统业务流程,实现政府业务流程的电子化、智能化,提高在线政务处理能力。

2016 年 9 月,国务院发布《关于加快推进"互联网＋政务服务"工作的指导意见》,提出到 2020 年年底前,实现互联网与政务服务深度融合,建成覆盖全国的整体联动、部门协同、省级统筹、一网办理的"互联网＋政务服务"体系。李克强总理曾提出六个"一":企业开办时间再减少一半;项目审批时间再砍掉一半;政务服务一网办通;企业和群众办事力争只进一扇门;最多跑一次;凡是没有法律法规依据的证明一律取消。这六个"一"都是减,再加上减税、减费,是一场大改革,是彻底性的改革。

政府服务流程再造是对传统社会管理和公共服务方式的改革与创新。政府服务流程再造是运用网络信息技术，打破政府部门内部传统的职责分工与层级界限，实现由计划性、串联性、部门分散性、文件式工作方式向动态化、并联化、部门集成化、电子化工作方式的转变；建立以问题诊断为前提，以解决问题为宗旨的服务流程模式。

政府服务流程再造体现了以"公共需求为导向"的核心理念。传统行政组织流程是围绕"职能"展开，对公众的诉求缺乏了解和回应。而流程再造是"需求导向"，最大限度地满足公众的需求，提升公众对公共服务品质的满意度，提高政府部门的公信力。

政府服务流程再造是对政府部门的行政理念、发展目标、行为准则、治理模式、制约机制的整体再造。它涉及政府部门内部机构之间，政府部门之间，政府与社会组织之间，政府与社会公众之间的沟通与互动。

3.3.2 服务流程再造原则

1. 确立"以民为本"服务意识

数字政府服务流程再造，就是要转变传统政府行政理念，确立"以民为本"的服务意识。流程再造应该从服务公众出发，以公众的角度审视当前的业务流程和办事要求，以公众的角度优化办事流程，以提高公众办事效率和满意度为目的，致力于打造一个服务型政府，提高政府公信力。同时政府也应主动实施便民举措，积极主动地提供相关信息和必要的帮助。

【案例 3-5 宁波政务网站的"听网功能"】

"听网功能"是宁波政务网站针对弱势群体在门户网站中实现的一项关键技术。它采用国际领先的语音技术，为"中国宁波"提供语音门户功能，用户能够从任何一个普通语音设备上获取基于互联网信息、开展电子商务以及获得个人服务，为一部分需要的群体提供更多方便、更多欢乐。

多种语言朗读。系统可以朗读十几种语言，包括中文、美国英语、英国英语、荷兰语、法语、德语、意大利语、芬兰语、葡萄牙语、俄语、西班牙语、朝鲜语、日本语。

操作便捷。"听网"采用了先进的语音控制技术，真正实现语音识别、人机交流，只要发出指令，便可以随时随地尽情享受信息时代的更多精彩。

内容丰富。网站为"听众"提供了丰富的资源，如新闻在线、生活财经、娱乐广场、健康常识等；听网的所有栏目内容全部精心定制，不断更新，缤纷精彩。

个性化定制。用户还可以通过语音在线答题，甚至还能定制个人信息。在嵌入浏览器中，"听网"可以直接朗读网页上选中的文字内容，十分方便。

2. 树立"互联网＋"观念

随着时代发展，互联网已开始与各个行业深入融合发展。政府和公务员应该紧跟时代潮流,积极拥抱"互联网+"概念,通过互联网与政务的融合,提升办公效率,拓展办事渠道,与公众更加紧密地联结在一起,以互联网思维塑造当下的政务服务,打造政府网上政务服务的新常态。各级政府都积极开通了官方网站、微信公众号、微博账号和应用软件,通过互联网公布事务信息、公布网上办事指南,开放网上办事入口,开放网上留言,积极与公众互动。通过"互联网+政务服务",让群众少跑腿、少烦心、多顺心。

3.3.3 业务流程再造

1. "一站式"改革

一站式改革需要精简接触点,变"公众跑腿"为"信息跑路"。近年来,各地政务中心大力实施"一表制"改革。2015年广东省广州市荔湾区率先推行"一窗式"改革;2016年浙江省推行"最多跑一次"改革;2017年江苏省开展"不见面审批"。公众和企业办事只需要到办事窗口递交材料,所办事项集中在办事大厅处理,形成"单一接触点",只跑一次。

2. 流程优化

随着社会的发展,现行的政府流程难以满足人民群众对政府的高标准和严要求。从工作流程角度来看,过长冗余的行政流程将会产生很多问题,如制约社会经济发展,影响公众对政府基本信任等。取消无效流程、改善低效流程、合并重复流程、整合破碎流程是流程优化的主要内容。

(1)取消无效流程。公民在生活工作中常遇到需要提供由单位或社区出具的"单身证明"或"结婚证明"。这个证明本应由户口所在地派出所或婚姻登记部门提供,才具有权威性。而单位和社区提供的证明并不能保证个人是单身或者已婚,是没有权威性或法律意义的。这样无效的流程应该取消,将这样的证明改为权威或有法律意义部门出具。

(2)改善低效流程。比如在政府公文处理中的阅件和办件不分,通常把仅需要知晓的阅读文件与急需批复的文件混在一起,递交给阅批者处理,这样会延误办件的处理效率。应该增加分类环节,根据阅件或办件,根据紧急程度,根据办理时限,对文件进行分类,提高文件的处理效率,避免延误紧急事务的处理。

(3)合并重复流程。比如在逐级评审过程中,人为设置多层级的评审,先"县级"评审,再到"市级"评审,再到"省级"评审,最后到"国家级"评审。这给评审对象造成很大负担,同时也增加了基层政府工作量,造成社会资源浪费。通过制定统一的标准,可以减少上下标准差异所导致的重复审核的工作,进而提升办事效率。

(4)整合破碎流程。比如在城市埋设市政管线的审批流程,至少涉及城市规划、市政管理、交警、道路管理等部门,申请人分别向四个部门提交申请。如果四个部门都以其他部门作为自己审批的前置条件,那么这个流程就是一个无法审批的流程。这个流程涉及众多主体和多个行政机制,它们之间可以形成多个流程,流程之间相互扯皮,因此需要政府对这些破碎的流程进行整合再造。

3. 改线性为并联

目前有一些政务流程是线性序列,而通过业务流程分析,可以发现并联处理会更好地提高办理效率。例如,按线性序列第一个步骤未完成时,第二个步骤是不会开始的。在实际生活的,第一个步骤不一定是第二个步骤的前置条件,可能是第三个步骤的前置条件。按并联方式处理事务,不同步骤同时进行,大大节约了等待时间。

【案例3-6 成都工商局注册登记"串联"变"并联"的流程再造】

成都市工商注册登记原有的操作流程是:申请者必须串联跑六个部门,如图3-6所示,包括工商窗口核名,卫生窗口办理卫生许可证,环保窗口办理排污许可证,工商窗口办理营业执照,质监窗口办理机构代码,国地税办理税务登记。而且部门间互为前置条件,只要一个部门出现拖延,就难以控制整个办件的时间,申请者与部门接触点多,协调成本高。经过调查,企业和公众普遍认为此流程不合理,审批申报前置条件烦琐、环节多、流程长,流程重复、效率低,协调成本高。

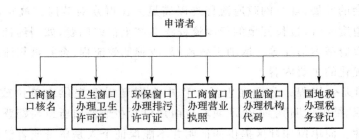

图3-6 成都市餐饮业工商注册登记"串联"流程

经流程再造后,工商注册登记的流程就变为:一窗式服务,并联式审批。通过流程再造,新办企业涉及的卫生、文化、环保、工商、质监、国税、地税等12个部门按照"工商受理、抄告相关、并联审批、限时办结"的原则,在工商窗口受理进行办理,避免了办事群众在各窗口重复排队和若干次往返政务大厅,如图3-7所示。

实践证明,新流程提高工作效率,节约办事时间。通过流程再造,信息资源的共享,不需要前置许可的新办企业,工商、质监、国税、地税4个单位窗口办理时间全部压缩至1天之内办结,办理"四证"由原来的7个工作日压缩到2个工作日;对于法律、法规规定必须办理前置许可的,也在原有基础上压缩了办理时限(压缩最大的是由20个工作日变为1个工作日)。成都市新办企业注册登记"并联"流程实践证明,新流程还方便办事群众,减少办事环节。通过流程再造,不需要前置许可的新办企业,所有的中间环节无须办事群众来回跑路,原工商、质监、国税、地税4个部门的11

套表221项需填写的数据整合为5套表74项数据,申请人只需在指定窗口申报资料,并在第二个工作日缴费、取证即可;需要前置许可的,群众也只需要在相关职能部门现场勘查时提交齐申请材料即可办理相关审批。

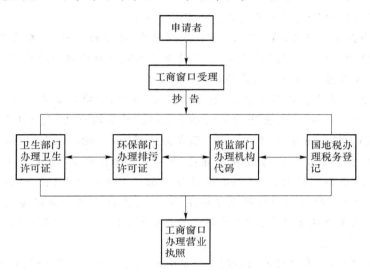

图3-7 成都市新办企业注册登记"并联"流程

4. 精简材料

精简审批材料就是按照"法无禁止即可为"原则,做到"凡无法律、法规、规章依据的材料一律取消,已经进库的证、照、文一律不准再提交,对审批没有起实质性作用的材料坚决不提交"。

5. 节约时限

节约时限就是按照单一业务处理时限最短化的要求,严格控制单一业务流程的审批时限。能现场办结的即办件,不得转为承诺件;能一天处理的业务,决不允许承诺两天。这直接影响跨部门业务流程整合的效益。

【**案例3-7 浙江行政审批改革历程与"最多跑一次"改革**】

浙江省在行政审批改革中一直是积极响应党和国家的号召,积极开展行政审批制度的改革。浙江省早在20世纪90年代就开始了行政审批制度改革。1999年浙江省首开集中审批服务的先河,在绍兴上虞区成立全国首家行政服务中心,成为行政服务中心体系的源头,标志着浙江的行政审批制度改革率先在全国破冰。在"最多跑一次"改革开始之前,浙江完成了四轮行政审批制度改革。

第一轮审批制度改革从1999年至2005年,重点是清理减少审批事项、组建行政审批服务中心;

第二轮审改从2006年至2008年，浙江省在全国率先出台"两集中、两到位"改革的指导意见，重点是整合审批职能，提供"一站式"审批服务；

第三轮审改从2009年至2012年，创新审批方式，下放审批权力，探索出并联审批、网上审批、模拟审批、形式审查等多种审批方式；

第四轮审改始于2013年，提出"审批事项最少、办事效率最高、投资环境最优"的改革目标，以"四张清单一张网"为主线，以清单形式明确政府权力的边界，深化清单制度改革，致力于打造最简、最优、最高效的审批流程。

2017年浙江省在全国率先推出"最多跑一次"改革，以群众需求为导向，从群众的角度出发，突出重点系统、重点事项优化办事流程，"最多跑一次"发展历程如图3-8所示，目前在浙江省"一窗受理、集成服务"已成为实现"最多跑一次"的有效途径。为推进改革，出台《公共数据与电子政务管理办法》，分两批制定了《省级公共数据共享清单》，共开放57个省级单位3600项数据共享权限。省级超过70%、市级超过60%、县级超过50%的办事项目已开通网上申请服务，同时浙江依托政务服务网开发综合受理专用平台、电子证照库平台、信息共享平台、电子监察平台，为"最多跑一次"改革提供全方位的技术支撑。

以"最多跑一次"改革为牵引，按照事项名称、办事材料、工作流程、数据流程"四统一"的要求，浙江政务服务网全面梳理权力运行业务流，对在线运行的事项，根据电子化程度予以星级评定。尤其是围绕群众和企业到政府办事少跑腿的要求，推行"网上申报、信任在先、办结核验"和"网上申报、在线办理、快递送件"等业务模式。推广电子签章、电子证照、电子档案等应用，促使更多事项全流程在线办理。另一方面，依托政务服务网推进"一窗受理、集成服务"改革，紧扣投资项目联合审批、企业注册证照联办、不动产登记等跨部门协同业务需求，完成100多个条块信息系统与统一受理平台的对接联通。目前，不动产登记由原先到建设、国土、税务等部门跑8次，变为到1个窗口跑1次；二手房交易过户手续，前台受理后一般不超过50分钟即可办结。"最多跑一次"是浙江作为全国"互联网＋政务"先锋在新的发展形势下推出的重要举措，理念核心在于以数据共享、流程优化和机制创新，更大范围地提升用户在线办事体验，倒逼政务服务从内容、模式和体验提升。

"最多跑一次"改革在行政审批中通过以下三个方面来提升政府服务效率和服务质量。

一是在审批中实行前台统一受理，后台分类审批。实行统一窗口出件的服务模式，即企业办理审批业务时，不再需要分别跑部门、分别递交申报材料，只需将核准申报材料，包括规划、国土等部门前置审批的申报材料一次性递交综合窗口即可，经后台分类审批办理完成后实行快递送达。

二是简化审批中申报材料。严格按照《企业投资项目核准和备案管理办法》要求企业提供申报材料，对规定之外的材料一律不再要求企业提供。

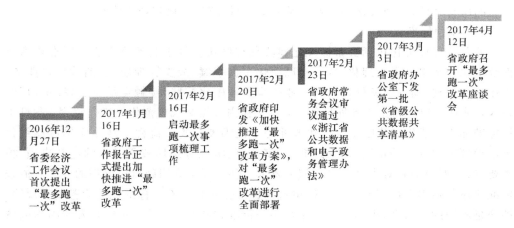

图 3-8 "最多跑一次"发展历程

三是缩短审批时限。通过流程优化、职能合并等措施,将审批时间大大缩短,办事效率大幅提高。通过以上三种方式,政府行政流程提高了服务效率,获得社会公众的认可和点赞。

"最多跑一次"以简政放权为先导,以便民提效为目标,以事项清单梳理为基础,以政府流程再造为核心,以"互联网＋政务服务"为手段,目的是从根本上改变"政府部门一张嘴,群众企业跑断腿"的状况,真正为企业减负、为群众省时省力。

3.3.4 业务标准再造

标准化是在一定范围内获得最佳秩序,对实际的或潜在的问题制定共同和重复使用的规则的活动。行政审批行为的重复性特性对行政审批的标准化提出了内在要求,行政审批标准化是规范行政审批权力的有力手段。行政审批标准化是提供无差别的高品质审批服务的重要工具。业务标准再造要实现以下几个方面的标准化。

（1）事项标准化

事项标准化即严格依法核定审批事项,对每个审批事项进行编码,以标准化、规范化的方式表述审批事项的名称、审批要件、办理依据、办事流程、环节、审批时限、收费等各个要素以及审批指南、申请书示范文本等。

（2）要件标准化

审批要件的标准化。以标准化格式,详细罗列出申请人获取一个部门或多个部门批准许可所必备的各种条件,如资格资质、产业政策支持（或限制）、规划布局、节能环保、消防标准、技术设备、场所设施、资金规模、安全卫生、相关部门意见,等等。要件的标准化要能明确获得行政审批的标准,目的是做到依据标准、规范即可实施审批。

通过清单一次性、完整告知合法要件的全部内容,不得有"其他""等等"兜底性条款。要广泛推进审批材料"一次告知",用"审批材料清单"让办事公众和企业清楚了解所需的所有文件,方便公众和企业准备办事材料,减少公众和企业跑腿。

(3) 流程标准化

业务流程标准化包括要素标准化和流程程序化。其中业务流程要素标准化指要件合法化和承诺时限合理化,从而实现简化工作手续、减少管理层级、消除重复业务、工作平行处理、缩短业务处理时间。业务流程程序化按照"接触点最少、路径最短"的要求,重新规划并固化业务处理环节,将工作内容编制成规范化的工作程序,制订工作标准和工作进度,并通过检查和考评等手段不断完善。流程标准化应尽可能细化各审批环节中的检验检测、现场踏勘、专家评审、听证等次环节所必需的注意事项、检查要点、把握原则和对申办对象的相关要求。各个要求有明确可以操作的标准。流程标准化还包括多个部门联合(并联)审批的标准化流程。有了标准化的业务流程说明,即使是不同的执行者,也能按照工作程序和标准快速接手工作,减轻对人为因素的依赖,实现"谁来审批,谁来申请,结果都一样",实现无差别化审批服务。

(4) 办事指南标准化

将标准化的事项、要件和流程等信息,以标准文本形式的办事指南进行公布,办事指南要按照统一的要求和格式,各项行政审批的名称、设定依据、审批条件、审批流程、申请材料、格式文本、法定期限、承诺期限等都包括在其中。办事指南要以公众能便利获取的途径向社会公开。

(5) 办结时限标准化

承诺时限是行政人员最大限度克服本部门不利因素而能实现的最小化审批时间。根据标准化审批流程,确定标准办理时限,集成于行政审批软件系统中自动运行,超时预警,对超时办结生成问责,约束"推、卡、拖";统一实行法定办理时限公示制、承诺办理时限公示制和延期办结告知制。确立承诺时限就是要推动部门单一业务处理"马上就办",节约公众和企业等待时间,提高办事效率,提升公众满意度。

3.3.5 信息系统再造

传统的公共部门服务流程是建立在传统的组织结构基础上的,一般被分解为由基层工作中采集业务资料、进行汇总、逐级分析决策、制定相应的政策法规,最后再反馈到基层采取行动措施等几个流程阶段。由于以前的技术限制,整个业务数据流程不得不按地理位置和人力分配被分割在多个部门,从一个部门转到另一个部门,增加了交接环节和复杂程度,致使相同的信息往往在不同的部门都要进行收集、存储、加工和管理,不仅影响行政效率,而且加大了协调成本,出现"信息孤岛"问题。信息系统的再造是推动数字政府建设的基础。

(1) 构建一体化、整合式的大数据交换共享平台。一些地方已经建立起区域性大数据交换的共享平台。在国家层面,我国即将建立起全国一体化的国家大数据中心,建设覆盖全国的国家大数据中心网络和政府数据开放平台,推进公共数据开放和基础数据资源跨部门、跨区域共享。

（2）制定政务大数据标准规范和操作流程，破除数据共享技术上的壁垒，研究制定各类数据标准。通过制定标准规范和操作流程，政务大数据在采集、导引、整合、比对、交互等方面都将变得更便捷，为数据共享扫除技术障碍。

（3）注重网络安全建设，要防止网络病毒侵入、网络窃取技术、黑客攻击、信息间谍、信息恐怖活动等威胁，加强对国家机密、商业秘密和隐私保护，建立紧急预案，完善管理制度。

【案例 3-8 浙江数据共享工作要点】

2018 年 3 月 28 日，浙江省人民政府办公厅发布《打破信息孤岛实现数据共享推进"最多跑一次"改革 2018 年工作要点》。在要点中指出：

（1）加快"最多跑一次"事项数据共享。完善"1253"数据共享体系建设，建立政务信息资源目录，加快数据资源按需归集，做好政务信息系统改造对接，重点推进民生事项"一证通办"。

（2）大力推行"一窗受理"和"一网通办"。加快"一窗受理"平台系统对接，提升网上办事便捷度，加快推进移动办事，全面推行电子化归档，强化网上网下一体融合。

（3）提升"互联网＋政务服务"应用水平。深化基层治理综合信息系统应用，拓展统一公共支付平台应用，加强跨部门业务协同应用，推进政务领域大数据示范应用。

（4）统筹建设公共数据基础设施。加快推进政务信息系统上云，开展部门政务专网整合，拓展电子政务视联网应用。

（5）加强工作保障。健全工作机制，加强制度和标准建设，强化网络安全保障。

【案例 3-9 上海试点基层建立审批"证照库"和"数据池"】

上海在基层试点建立用于行政审批的"证照库"和"数据池"，减少企业提供各种证明材料的麻烦。上海市徐汇区行政服务中心宣布，2018 年年内行政性审查、审批事项全部实现"网上预审＋当场办结"，技术性审查、审批事项全部实现"提前服务＋一次办成"。

申请办理证照常常要求申请人提供各种证明材料。单就为了获得证明材料，办事人员就要专门去跑相关部门。为了减少"开证明"给企业带来的麻烦，上海徐汇区已率先将审批中涉及的各类证、照，全部输进"证照库"，以后企业办事人员再来办理相关行政审批事项时，只要"库"里搜寻得到的，申办人员就不用再提供证明了。

上海徐汇区还建立了"数据池"，有利于各部门之间的信息互认和共享。目前，各部门输入到区法人库的各项审批办件信息已达 154 万件。企业申办审批事项，只要是以前有过记录的申办材料，"到池子里捞一捞就有了"。目前，上海徐汇区已有 107 项行政审批事项实现了全流程网上办理,到2018年年底,将覆盖95%区级政府层面的企业审批事项。

3.3.6 组织再造

传统的政府组织结构呈金字塔状,中间环节众多,在组织内部层级授权,逐步导致机构臃肿,信息沟通不畅,传递失真、耗时,行政成本加大,行政效率低下,信息的交换更是容易产生偏差。

在服务流程再造过程中,建立流程驱动型组织,实现组织"扁平化"。流程驱动型组织是一个以满足客户需求为导向,以流程为核心,跨越部门壁垒,追求高效运作的扁平化组织。相对于传统政府职能驱动型组织,流程驱动型组织最大的优点在于可以打破部门职能之间的隔阂,跨越组织界限,根据外部的变化调整业务流程并调节相应的配置资源,通过加强人员与信息系统之间的相互协作,提高服务满意度,最大提升服务对象的获得感。

(1)对组织结构进行精简,以扁平式的管理结构取代金字塔型的管理结构。通过简化中间管理层,将职能相近部门进行合并,删减不必要的独立部门,使政府的组织结构趋于扁平化,使最高层与最低层之间可实现直接沟通,免去不必要的中间环节,扩大授权,最大限度地发挥每个人的工作潜能与责任心,使信息传递更可靠、快速,同时减低传递成本,提高效率,实现组织结构从"金字塔"结构到"扁平化"的转变。

(2)突破部门间的界限,实现部门与部门之间的互动与协作,以部门联动代替按部门顺序操作。其结果自然会因流程的调整或整合凸现原有组织结构的不合理,引发组织再造。有利于实现各政府部门之间的无缝化,中央政府与地方政府间的无缝化。

【案例3-10 成都市国有土地使用权协议出让流程再造】

以成都市国有土地使用权协议出让流程再造为例:成都市国土资源局的原有操作流程涉及53个环节,其中要局长签字两次,土地利用处要多次安排经办人,文件资料在服务大厅与土地利用处之间要往返多次;有些环节从时间上难以控制,如局长办公会、土地利用处经办人踏勘现场等。该流程中申请单位需多次与业务处室直接联系,这样既不符合建设服务大厅的初衷,又不方便群众。

改造前流程如下:(1)服务大厅接件、审件、登记;(2)服务大厅专人勘察现场并填写表格;(3)服务大厅负责人核准,签字;(4)分管局长签字;(5)分管副市长签字审批;(6)服务大厅专人从市政府取回审批表、打印出合同、填写缴费单;(7)用地单位合同签字、盖章、缴费,返回服务大厅;(8)大厅专人送办公室盖局长签字章及国土局行政章;(9)服务大厅发出合同。

根据"全程代理"再造后流程,则明确了执行、决策、监督三职能的区隔。在该流程中,申请材料由服务大厅统一接收,服务大厅成为执行机关。减少了领导签字,局长签一次字即可;减少40%以上的办事环节;减少了处室之间的交接,防止了处室之间审核标准不一,出现的推诿扯皮现象;实现了"全程代理"。

如图3-9所示,围绕流程再造,成都市国土局对局的内部处室职能进行了调整和整合,将综合处服务大厅作为全局对外服务的执行部门,主要负责对外服务的业务受理和办理。相关业务处室主要负责依据法律法规制定各项业务的工作规范和标准,进行政策研究,并对执行部门的办件情况实施监督和业务指导。纪检监察部门主要负责行政效能监督和廉政监督。局领导作为决策层,主要着眼于全市国土资源管理的宏观管理和重大疑难事项的决策管理。这样一种新的职能分工格局,基本符合精简、统一、效能的原则,进一步理顺了处室职责分工,实现了组织结构由垂直趋向扁平化,使决策科学,执行有力,监督到位。

图 3-9 成都市国土资源局国有土地使用权协议出让流程图

3.3.7 完善法律法规

依法治国是我国基本方略,健全的法律法规是各级政府数字政府健康发展的有力保障。

(1) 政务本身需要接受法律和制度的约束。依法行政是法治国家的基本要求,服务流程必须严格以法律规定为依据,约束政府机关的权力,同时也不能使公众或企业承受规定外的义务责任。

(2) 依法规范权力的运作。通过政务流程透明化制约权力的扩张和滥用,依法行使监督权力,防止行政权力的乱作为和不作为,保护民众的自由权和经济自主权,同时提高政府的公信力。

(3) 以强制性推进服务流程再造。政务流程再造在很多情况下会涉及政府部门内部和各部门之间的利益冲突,在协调无效的情况下,可以通过法律法规强制规范,有利于解决行政管理中的问题。

(4) 适应时代发展需求。数字政府的建设对于信息如何公开、信息安全、信息共享方式等方面的法律制度都有较高的要求,而且随着互联网发展与应用也会出现法律空白领域。既要考虑各种应用的实际需求,也要兼顾未来信息科学技术的发展趋势,统一规划,尽快构建完善的法律体系来规范各级政府数字政府建设,为各级政府电子政务的快速、有序发展提供保障。紧跟时代步伐,梳理不适应"互联网+政务服务"的各项规定,填补新领域的法律规定,建立目录清单,做到有据可查。尽快开展对数据流动和利用的立法,加大对国家秘密、商业秘密、个人隐私和知识产权的保护力度。

【案例 3-11 杭州互联网法院】

2017年8月18日，全国首家互联网法院"杭州互联网法院"正式揭牌，如图3-10所示。杭州互联网法院采用网上法庭审判模式，专门审理和研判涉网案件，解决涉互联网纠纷。这意味着当事人可足不出户网上立案、网上提交证据、网上开庭审理；诉讼参与人的任何步骤即时连续记录留痕，能让当事人"零在途时间""零差旅费用支出"完成诉讼。该互联网法院受理范围如下：互联网购物、服务、小额金融借款等合同纠纷；互联网著作权权属、侵权纠纷；利用互联网侵害他人人格权纠纷；互联网购物产品责任侵权纠纷；互联网域名纠纷；因互联网行政管理引发的行政纠纷。

图 3-10 杭州互联网法院诉讼平台首页示意图

互联网时代的纠纷，当事人各方跨越时空而存在，案件管辖弱化了住所、纠纷所在地等地域因素。互联网法院的出现是司法主动适应互联网发展大趋势的一项重大制度创新，为互联网和经济社会深度融合探索涉网案件诉讼规则，完善审理机制，提升审判效能；为维护网络安全、化解涉网纠纷等提供了司法保障。互联网法院作为新生事物，将天生带来的互联网基因突显，彻底贯彻"跨界、包容、融合、持续创新、动态适应"的互联网发展理念，不断创新突破，构建出最大限度适应互联网生态和节奏的司法服务体系。杭州互联网法院运用互联网平台和技术，优化司法流程，规范司法行为，统一司法标准，提高审理效率，在遵循司法规律的前提下极大解放和发展司法生产力。同时，让司法工作深度应用大数据、云计算、人工智能等最新信息技术手段，能够显著提升审判质效和司法服务能力，全面构建互联网时代的智慧法院，也为司法改革提供了方向，它的设立和运行将对传统司法理念和审判方式产生重大变革性影响。如

图 3-11 所示为杭州互联网法院诉讼平台成果展示。"杭州互联网法院"的诞生极具时代特征,杭州作为电商之都与创业之都,也亟须一个融合社会经济发展需求与技术体验水平的机构来处理数字经济发展过程中的问题,"杭州互联网法院"充分体现了"用互联网的办法解决互联网的问题"的特征。

图 3-11 杭州互联网法院诉讼平台成果展示

思 考 题

1. 新公共服务与新公共管理之间的差异。
2. 我国现有的"一站式"政府服务平台的不足之处。
3. 数据共享对服务型数字政府发展的影响。

第4章 参与型数字政府

习近平总书记在党的十九大报告中要求:"加强社会治理制度建设,完善党委领导、政府负责、社会协同、公众参与、法治保障的社会治理体制"。这是自党的十六大报告首次提出"扩大公民有序的政治参与"的要求以来,对"公众参与"说法的再次重申和强调。经济的发展释放了公众自主活动空间,激发并促进了公众权益意识、法治意识和参与意识的增强。而传统的政治参与模式由于成本高、效率低、参与渠道有限等缺点,已经无法完全满足人们日益高涨的参政热情与参政需求,公众也寻求着更高效的参与方式。数字化信息通信由于便捷性、开放性、互动性、共享性等特点和优势已被公众所接受和喜爱,成为政府了解民意与公众参与的重要渠道。因此,推动参与型数字政府发展,建设更加畅通便捷的数字化公众参与渠道既是推动政府决策科学化和民主化的重要方式,也是践行"打造共建共治共享社会治理格局"目标的重要举措。本章将探讨参与型数字政府的相关概念以及发展原因,对参与型数字政府建设模型进行分析,并对参与型数字政府的现状与展望进行总结。

4.1 参与型数字政府概述

4.1.1 参与型数字政府的概念

公众参与一词最早可追溯到2000多年前的古希腊雅典民主制。在雅典民主模式中,公民大会为国家最高权力机关,负责政府官员的选拔任用以及国家政策方针的制定。四百人会议为公民大会常设机关,负责公民大会议案的审核与日常政务的处理。人民陪审法庭为法院机构,负责各类案件的判断与审议。每个阶层的人员都可以担任法庭陪审员。雅典民主制的基本特点是人民主权和轮番而治,所有合法公民均有参与权、知情权、发言权、选举权和被选举权。然而其民主模式是在原始社会解体奴隶制度形成过程中的产物,是仅有奴隶主、自由民阶级能够参与政务的民主模式。公众参与对妇女、外邦人与广大奴隶依旧遥不可及。虽然雅典的民主政治具有一定局限性和狭隘性,但其公众参与的思想仍具有跨时代的意义。当代社会的三权分立、人民代表大会等制度也能看到雅典的公众参与思想与民主参政制度的影子。

到了第二次世界大战以后,公众参与的概念不断被提及,其理念内涵也不断被完善。学者普遍认为公众参与是指政府之外的个人或组织通过一系列正式的和非正式的途径直接参与权力机关立法或政府公共决策,它包括公众在立法、公共政策形成和实施过程中直接施加影响的各种行为的总和。经济的发展释放了公众的自主活动空间,激发并促进了公众权益意识、法治意识和参与意识的增强。而传统的政治参与模式由于成本高、效率低、参与渠道有限等缺点,已经无法完全满足人们日益高涨的参政热情与参政需求,公众也在寻求着更高效的参与方式。数字化信息通信由于便捷性、开放性、互动性、共享性等特点和优势也被公众所接受和喜爱,成为政府了解民意与公众参与政务的重要渠道。因此,推动参与型数字政府发展,建设更加畅通便捷的数字化公众参与渠道既是推动政府公共决策科学化和民主化的重要方式,也是践行"打造共建共治共享社会治理格局"目标的重要举措。根据联合国的定义,公众数字化参与是人们借助信息和通信技术,依法表达意见和参与民主政治的一切活动综合。参与型数字政府的构建也围绕数字化参与展开。参与型数字政府被定位为能充分利用互联网、计算机、多媒体等信息技术,帮助各阶层群众实现公众参与,从而更好地为群众服务的新型政府。推进参与型数字政府的建设旨在扩展公众获取政府信息及服务的渠道,增强公众对政策决策的影响和在公共政策制定中的话语权。具体来说,政府利用数字化信息技术改造、拓展并完善公众参与途径,通过构建多种畅通的双向信息交流渠道,并在政策制定、政策执行、政策监督、政策评价等各行政环节进行信息赋能,从而简单、便捷、实时和完整地获取公众建议,保证公众数字化参与的顺利进行。数字化公众参与的内涵包括了参与主体、参与途径与参与目标三方面。

1. 参与主体

公众参与的参与主体为全体公众。随着公众参与理论的发展,"公众"的概念不再局限于雅典模式中的自由民群体。联合国于1991年首次定义了"公众"这一概念,公众是指一个国家除了公权力直接掌管者之外的,作为国家公共管理和公共政策对象而存在的群体,包括法人、社会组织和自然人。由于数字化参与存在互联网虚拟性、隐匿性等特点,参与主体包括现实主体和虚拟主体两类。现实主体是普通的个人和组织,网络主体是以网络代号出现的网民和网络组织。两者在一定条件下,可以互相转化,当虚拟主体以真实身份进行电子参与时,两者身份是同一的,比如,新浪微博有超过300万实名认证用户。具体详情如图4-1所示。

2. 参与途径

传统公众参与主要通过面对面或以纸笔为媒介进行交流(如公众接待,官员走访,听证会,意见信箱等)。数字化参与渠道是基于信息技术建设,消除了公众与政府的地理隔阂。借助数字化参与渠道,公众与政府能做到实时沟通。如表4-1所示,常用的数字参与渠道主要有信息发布类(如政府门户网站、官方媒体等)、信息交流类(如微

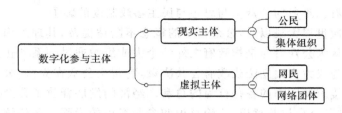

图 4-1　数字化参与主体

博、网络论坛、视频互动、政务直播等)以及其他数字化参与渠道(如电子请愿系统、电子投票系统等)。

表 4-1　常用的数字参与渠道

信息发布类	政府门户网站、官方媒体等
信息交流类	微信、政务 App、微博、网络论坛、视频互动、政务直播
其他	电子请愿系统、电子投票系统等

这些由资讯媒体、社交平台组成的新媒体平台，正在逐步实现公众广泛参与政务这一意愿，加深了公众与政府间的良性互动。政府部门也普遍采用最新的互联网技术和新媒体平台，向社会提供普惠化政务服务产品，打造数字型参与政府。相比传统媒体，政府通过新媒体开展公众参与活动的优势有：

(1) 时效性强。新媒体传播时效性比传统媒体强。基于互联网互联互通、万物共享的特点，政策信息可以在极短的时间传播到世界各个角落。网络图文直播、音频直播和视频直播等新型互动形式的出现，让政府信息能够最直接有效地传达，也让民众意见能得到最有效的反馈。

(2) 容量大。新媒体的每日发稿量远远大于传统媒体。网络新闻网页除了呈现给读者该新闻的内容之外，还有关键词、相关新闻和新闻专题等链接，极大地丰富了政务新闻外延和背景资料。此外，新媒体的传输信息可以通过视频、动画、长图片等形式呈现，既能包含更多信息量，也便于公众理解。

(3) 参与性高。相比传统参与渠道，新媒体平台拥有更多的受众和网民关注度。基于新媒体，每个人既是信息的接收者，也是信息的生产者。新媒体使实时的双向信息交流成为可能。网络论坛、微信、微博等新媒体吸引着大量公众，网民也非常乐意评论时事，发表见解。新媒体极大地提高了公众数字化参与的积极性。

3. 参与目标

公众参与的目标在于促进国家与社会关系的良性循环，提高公共治理能力与绩效。从公众角度来说，数字化参与的目标在于借助互联网平台行使自己的参政议政权利，在政策制定、执行、评价等政务活动中表达意见，维护自身利益。从政府角度来说，数字化参与的目标在于通过完善数字化参与基础建设，帮助各阶层群众实现公众参与，从而更好地为群众服务，保证政策的有效性与民主性。

4.1.2 参与型数字政府的推动原因

一直以来，政府决策都是政府行政管理的核心与关键环节。它决定着政府行政管理的目标和方向，是影响行政管理效率的关键因素。公众参与和政府决策息息相关。在网络传播时代，人们使用网络诉诸表达权，这是公众参政议政的好形式，也是政府的重要执政资源。数字化信息技术的发展，使得公众利用互联网在政务微博、贴吧论坛等网络平台参与政务活动、了解政务信息和表达利益诉求成为可能。公众参与同信息技术的有机结合，克服了信访、听证等传统参与形式的现实障碍。由于数字化参与如今越来越受到民众的认可，各国政府也把建设完善数字化参与渠道，打造参与型数字政府当成了重要的任务来对待。参与型数字政府的推动原因可归纳为以下几点。

1. 公众数字化参与热情日益高涨

随着社会主义市场经济的发展，公众的权益意识、法治意识和参与意识的逐步增强，参与热情也日益高涨。而传统的政治参与模式由于成本高、效率低、参与渠道有限等缺点，已经无法完全满足人们的参政需求。因此人们也在寻求着更高效的参与方式，而互联网成了公众参与的重要通道。据中国互联网络信息中心（CNNIC）发布的消息可知，截至 2017 年年底，世界网民规模达 40 亿，中国网民数量 7.74 亿，稳居全球第一。随着各类门户网站、社交平台、移动 App 的发展，互联网越来越成为思想文化信息的集散地和社会舆论的放大器。绝大多数网民对政治参与持积极的态度，网络的使用也加速唤醒了公众的参与意识，公民问政、议政、参政的热情伴随着近年来计算机互联网用户和智能手机用户的规模扩大而不断高涨。网民已经成为推进参与型数字政府建设的中坚力量。

2. Web2.0 时代自媒体高速发展

网络技术的迅猛发展为各阶层的社会成员提供了更为便捷的社交方式。新媒体技术的革命性突破，实现了传播信息的快速化、传播途径的多样化以及传播内容的多元化，网络的发展也进入了 Web2.0 时代。在 Web2.0 时代，用户由被动接收互联网信息向主动创造互联网信息发展。博客、维基、社交网络等新技术纷纷亮相，并且呈现出开放性、易用性、廉价性、可试性等特征。互联网用户不但可以在网页上浏览信息资源，还可以在网页上表达自己的想法和感受，充分实现了公众之间的互动联系。如表 4-2 所示，与 Web1.0 中由网站雇员主导生成的内容不同，Web2.0 则更注重用户的互动与内容产出，即每个互联网用户既可以是网站内容的浏览者，也是网站内容的制造者。

表 4-2 Web1.0 与 Web2.0 区别

	Web1.0(1993—2003)	Web2.0(2003—)
产品形式	单向、静态	双向、动态
信息互动	阅读	可读可写可交互
信息单元	文字、网页	多媒体
内容生产者	企业、媒体	每个用户

互联网从本质上来说,是通过技术的手段解决信息不对称的问题。它把原来要跨地域、跨时间和跨语言无法沟通的状态都拉平了。而在 Web2.0 时代,人们可以零成本地向不同地域范围、不同社会阶层的人交流思想成果。获取参政议政所需的信息资料、表达和交流政策观点也变得十分容易。社区、贴吧、微博等网络媒体平台提供了各种交流工具,吸引了大批网民,并一起构造了一个庞大的"虚拟社会",政务活动也得以在此开展。

3. 公众参与政策的推进

在 2000 年,我国颁布实施了《中华人民共和国立法法》,并于 2015 年对该法进行修改,以明文规定的方式确立了公众参与的合法性。根据《立法法》规定,立法工作中需要倾听各方面的声音:一方面,应当将法律草案及其相关说明等向公众公开,广泛征求意见;另一方面,要保障人民能够通过多种形式参与,例如座谈会、论证会、听证会等。自党的十六大报告首次提出"扩大公民有序的政治参与"的要求以来,党的十七大、十八大和十九大报告均对此予以重申和强调,公众参与也有了更高的要求。政府力求利用互联网技术与互联网思维去推动政务服务改革和创新,从单一的线下管理走向线上线下结合的综合治理。如北京市政府于 1998 年 7 月 1 日正式开通首都之窗政务网站,并建立了网络信访机制。政策带来的改革红利进一步释放了信息化红利,社会公众的参与感被充分调动,民间智慧层出不穷,公众的意愿表达变得更为直接、便捷和广泛。

4.1.3 参与型政府的意义

参与型数字政府是依托信息技术与互联网媒体平台,适应公众数字化参与要求的新型政府治理形态。相比传统政府模式,这种新的治理典范的优势在于以下几个方面。

1. 有利于提高政策公信力与执行力

理性选择学派从"经济人"假设出发研究政府与人民的关系,认为政府同样也存在着谋求自身利益最大化的倾向。在进行决策时,决策者会试图按照自己的主观愿望和自己的价值偏好行事。这使得政府决策可能偏离公共价值取向,并导致政策失灵现象的出现。而公众广泛、多样、有效的数字化参与可以促使决策者趋于理性,有效改善这种政策失灵现象。通过推进参与型数字政府的建设,能有效拓宽公众参与渠道,提高公众参与积极性,保证公众参与质量。同时数字化参与建设可以使政府形成一个政民实时互动、广泛参与的决策体系,进而帮助政府了解公众真实的需求与偏好,改善政府决策的质量,提高政策公信力,避免出现决策无能和决策失误等问题。此外,建设参与型数字政府,不仅增强了政府的信息整合与决策能力,也实现了社会公众参政议政的要求,使得政府制定的政策更易于被社会公众接受和认可,从而降低政府推行决策执行的成本,提高政府决策的执行效力。

2. 有利于构建高效便捷的公众参与方式

报纸、广播、电视是传统公众参与获取信息的主要通道和途径,其参与成本较高。新科学技术的出现为公众参与提供了便利。通信技术极大促进了沟通与交流。借助于现代电子通信技术工具的创新,信息可以更加简单、完整和快捷地传输。互联网也促成了各种新的沟通的产生,过去那种要把各方集中在一起进行面对面讨论的形式已被双向的电子通信沟通技术所取代。现如今社会通信发达,硬件终端普及,公众花费较少的时间、精力和金钱就可获取最新最全面的信息。推行数字型政府也有助于克服传统参与渠道高成本、低效率的现实障碍。公众可直接在政务微博、社区论坛等平台进行选举投票、政策建议、反腐监督等行政活动。同时数字化时代公众参与的渠道相比传统渠道更加丰富,如人民网、强国论坛、华声论坛、搜狐社区、天涯社区等时政社区的发展为公众了解政务信息提供多样化途径,政务微博、博客、微信公众号、移动 App 等新型政务工具的建设也极大拓宽了公众参与的通道和途径。

3. 有利于调动公众参与积极性

随着经济的发展和社会公共事务的增多,诸如信访、听证会、座谈会的传统公众参与途径等很难满足公众日益唤醒的权利意识和政治参与热情。信息技术的发展既保障了公众参与权利的高效行使,同时也使公众参与领域逐渐扩大。互联网与新媒体技术使得各类政务信息均能在最短时间内触达公众,数字化公众参与领域并不局限于公众切身利益,也不局限于公众所处地区的社会问题。涉及国家大政方针和外交战略,有关国计民生、国家统一、反腐倡廉、社会热点事件等各方面行政热点几乎都成为公众密切关注并参与讨论的话题。另一方面,不同公众在网络上享有平等的发声权。任何人,不管在职业、社会地位、占有社会财富的多少等方面有多大差别,只要具备基本的上网条件和上网技能,均可借助计算机发表各种观点。此外,网络节点具有复杂性和一定的隐私隐蔽性和虚拟性,这在一定程度上也鼓励民众发声。推进参与型数字政府建设强化了现有的公众参与模式,简化了公众参与程序,降低了公众参与成本,能有效调动公众的参与积极性。

4.2 参与型数字政府模型

根据政府决策模型,数字化参与常被划分为不同层次的级别。2004年,英国麦金塔最早提出数字化参与的模式框架,并将其分为数字化启动、数字化介入和数字化授权三个部分。2008年,联合国数字化政务调查报告中提出三层参与级别:数字化信息、数字化协商、数字化决策。上述理论均突出了从"知情"(让公众了解政策信息)到"协商"(让公众表达建议)并到"赋权"(让公众参与决策)的数字化参与过程。此外,不同的渠道、不同的议题中数字化参与的主导对象不同。如在政务网站、电子投票系统中,公众参与议题往往由政府发起,参与流程由政府制定,数字化参与过程也由政府主导。而在社交媒体平台中,公众可以随时随地表达观点,参与到相关政策、社会事件的讨论中。当公众意见发酵成为网络舆情时,有关政府部门也不得不对相关事件进行调查,对相关政策进行调整,从而疏导网络舆情,避免公众情绪激化。公众主导式数字化参与也就此发生,参与型数字政府结构模型如图4-2所示。借鉴有关学者研究,本节将从数字化信息、数字化协商、数字化决策三个维度深入分析电子参与层级结构,在此基础上通过整合政府主导参与和公众主导参与两种数字化参与形式,构建电子参与综合模型,并利用有关案例介绍了公众数字化参与的常用工具与常见问题。

4.2.1 数字化参与的阶段

1. 数字化信息

数字化信息是数字化参与的第一个阶段。获取信息是一切有效参与的前提和基础。通过各种信息通信技术,政府能够为公众提供其需要的信息,帮助人们在协商、决策阶段做出合理的选择。数字化信息保证了公众的知情权,减少了政务信息沟通的不确定性。访问政务信息的权利是公众数字化参与的先决条件,若公众对信息了解不充分,那么数字化参与就缺少了最基本的根基与保证,政策的制定或执行也无法真正地契合公众的根本需求与利益。此外,数字化信息有助于提高各政府部门在规划、决策、设计和提供服务时的合作效率与合作质量,创造更大的公共价值。据有关学者统计,超过183个国家在网络上发布开放性政府数据集,超过95%的国家已经实现数字化信息发布工作,相关信息包括了金融、劳工、教育、环境、卫生和社会保障等各领域。其中,约40%的国家使用社交媒体网络工具来发布信息,约32%的国家向公众提供通过电子邮件或短信订阅劳动相关信息的更新或提醒服务。而在中国,北京、上海、重庆等城市已经建立"data.gov.cn"网站,旨在帮助人们自由地获取政务数据,相关数据也囊括了旅游、教育、交通、土地用途分区和医学治疗等领域。

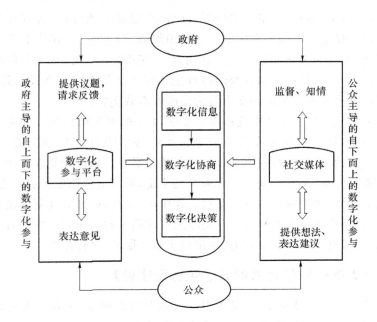

图 4-2 参与型数字政府结构模型

（资料来源：张航，《公民参与新阶段——知情、协商、赋权的电子参与新过程》）

【案例 4-1 肯尼亚政府的数据化信息建设】

肯尼亚政府于 2011 年发起了一项数据开放行动计划，该计划通过门户网站向公众免费提供政务数据。肯尼亚数据开放行动计划旨在促进数据可用性和用户对数据的可获得性，从而赋予人民权能。数据开放门户上有发布日历功能，发布日历提供了政府机关生成和发布公共数据集的时间信息与内容信息。除了通过发布日历了解相关数据外，人们也可以通过网站的数据建议板块来请求特定的数据集。针对老年公民和素养不高的公民，肯尼亚政府发布了通过图表和简单语言解读数据集的文件与说明。开放数据计划的团队还召集专员开设论坛讨论教育板块，对相关问题进行解答，以保证民众能够掌握获取政务信息的技能。行动计划团队也在开发监测网站有效性的工具，不断进行着数据开放可用性测试。除了政府外，精通数据分析的记者可以上传相关信息，并对公众关注价值高的数据进行标记。

资料来源：《2016 联合国电子政务调查报告》。

2. 数字化协商

数字化参与的第二个阶段是数字化协商。数字化信息保证了信息的触达，而数字化协商保证了信息的交互。数字化协商层级意味着政府会就特定的服务、政策或项目征询公众的意见。随着科技的发展，社交媒体触手可及。相比传统的面对面或纸笔交流的协商模式,数字化协商具备了多渠道、高效率、低成本的优点,政府与公众也均能在数字化协商中受益。因此许多国家乃至地市级政府均在社交媒体上建立了主页来强化政民互动,增进与公众的沟通。互联网进入 Web2.0 时代,每个人都是内容的接收者与生产者,社交媒体的互动性与传播性也体现得格外明显。在社交媒体背景中,传统模式下难以普及或完成的公众参与活动能够有效实施。

社交媒体的兴起加快了数字化协商的发展,4/5 的国家都在相关社交平台建立账号,如脸书、推特、新浪微博、微信公众号等。此外,数字化工具诸如投票工具、请愿工具、网络论坛等为数字化参与提供了高效的通道与平台。积极的数字化协商既能让公众加深对政策的了解、激发公众数字化参与的热情,提高对政府服务的满意度,也为政府提供了民意收集、政策完善的高效渠道。在中国,微信、微博等互联网新媒体平台成为官民互动、数字协商的重要平台。各地政府在这些平台上主导并成立官方账号,"政务双微"已成为建设参与型数字政府、推进电子政务服务的"标配"。

【案例 4-2 基于视频直播的数字化协商建设】

政府相关领导人通过论坛、网站等形式直接与网民对话,是数字化协商的重要渠道。2008 年 6 月 20 日,胡锦涛总书记通过人民网与网友在线交流,实现了党和国家领导人与网民的"第一次亲密接触",胡锦涛总书记指出互联网是"做事情、做决策,了解民情、汇聚民智的一个重要渠道",开启了网络问政元年。2009 年 2 月 28 日 15 时,中共中央政治局常委、国务院总理温家宝与网友在线交流,接受中国政府网、新华网联合专访,并通过中国政府网和新华网进行全程文字和视频直播。直接交流的优势在于能够最深入地挖掘出群众的根本需求。通过互联网进行政民直接对话,能使民众的诉求得到最迅速的表达。在交流中,公众也能更深刻地了解政策实施方案,提高参与感。

资料来源:人民网,《胡锦涛总书记通过人民网强国论坛同网友在线交流》。

【案例 4-3 基于官方网站的数字化协商个税起征点的调整】

基于官方网站的数字化协商个税起征点的调整既要考虑到全国民众由于日益上涨的物价水平而引起的生活成本的提高,同时还要保留个人所得税对于调节不同人群的收入水平差异的功能。因此个税起征点的确定具有重大的意义。全国人大常委会在对所得税修正案草案进行一审但未获通过后,将草案面向全社会征集意见,此后草案受到了公众前所未有的关注。在仅仅一个多月内,全国人大网站就收到将近 8.3 万名网民提出的 23.7 万多条意见或建议。据统计,这些意见中,针对原有草案中将个税起征点从 2 000 元提高到 3 000 元的方案,只有 15% 表示赞成,而 35% 明确表示反对,48% 则要求修改。最终,个税起征点由 2 000 元提高到 3 500 元,基本符合了大部分纳税人的意愿。此次个税起征点调整的过程是我国建设数字政府,实现公众数字参与的一次精彩演练。

资料来源：人民网，《个税起征点为何要提高到 3 500 元》。

【案例 4-4 基于新媒体平台的数字化互动】

忻州随手拍是山西省忻州市委、市政府于 2014 年 5 月正式推出的政务账号，由市委宣传部、市文明办具体承办，目前共有微信、微博、App、微社区、论坛、热线 6 个平台。随手拍是政府回应市民意见建议的一个产物。在第二批党的群众路线教育实践活动征求意见中，有市民建议市委、市政府设立一个平台来专门曝光不文明现象与行为，以促进日新月异的城市的规范管理和市民素质的不断提高。于是诞生了随手拍这种前卫的微生活方式来传达民意。

随手拍投入使用后，市民通过图片文字反映的问题能迅速到达有关部门并得到解决。"随手拍"可信、管事的名声不胫而走，群众的参与热情也日益高涨。2014 年 6 月，忻州市政府发文对"随手拍"工作做了详细安排。2014 年 7 月忻州随手拍微社区正式开通，忻州 70 余个市直部门、窗口单位和 14 个县（市、区）的政府办公室等全部入驻，一个市民问政、政民互动的平台真正诞生。2014 年 8 月，针对入驻"随手拍"平台的各县政府、市直部门及单位的《忻州随手拍微信问政平台部门考核办法》出台，入驻单位怎么做、如何做有了规范，"随手拍"开始良性运营。根据市政府下发的考核办法，责任单位对群众发帖必须 4 小时内首次回复，反映问题须在 5 个工作日内办结，逾期未办结的，市纪检、市政府督察室将会对责任部门进行督办。此外，入驻"随手拍"的各单位每天都有专人值守平台，对群众发帖最快的 10 分钟就有回复，负责具体事务的职能部门会将工作进展在第一时间以跟帖形式在平台上公开。对入驻"忻州随手拍"各部门的百分制考核中，服务民生直接占了 90 分，并完全将评议权交给群众。网友："微信问政，方便了群众，辛苦了干部。但这样的辛苦是建设服务型政府的指向，我们为这样的理念叫好！"

资料来源：大众网舆情中心，《这些政务新媒体为何上榜？》。

3. 数字化决策

数字化参与的第三个阶段是数字化决策。数字化决策意指公众参与政策制定的全流程，为政策制定提供观点与建议，并最终影响政府决策的过程。随着科技的发展，愈来愈多的新兴软件工具构造了复杂而精密的在线交互系统，数字化决策变为可能，政府与公众通过数字化渠道讨论各项政策或决定也渐渐普及开来。数字化决策进程的推进与数字化协商的进程密切相关。通常来说，数字化决策领域的加速发展很大程度上是数字化协商活动持续上升的作用。协商是决策的前提，决策是协商的目的。多样便捷数字化参与方式有效提高了公众参与的效率与热情，更进一步扩大了政府决策的范围和含义。2016 年的调查显示，约 20% 的国家通过数字化协商的结果促成了新的决策、法规或服务，更多的国家在某些特定发展领域采用在线咨询与数字化决策工具。虽然数字化协商并不一定催生出实际的政策变化或促成新规定的采用，但在可预期的将来,数字化协商与数字化决策将在更大程度上被纳入政府决策体系中,并在教育、医疗、民生、金融和环境等各个领域发挥出至关重要的作用。数字化参与的三个阶段并非割裂,而是层层递进、互相联系的。数字化参与平台的设计也常常将各阶段聚合,以方便公众参与。

【案例 4-5 基于官方网站的数字化决策】

英国的政府门户网站 Gov.uk 将数字化信息、数字化协商、数字化决策整合,建立了从出台政策草案、提供相关文件和资料到征询公众意见并最终做出决定的完整体系。在整个体系中,允许并鼓励公众对政策提出看法与建议。在最终决策阶段,网站对政策的所有条文进行披露,强调了决策何处纳入了公众意见考虑,何处没有纳入公众意见考虑,并列出其背后的具体原因与参照标准。最终,完整的决策信息通过网站进行发布,关于决策的实施意见与实施评价也通过网站来收集。

资料来源:张航,《公众参与的新阶段——知情、协商、赋权的电子参与过程》。

4.2.2 数字化参与的主导对象

政府决策阶段层层递进,数字化参与也分为不同层级。但在不同阶段中,主导数字化参与的对象以及公众数字化参与程度并不相同。按数字化参与的主导对象来划分,数字化参与也可分为政府主导式与公众主导式两类。

1. 政府主导式数字化参与

政府主导式数字化参与是以政府为核心,利用信息技术先从上至下筹划并建立数字参与渠道,再通过从下至上收集民意,实现公众数字化参与的过程。在政府决策中,公众关注与自身利益相关的政治事件,并积极寻求各种途径参与其中,从而表达和实现自身诉求。在此背景下,政府需要主动拓展有效的公众参与渠道,通过扩大直接选举和竞争性选举范围、完善信访制度、强化舆论监督、完善立法听证、价格听证、决策听证、民意调查等公众参与途径。政府利用网络技术自发改进选举、立法、执政等工作,对传统参与渠道赋能,能让更多的公众更深程度地参与到公共政策的制定和实施过程中来,实现更广泛意义上的参与。如政府可以在网上开放领导人信箱,主动收集群众的意见,可以开设网上政策论坛,公布候选人资料,介绍选举工作程序,设立监督信箱,甚至进行网上投票等。许多政府也将公众对数字化参与渠道建设的满意程度纳入政府绩效评价的标准。

在政府主导式数字化参与的各个阶段,政府是处于发起方和主导地位。主要包括以下几个方面:主动发起、主动维护、主动执行与主动反馈。主动发起是指政府针对某个政策或议题,在政策制定与可行性研究阶段主动发起相关话题,以寻求公众建议。主动维护是指在相关议题发起后,政府主动维持维护民众数字化参政的纪律,并根据实际情况进行相关调整和约束,保障参与的顺利进行。主动执行是指在相关政策或议题通过民众决议后，政府主动实施开展相关活动，并利用数字化的方式辅助执政。主动反馈是指政府在执行了相关政策后，主动将相关执行情况和阶段性结果通过相关渠道进行披露与反馈，寻求公众监督，主动完成整个政策生命周期。

此外，政府主导式数字化参与往往围绕核心议题展开，包含了具体的参与目的、具体的参与渠道和具体的参与人群。具体的目标是指政府主导式数字化参政往往是针对某个具体目标或解决某个问题展开的，如政府针对水费调整问题发起相关数字参与议程。具体的参与渠道是指在整个数字化参政过程中，政府往往会向公众指定具体可行的数字化参与方式，如通过在线投票，通过网络座谈会，或是通过政务邮箱等形式。具体的目标人群是指针对不同的具体目标，政府主导式参政往往会指定不同的参与群众，既可以是针对全体国民的民生大计审议，也可以是仅针对某小镇居民的绿化计划政策投票。

【案例 4-6 基于门户网站的政府主导式数字化参与】

官方网站是政府主导式电子参政重要的手段之一。政府在各部门信息化建设基础之上，建立起跨部门的、综合的业务应用系统，并以门户网站的形式展现。官方网站既是收集民情民意的主要渠道，也能使公众与政府工作人员快速便捷地获取相关政务信息、接受业务服务。基于门户网站，政府可以在网上开放领导人信箱，公众可以向有关部门的领导发电子邮件，就自己关心的问题发表看法。政府可以在门户网站开设专门的讨论区，并在此开展公布候选人资料，介绍选举工作程序，进行网上投票等一系列数字化参与活动。

首都之窗门户网站于1998年7月1日正式开通，是为了统一、规范地宣传首都形象，建立网络信访机制，向市民提供公益性服务信息，促进首都信息化，推动北京市电子政务工程的开展，落实"政务公开，加强行政监督"原则而建立的。其宗旨是"宣传首都，构架桥梁；信息服务，资源共享；辅助管理，支持决策"。网站采用区块化的设计方式，增强页面友好。网站首页与各重要服务和频道页面风格统一、功能互补。如图4-3所示，网站整体导航栏分为要闻动态、政务公开、政策法规、政民互动、政务服务与人文北京六个模块。

要闻动态与政务公开是网站中重要的数字化信息板块。市民可在这两个板块中详细地了解到最新的政策信息与执政安排。政民互动板块是数字化协商与数字化决策板块，主要包括的内容有：政风行风热线、人民建议征集、网上调查、精品专题。此外，网站设有方便的举报投诉通道和意见征集通道，方便公众进行数字化参与。基于优秀的网站建设，北京市政府已初步形成了以保障公众"知情权、参与权、监督权"为目的的政民互动信息服务体系。

上述案例体现了政府在公众数字化参与中的主导作用。政府的引导和数字化参与形式设计是密不可分的，只有通过合理的方式调动群众积极性，提高群众的参与感，

数字政府

图 4-3 首都之窗门户网站

把控好参与尺度,才能让群众的参与热情很好地持续,参与过程又不至于混乱。最终数字化参与才能形成一个良性循环,发挥应有的作用。

资料来源:首都之窗门户网站。

【案例 4-7 基于新媒体平台的政府主导式数字化参与】

2017 年 3 月 15 日由深圳市食品药品监督管理局牵头,深圳广电集团与深圳新闻网联合制作推出星期三"查"餐厅行动——即每周周三进行餐饮店检查。该活动的目的是为了进一步打造透明食药监,群策群智解决食品安全问题。

星期三"查"餐厅充分发挥了数字化技术的优势,在线上线下全方位发动市民参与,除了通过视频媒体、纸面媒体外,还通过网站和微信、微博等渠道发动市民参与活动投票与监督。此外,餐厅检查采用网络直播的形式,市民可跟着直播镜头,与执法人员一同"前往"行动现场,全程"参与",让执法在阳光下进行。

本次行动将持续 40 周,走进深圳 10 区,对大中小餐饮店的后厨进行检查。"星期三查餐厅"行动具体做法:突查人气餐厅;行动的"指挥权"交给市民,想查哪里点哪里;特设"回头查"环节,有效督促餐饮店整改到位;餐饮执法齐曝光,普法同时又科普。

通过"星期三查餐厅"行动不仅能让餐饮企业自觉落实餐饮规范,提高自身责任意识,促进餐饮行业水准的提升,从而全面提高深圳餐饮行业食品安全水平。市民还可从公开透明的执法行动中了解到食品监管的工作力度,提高市民对深圳食品监管工作的"安全感"。这一行动不仅深化了食品安全示范城市创建工作,也探索了"在监管中强化科普宣传"的模式,是食品安全领域数字化参与的又一创新。深圳市食品药品监督管理局利用信息化手段充分调度社会资源,通过众包模式开展食品药品监督管理,不仅可以更为精准地进行行业治理,同时也激活了广大群众的参与积极性,将食品监管从一个行业事件转化为一项社会活动。

资料来源:网易新闻,《深圳"星期三查餐厅"每周三突击检查餐饮店后厨》。

2. 公众主导式数字化参与

公众主导式数字化参与是以公众为主导,通过网络媒体形成相关舆论与民意,借助数字化渠道,从下至上反馈给政府,从而影响政府决策的制定与执行,实现公众参与。公众主导式的数字化参与主要基于新媒体社交平台(微博、微信、网络社区平台等),相比政府主导式参与,公众主导的数字化参与的覆盖面更广,实时性更强。随着经济的发展和网络基础设施建设的增强,互联网普及率呈逐年增长态势,覆盖率可达社会各阶层公民。即使政府主导型数字化参与渠道建设并未完善,工人、农民、知识分子、企业家、社会团体等多元利益主体也可以聚集于网络平台,对政务活动进行评论,合理表达利益诉求。同样,互联网信息病毒式传播可在极短的时间覆盖到朋友圈和微博等虚拟社区,公众可以在第一时间获取到相关政务信息。现如今互联网上的虚拟主体已经成为具有现实影响力的压力集团,他们对贫富冲突、劳资矛盾、城市拆迁、环境污染、医疗教育、道德失灵等问题频频发声,对政府施政不力和司法不公表示不满。而相关意见在社区平台很容易发酵成网络舆论,对政府决策带来压力,并有效改变决策方向。网络舆论已成为公众主导式数字化参与的重要方式。

【案例 4-8 厦门 PX 项目缓建】

2007 年 3 月,在全国人大、政协"两会"上,中国科学院院士赵玉芬等 105 名全国政协委员联名签署提案,建议厦门 PX 项目迁址。此举引起了媒体和民众的强烈关注。2007 年 5 月下旬,随着工程的推进,更多的信息通过媒体、网络等渠道被披露,对厦门海沧区 PX 化工项目一无所知的厦门市民接到了一条短信,短信的内容是:"翔鹭集团合资已在海沧区投资动工(苯)项目,这种剧毒化工品一旦生产,意味着厦门全岛放了一颗原子弹,厦门人民以后的生活将在白血病、畸形儿中度过。我们要生活、我们要健康!国际组织规定这类项目要在距离城市一百公里以外开发,我们厦门距此项目才 16 公里啊!为了我们的子孙后代……见短信后群发给厦门所有朋友!"同样的内容也在厦门人经常去的论坛和博客中广泛传播。PX 这个陌生的字眼在短时间内成为街头巷尾热议的话题。一些市民准备以多种方式表达对 PX 项目的抵制。2007 年 5 月 28 日,厦门市环保局局长用答记者问的形式在《厦门日报》上解答了关于 PX 项目的环保问题。次日,负责 PX 项目的腾龙芳烃(厦门)有限公司总经理林英宗博士同样以答记者问的形式在《厦门晚报》发表长文,解释了 PX 工厂的一些科学问题。2007 年

6月1日至2日,"PX风波"不期而至。为抵制PX项目落户厦门海沧区,市民以"散步"的形式,集体在厦门市政府门前表达反对意见。

2007年5月30日,厦门市政府常务副市长丁国炎在新闻发布会上宣布,厦门市政府决定缓建PX化工项目,市政府已委托新的权威环评机构在原先的基础上扩大环评范围,进行整个化工区区域性的规划环评。同时,启动"公众参与"程序,广开短信、电话、传真、电子邮件、来信等渠道,充分倾听市民意见。接着,25万册图文并茂的科普读本《PX知多少》被免费送到市民手中。2007年6月7日,国家环保总局副局长潘岳宣布,将对厦门市全区域进行规划环评,包括PX项目在内的重化工项目都将根据规划环评的结果予以重新考量。至此,关于厦门PX项目的种种传言暂时隐退,公众将期待的目光投向未来。

资料来源:百度百科词条,《厦门PX事件》。

从上述案例我们可以看出,网络舆论具有强大的力量。无论厦门市民关于PX项目的认知是否正确,一旦网络舆论发酵酝酿后,政府的相关决策也随之受到影响。学术界认为,网络舆论和民意的形成,属于新闻传播的范畴。舆论的本质是一种社会合意,它的产生也经历了"事件触发——舆论发酵——合意达成"的三个阶段。

(1) 舆情的触发——特定事件

虽然公众每时每刻都可以在网上发表意见,但网络舆论的形成往往源于某些事件的发生。从事件性质来看,特定事件不是普通之事,是具有显著反常性的事件、群体或个体利益严重受损的事件、关系到国家利益的事件以及其他激起公愤和令人震撼的事件。这些事件传播后往往引起公众的围观和议论。特定事件的消息源既可以来自于官方(如2017"一带一路"国际合作高峰论坛、租购同权政策出台等事件),可以来自于专业媒体公司,也可以是公众自行在社交媒体上发布的(如"罗一笑事件")。一般来说,专业媒体机构的报道有助于事件的广而告之,也是引发网络舆论的直接动因。少数情况下,虽然专业传媒没有报道,但一些信息通过网络的人际传播等渠道也可能引起舆论热潮。

(2) 舆论的发酵——信息的传播

由于数字化渠道的多样性和各渠道间的连通性,对特定事件讨论的扩散往往是从一个点辐射到多个点,再由这些点向更多的点辐射。数字化参与中公众意见的扩散速度、扩散范围都是在传统模式中无法企及的。在特定事件的刺激下,原本处于散播状态的舆情信息突然被多数网民关注,各路媒体纷纷报道,相关页面的访问量和信息点击量呈爆炸式增长,形成网络关注的集聚。同时,网民的评论和留言也同步快速增长,形成网民意见参与的集聚。互联网提供了交流的媒介并构成信息传播的舆论场,为舆情的发酵提供了温床。

(3) 意见的整合——沉默的螺旋与意见领袖

网上意见的传播也并不是一个"照单全收"的过程,意见的传播与意见的交锋是交织在一起的。舆论最终达成的标志是消除个人意见差异、反映社会知觉和集合意识的多数人的共同意见的产生。对于某些问题或事件,网民的意见并不一定在一开始就达到一致。根据德国社会学家诺依曼的观点,一致舆论的形成是由于"沉默的螺旋"的作用。沉默的螺旋是一个政治学和大众传播理论。该理论认为人们在表达自己想法和观点的时候,如果看到自己赞同的观点受到广泛欢迎,就会积极参与进来,这类观点就会越发大胆地发表和扩散;而发觉某观点少有人理会,甚至被其余网民攻击,即使自己赞同它,也会保持沉默。在此背景下,意见一方的沉默造成另一方意见的强大,如此循环往复,便形成一方的声音越来越强大,另一方的声音越来越沉默下去的螺旋发展过程。网络意见交锋的结果是优势意见得以继续广泛传播,而处于劣势的意见逐渐从主流传播渠道中退出,并最终形成意见的整合。而在其中意见领袖的意见也极为重要。意见领袖是网络舆论信息和影响力的重要来源,并能左右多数人的态度倾向。意见领袖主要有以下几个特点:

① 社会地位较高。地位的差异对意见领袖施展其影响力非常重要,因为较高的社会地位会使意见领袖在说服他人的时候更有力量。

② 影响力大。意见领袖能较容易地改变群众的思想,起到号召作用。

③ 专业性强。意见领袖通常是某个领域的专家或准专家,意见领袖获取信息的渠道也比其影响群体更多元和畅通。最终,在各方因素下社会合意达成,网络舆论也就此形成。

从数字参与中网络舆论的形成方式来看,基于社交平台的意见传播方式往往使得群体中原已存在的倾向性通过相互作用而得到加强,使一种观点朝着更极端的方向转移,即保守的会更保守,激进的会更冒险,出现"群体极化"效应。从积极的一面来看,它能促进群体意见一致,增强群体内聚力和群体行为。从消极的一面看,它能使错误的判断和决定更趋极端。网络舆论很容易在一个具有强烈群体意识的群体内产生,在这样的群体中,特定事件更容易激活群体情绪,使其做出一些极端的错误决定,这也会对数字参与产生消极的影响。

互联网是一个虚拟的世界,由于发言者身份隐蔽,并且缺少规则限制和有效监督,网络自然成为一些网民发泄情绪的空间,因此公众主导的数字化参与也难以保证完全的理性,存在信息失真现象。从下至上的数字化参与往往通过网络舆论进行。网上讨论扩散的过程是事实与意见的共同传播过程。然而,网络事实与意见的传播也绝非泾渭分明,传播什么事实、如何传播事实本身就表明了一种意见。而很多时候,网民在对政策进行传播与评价时常常直接加入了自己的理解(无论理解正确与否)。在网络中,相关政策信息的传播可能出现衰减、失真甚至变形等不同结果。舆论信息一传十、十传百,如果某些公众出于主观需要有意在事实传播过程中扭曲事实,将某些信息放大、某些信息减少,就可能对舆论的走向形成误导,导致信息失真。

【案例 4-9 女司机背锅重庆公交坠江事件】

2018年10月28日10时08分，重庆万州区长江二桥上一辆公交车与一辆轿车相撞后冲破护栏坠入长江。这起事故令人痛心。救援进展吸引着全国的关注目光，事故的责任与教训理应在真相查明后得到总结与反思。但是在真相未明之际，事故现场之外的网络舆论场却上演了一出剧情反转戏码。

事故发生后不久，相关媒体对事件进行了大规模报道，而在报道配图中，事故现场的受损小轿车司机格外引人注意。从图片来看，小轿车为一女司机驾驶，而且现场照片显示女司机穿的是高跟鞋。这引得舆论山呼海啸般地对所谓"肇事女司机"予以谴责，以致整个女司机群体跟着倒霉。但随后重庆市公安局发布的警情通报却显示，"经初步事故现场调查，系公交客车在行驶中突然越过中心实线，撞击对向正常行驶的小轿车后冲上路沿，撞断护栏，坠入江中。"事情于是反转，女司机由肇事者变为了受害者。一些之前谴责女司机的大V选择了道歉，也有人悄悄删帖。然而许多不明真相的网友因为没看到反转继续声讨女司机，非但没有给予女司机应有的同情与关心，反而给受害者带来了更大的心理压力。

这起舆论"翻车"事故，提醒地方政府部门和工作人员理应发布准确的信息。但跟着以讹传讹的自媒体和大V们也不是无辜的，因为他们不仅传播了错误信息，而且进行了错误引导。在信息混乱之际，舆论矛头清晰地指向了"女司机"，这个想象中的"罪魁祸首"便是错误的社会合力与意见整合。

资料来源：新京报，《重庆公交车坠江，围攻"女司机"跑偏了》。

从上述厦门PX案例以及重庆公交车案例我们可以看出，政府需要对公众主导的数字化参与加以引导与约束，使之能够正面、良性循环发展。2018年第一季度，微博、微信平台曝光了55%的政务舆情事件；而传统媒体、新闻论坛分别曝光了26%和16%的政务舆情事件。由此可见，公众通过社交平台表达意见与看法，网络舆论和民意在相关平台酝酿，形成强大的政治影响力。政务舆情也成了影响政策制定与实施的重要因素。网络打破了时间和空间的界限，重大新闻事件在网络上成为关注焦点的同时也迅速成为舆论热点。如果这部分舆情反映出来的本质得不到政府的重视，得不到有效的疏解，就都有可能发酵成更大的事件。舆情问题由线上转到线下而导致的群体性事件，都是不同社会问题和矛盾计划的综合性体现。国务院办公厅在《2018年政务公开工作要点》中提出建立政务舆情回应问责制度，对重大政务舆情处置不得力、回应不妥当、报告不及时的涉事责任单位及相关责任人员，要予以通报批评或约谈整改。而在面对舆情事件时，如何做到正确、及时应对也是公众主导式数字参与中政府工作的难点与重点。人民网将响应速度、动态反应、公信力、网络等技巧纳入评价指标，发布了如下网络舆情事件处理原则：

第一，要及时披露真相。在现代社会，大众传媒日益发达，媒体对热点事件越发敏锐。为了吸引到更多的读者，所有的媒体都会尽一切努力去跟踪报道，对事件的剖析也更及时详尽。在互联网时代，任何可能成为新闻的事实都无法逃脱媒体的监督。即使政府对当地媒体施加压力以掩盖事件情况，具体真相也迟早会被外国媒体或国家级媒体披露。因此，在面对网络舆情时，政府要及时、真实且完整地披露真相，避免公众情绪的激化以及网络舆论的失真。

第二，要树立负责任的政府形象。党和政府是人民的中坚力量。面对网络舆情事件，人们需要更多关心与激励，也需要更多的包容与肯定。信息披露是政府的职责之一。在舆论发生时，政府不能逃避相关问题，而应积极树立以人为本的政府、透明的政府、高效的政府和负责任的政府的形象。在发生危机时，政府应主动承担责任，向公众和媒体解释事件缘由，并寻求公众理解。

第三，学会发声、敢于发声。应对网络舆论危机时，"无评论"是政府媒体危机的最大禁忌。政府应该主动发声，敢于发声。政府发言需要掌握一定的技巧。首先在发言人的选择上，政府应该指派有权就此问题发言的领导干部，从而增强信息的权威性。此外，在发言时，政府应善意对待媒体和公众，以便得到他们的理解。发言人应注意演讲的措辞与情绪，始终保持诚恳负责的态度，避免引起媒体的误解和公众的不满。

第四，学会引导媒体。在应对网络舆论时，政府应该让媒体的报道能够围绕政府的意图展开。当然，引导媒体并不是为了违背公共利益，而是为了推进舆论事件的尽快解决、避免公众情绪的激化。通过对主流媒体的引导，政府部门可避免失真信息的扩散，也可掌握应对网络舆论的主动权。

【案例 4-10 宁夏公交纵火案】

2016 年 1 月 5 日 7 时，宁夏银川市一辆 301 路公交车突发火灾。"@银川发布"在两小时后即时发布消息予以确认，各大媒体就该消息进行报道，舆情走高，网民对此热议纷纷。当天中午 12 时左右，贺兰县政府召开新闻发布会通报火灾造成的伤亡人数，同时宁夏公安厅指挥部发出通报初步断定该案属于蓄意犯罪纵火行为，并对犯罪嫌疑人展开抓捕。

下午 14 时，宁夏银川市委、市政府再次召开新闻发布会，确定死亡人数上升至 17 人。16 时 30 分左右，犯罪嫌疑人马永平被抓获，据警方介绍，其因承包移民安置区工程与分包商发生债务纠纷，遂采取极端行为报复社会。

1 月 10 日，马永平被检方批捕，遇难者赔偿方案确定。6 月 15 日，银川市中院公开开庭审理此案。7 月 3 日，银川市中院公开宣判，认定被告人马永平犯放火罪，判处死刑，剥夺政治权利终身。9 月 28 日，宁夏高院对此案作出二审裁定，驳回马永平上诉，维持银川市中院死刑判决。12 月 23 日，根据最高人民法院下达的执行死刑命令，银川市中院对马永平依法执行死刑。

该事件涉及公众安全，与民众切身利益息息相关，事发后短时间内吸引了社会关注。在巨大的舆论压力下,当地政府及时开展舆论引导和危机应对工作,有效化解了网络舆情。事发后,当地政府快速建立权威的信息发布平台,借助新媒体、新闻发布会等多种手段,把已掌握的情况在第一时间公开,对事态发展、人员救治、案件侦查、官方善后进行了全面、准确、及时、权威的信息发布,既满足了广大网民对信息的需求,又遏制了虚假信息、谣言在网络传播,有效引导此次突发事件的议题走势。与此同时,公安机关全面开展调查,快速抓捕、还原真相,9个小时将嫌疑人抓获,有效缓解了公众恐慌情绪。

资料来源:法制网舆情监测中心。

【案例 4-11 北京警方处置"双井桥打人"事件】

2018年5月18日,新浪微博平台多个账号爆料称,当日18时许,北京朝阳区双井桥附近发生一起打人事件,打人者"使用专业格斗技术"。事件引发网络关注,"疑似特警""军二代"等传言在网上迅速蔓延。19日凌晨2时许,北京市公安局朝阳分局微博"@平安朝阳"首次发布通报称,警方接警后迅速赶往现场处置,主动帮助伤者联系医院治疗,同步成立专案组,组织专业力量查找涉案人员。当日18时许,"@平安朝阳"二度通报称,警方已将打人者马某某抓获。5月20日11时许,"@平安朝阳"发布情况续报称,打人者马某儒因涉嫌故意伤害罪、其父马某德因涉嫌窝藏罪,均被朝阳警方刑事拘留。6月1日17时许,据"@北京检察"消息,马某儒被朝阳区检察院批准逮捕。

在本事件中,朝阳警方高效快速抓捕嫌疑人的执法速度令人满意,其干脆利落、一气呵成的舆情处置也值得称道。警方在事发6小时后即发布首次通报,凸显了其较强的网络涉警舆情信息捕捉能力。在信息发布方面,2日之内3次通报,将线下抓捕、打人动机、嫌疑人违法情节、涉案人员处置等进行细致公布,以逐层递进式的信息通报化解公众疑问。同时,警方案情通报也足见用心,不但以现场图片、讯问视频等作为佐证,攻破了"X二代"等网络传言;还借助抖音短视频这一新潮宣传方式以案普法,赢得了众多网民点赞。此次事件不论是社会影响还是舆论关注都不算重大,但北京警方并未忽视其可能存在的舆情风险,而是积极介入处置,用心用力地开展引导工作,最终收获了公众的认可。

资料来源:法制网舆情监测中心。

4.2.3 数字化参与中的政府回应

政府回应是政府对于社会的回答、答应或响应,更多的是反映政府对于社会诉求的倾向性态度。政府服务更多地是指政府为满足社会诉求而采取的措施或行动。回应型政府是有别于服务型政府的概念。前者是政府与社会平等合作、共同治理的模式;后者是政府作为单一主体前提下的政府对于社会的管理模式。当然,这种区别毫不影响两者之间紧密的、难以分割的联系,它们在价值归属上是一致的,都着眼于政府公共服务能力与质量的提升。回应型政府治理理念的确立,可以为建设服务型政府提供更好的价值导向、目标体系和基本条件;回应型政府治理模式和运行机制的建立,可以使政府更好地实现其服务性职能,是建设服务型政府的重要基础。准确把握回应型政府的科学内涵,对于推进服务型政府建设是有益的。

1. 政府回应的内涵与特质

格洛弗·斯塔林在其《公共部门管理》一书中提出,回应(responsiveness)意味着政府对公众接纳政策和公众提出诉求要作出及时的反应,并采取积极措施来解决问题。他说:"回应是指一个组织对公众提出的政策变化这一要求作出的迅速反应,也可以说是政府对公众所提要求作出超过一般反应的行为。"斯塔林将政府回应定义为政府为满足公民意愿和诉求所进行的各项活动和行为。俞可平在其《增量民主与善治》一书中,将政府的回应性作为政府善治的重要指标。叶宇婧在《群体性事件中地方政府回应问题研究》一文中认为,政府回应力指政府以积极迅速的方式响应公众需求,对公众提出的要求做出及时有效的反馈的能力。

新公共服务将过去政府管理中的主导型政府转向以公众为主导的服务型政府。在服务型政府的背景下,可以将政府回应理解为政府以服务行政为指导、以满足公众的意愿为目标,并对民众所反映的问题和要求做出及时有效的反应能力。因此,将政府回应定义如下:在政府管理事务的过程中,针对公众提出的问题以及需求做出反应和回复。

回应型政府要体现公共治理的理念,具有稳定、自觉、可持续发展的回应性和回应机制,以及回应社会所需的回应能力,并有效履行解决公共问题、社会问题的职责,就应体现以民为本、服务导向、合作共治、及时反应、依法治理的特征或属性。

(1) 以民为本

政府回应的本质就是回应公众利益,处理公共事务,解决公共问题。这也是回应型政府的主要要求之一。罗伯特·B.登哈特指出,公共行政的核心问题是,"一方面,政府机构要求在进行服务时要保持最高的效率;另一方面,公共组织是为公共利益而运作,必须反映服务对象的需求及期望"。事实上,早在20世纪30年代,迪马克(M. Dimock)等公共行政学者就建议"顾客满意标准在政府运作中的运用应当与企业中的运用一样广泛开展"。这实际上可视为政府须"以民为本"的政治学和行政学的初步表达。然而,对这一观点的广泛认同和支持是在20世纪80年代,一批新公共管理理论学者强调,"受顾客驱使的政府"应满足顾客的需要,而不是官僚政治的需要。这是对传统政府体制缺乏回应性的批评,也是对回应型政府须以民为本的又一重要提示。

新公共服务理论在批评和发展新公共管理理论的基础上,进一步提出了政府应服务于公民而不只是顾客的观点。登哈特夫妇在《改革政府》中关于政府应该"掌舵而不是划桨"的建议后指出"当我们急于掌舵时,也许我们正在淡忘谁拥有这条船"。登哈特夫妇转述了金(King)和斯蒂弗斯(Stivers)《政府属于我们》中的提醒:我们不要忘记,政府是属于其公民的,应将公民置于首位;政府强调的重点不应放在为政府这艘航船掌舵或是划桨上,而应放在建立明显具有完整性和回应性的公共机构上。这句话十分清晰地阐明:既然政府本来就是属于公民的,就必须无条件地回应社会诉求,就理应成为以民为本的回应型政府,向公民提供满意的公共产品。总之,以民为本是回应型政府最基本的价值观和动力源泉,从而也是回应型政府的首要特征。

(2) 服务导向

以民为本的逻辑结果是对回应型政府须以服务为导向的要求。持续至今的新公共管理运动,实质上是从官僚制向后官僚制的转型运动,公共管理作为一种新型的政府模式,体现的就是一种公共服务精神。新公共服务理论在对将政府服务对象看成顾客提出批评的同时,十分强调的就是服务。对此,登哈特夫妇在转述格伦·科普的观点时进行了详尽的论述,认为为顾客服务的驱动力是利润动机:只有顾客得到了满足,他们才会以指定的价格去购买这种产品或服务;为公民服务的驱动力是责任约束:鉴于政府所提供的公民所需的产品或服务的购买,因其常常是通过税收付费而不具有自愿性,所以"这就给政府造成了一种特殊的责任,即它不仅要使其直接的顾客满意,并以一种高效率的方式运作,而且还要提供其公民所需要的服务";为作为主人的公民服务的驱动力则是利害关系:对政府而言,"顾客正在等着见我们"有别于"主人正在等着见我们"。在第一种情况下,政府可能会按照他们出现的顺序,以尽可能礼貌的、最有效率的方式,来对每一个人的需求或偏好做出回应,在结束这笔交易时,也就结束了服务与被服务的关系。而在第二种情况下,政府所服务的是主人,每一个主人都对政府的所作所为有利害关系。政府不仅要关注、服务每一个人的自身利益,而且必须服务于更大的公共利益,并为公共利益的实现与社会进行持续的对话。

总之,无论是新公共管理理论下"顾客驱使的政府"对公民顾客身份的界定,还是新公共服务理论下"公民导向的政府"或"主人的政府"对公民主人身份的认可,都从不同角度表明政府必须像企业对于顾客、仆人对于主人,以服务为导向,全面回应"顾客"或"主人"的需要。这说明,对政府以服务为导向的要求,有着广泛的理论基础。以服务为导向的政府,才能体现以民为本的要求,更为负责、有效地协调各类社会利益主体的关系,解决各类公共问题和社会问题,实现公共利益,才能成为回应型政府。

(3) 合作共治

公共治理理论深刻揭示了政府与社会间的合作对善治的重要性。俞可平在总结善治问题时强调,"善治的本质特征就在于它是政府与公民对公共生活的合作管理","善治表示国家与社会或者说政府与公民之间的良好合作,从全社会的范围看,善治离不开政府,但更离不开公民","有效的管理"就是"两者的合作过程"。一方面,政府须积极扶植和支持社会组织的自主管理,努力为社会力量的发育创造条件,促进社会治理体制的建立和完善;另一方面,各类社会组织要积极与政府配合,及时向政府反映社会成员的意见、要求,及时提出合理建议,在与政府合作过程中,积极帮助政府,使政府的回应性和回应力得到稳定、有效、持续的强化和提高。善治离不开政府与社会间的合作共治。

新公共服务理论在扬弃新公共管理理论、特别是其中的企业家政府理论的基础上,揭示了当代社会所要求的政府与社会间服务与被服务的关系,也强调了政府与社会间合作的重要性。它强调,"诸如公正、公平、回应性、尊重、授权和承诺这样的理想,不是否定而常常是超过了那种把效率作为政府工作唯一标准的价值观",政府对社会的回应方式应进行彻底变革。传统的政府是通过说"是的,我们能够提供那种服务",或者说"不,我们不能提供那种服务",来回应社会、公众的种种需求。而新公共服务理论则要求,经过选举产生的官员和公共管理者,应该不只通过说"是"或者"否"来回应公民的需求,而应该说诸如"我们先来一起想想该怎么办,然后再来付诸实施"。在具有积极公民权的社会里,公务员不仅将日益扮演一种调解、中介、申说、裁判的角色,而且将以促进、当经纪人、协商以及解决冲突的技巧,取代管理控制的方法。

公众和社会作为公共事务管理的平等主体,在融入政府治理过程中,实现合作共治,一方面,可以在克服政府垄断对公共事务的管理的基础上,形成政府与社会间"回应-参与"的良性互动,从根本上防止政府误读,甚至挪占公共利益,提高和确保政府回应社会的自觉性、稳定性、有效性和可持续性;另一方面,可以以公共治理主体,而不是被动接受者的身份,于事前、事中、事后参与公共利益的实现过程,推动公共利益的最大化,在实现善治的过程中挖掘政府回应的最大潜能;同时,可以更好地集中民智。改善公共决策,提高政府回应能力。总之,政府与社会间的合作共治,有利于促进以民为本、服务导向的政府回应机制的建立,是形成回应型政府体制的重要基础,是回应型政府的核心要求和主要的运行特征。

当然,强调政府与社会间的合作共治,强调政府对社会主体力量的尊重和发挥,不能忽视或否定政府不可替代的作用。不能将西方学术界对"没有政府的治理"模式的探讨与现实"有政府的治理"实践等价齐观。一方面,罗西瑙等人的"没有政府的治理"的设想,主要是就国际政治而言的,他本人却是无政府主义的坚决反对者;另一方面,真正意义上的"没有政府的治理",是马克思主义所论证的国家消亡后的理想状态,还是一个遥远的未来。即使是在国家消亡的理想状态下,社会也仍然需要"非国家机构的政府"的治理。可以认为,回应型政府职能实现的过程,是伴随国家权力向社会逐渐回归的过程。一方面,离不开政府和社会两个合作主体作用的发挥;另一方面,也离不开政府对公共治理秩序的持续、有效供给,政府仍然是回应型政府治理模式的主导方面。

(4) 及时反应

顾名思义,回应型政府要求政府对于社会诉求,不能不回应,也不可久拖不回应,而必须及时、有效地予以回应,否则,就是失职,就不能称之为回应型政府。政府及时反映社会诉求强调的是政府对于社会的回应必须快速,否则,就难以及时;必须有效,否则就"不到位"。快速是指在回应社会的有效期内,政府要以尽可能短的时间,对社会提出的、需要政府予以解决的问题,给予积极响应,并在与社会积极合作的基础上解决问题。有效是指政府回应社会的方向有效,即政府帮助社会解决问题的基本方向符合公共利益的实现方向;内容有效,即政府具体解决问题的内容符合而不偏离社会基本或主要的价值或需求;时间有效,即政府在解决问题所要求的时段内解决准确反映社会诉求的问题。当然,就时间的有效性而言,不是说解决问题的速度一定是越快越好,而应该是"正当其时"。总之,快速、有效地回应社会需求是对回应型政府的基本要求。及时反应是回应型政府主要特征之一。

(5) 依法治理

回应型政府要求建立一个与权威和绝对统治相对的政府,即负责、有限的政府,而法治则是达到这一目的的最佳手段。"法治"(rule of law)是19世纪末英国宪法学家戴雪在其代表作《英宪精义》中提出的,现已成为普遍原则。政府和公民或社会在法律上负有相同的义务和责任,尤其是政府不能享有不必要的特权,政府和公民或社会都必须守法。所谓依法治理,指政府与社会间的合作共治必须依法进行,否则,政府对于社会的回应,就难以有体制和机制的保证。首先,政府必须守法,即政府参与治理的过程只有依法进行,才能使以民为本、服务导向的基本理念,与社会合作的治理方式,对社会需求予以及时反应的基本要求,具有法制保障和刚性约束。其次,公民或社会必须守法,即公民或社会参与治理的过程必须依法进行,才能确保其在有序参与的基础上,向政府表达正当、合理的利益诉求,使得政府能够在合理、合法的范围内予以及时反应。总之,法治是善治的基本要求,没有健全的法制,没有对法律的充分尊重,没有建立在法律之上的社会秩序,就没有善治。依法治理是治理和善治的基本要求,也是使政府回应制度化、体制化的基本保证,因而是回应型政府的又一重要特征。

综上,以民为本、服务导向、合作共治、及时反应、依法治理,既是回应型政府的内在属性和基本特征,又是形成和保证政府的回应性,回应的体制、制度,回应的目标、速度,回应的数量、质量等方面不可缺少的因素。把握这些特征,对于更好地理解回应型政府的理论脉络、基本内涵,厘清建设回应型政府的基本思路,其启示一定是有益的。

2. 政府回应的方式

政府回应的方式既包括具体的回应渠道,又包括制度性的回应方式。

(1) 具体的回应渠道

随着新媒体的不断发展,使得回应渠道更加丰富,增加为两类:线上回应和线下回应。线上回应是指以新媒体为媒介进行的回应,包括政府在线交流、网上听证会等;线下回应包括信访接访、基层调研和统计调查等。

(2) 制度性的回应方式

将回应方式制度化、常态化是政府进行回应的必要过程和重要步骤。当前进行讨论的相关制度主要有听证制度和信息公开制度等。

3. 政府回应的现状

数字化时代的发展不仅改变了人们传统的生活习惯与生活方式,社会文化氛围和社会管理方式也受到冲击。在政府回应方面,有了很大的提升。

(1)政府回应载体得以丰富

载体是指传递信息的介质。传统媒体背景下政府通过报纸、电视、广播等形式传递信息,政府回应的载体相对局限。

互联网以及移动通信技术的不断进步以及媒体的不断融合给了政府回应新载体,即新媒体。新媒体不仅具有传统媒体的功能,还能充分发挥自身优势为政府治理提供有力保障。

政府回应作为政府治理的组成部分和重要的政府行为,利用新载体来履行职能是大势所趋。智能手机的更新换代和无线网络的不断进步,为公民自由地在政府网站留言、参加论坛讨论、和政府官员在线面对面交流,利用新的载体快速有效地提出诉求以及政府快速给予回应创造了条件。新媒体的发展使得政府回应的载体更加多元化,其中具有代表性意义的有政府网站、政务微博、政务微信、移动客户端。

自2006年1月1日中央政府网站正式开通以来,各级政府门户网站遍地开花,且纵深发展。不仅各级政府开通网站,而且相关部门也会开通自己的网站。通过政府网站,政府不断更新和完善其内容,便捷地履行其相关职能。中国政府网于2013年10月开通官方微博和微信,国务院客户端也于2016年2月上线,这成为政府发布信息、提供服务和反映社会关切的新媒体平台。以地级市为例,299个地级市政府网站中,267个开通政务微博,256个开通政务微信,114个网站提供移动客户端。微博因其裂变式的信息传递方式为政府管理带来挑战的同时也带来了机遇。微信因其注重用户的个体差异,推送都是建立在关注的基础上,具有极强的私密性。"互联网+政务"的提倡和大力发展也使得政务微博、政务微信更具发展的前景,社交元素与政府网站应用的融合是趋势也必将成为常态。政务云作为政务云数据共享的重要平台,是实现网络多跑路、群众少跑路的重要工具。政府将在交通、医疗、社保、就业等相关的民生领域不断深化应用政务云。

(2)政府回应时效得以提升

数字时代以前,政府因其审核的程序问题,在重大事件发生时需要层层上报,在一定程度上延宕了时间,信息的时效性会变差。政府层级过多既影响了回应的效率,又影响了回应的能力和效果。数字时代传递流程短,信息的传递速度快,新媒体为政府回应提高时效性提供了可能。政府在网络舆情和群体性事件发生时可以通过网络迅速把握政府回应的时机,不受政府层级结构的制约,处理事件时的被动局面得以改变。以传统的回应渠道——信访制度为例,随着互联网和新媒体的不断发展,提出构建"阳光信访"新模式,即开展网上信访,利用网络平台实现网上流转和办理。截至2015年

7月,全国网络信访量占信访总量的41%,超过三分之一的省份网上信访量占总量的50%以上,绝大多数群众的需求通过网络得以及时有效地解决。

(3) 公民参与意愿得以加强

公民与政府的互动过程在一定程度上取决于公民的意愿。政府回应作为政府治理的重要组成部分,本质上仍是政府与公民的互动沟通。因而政府回应以公民对公共服务不满、对公共政策有意见、对公共事件的评论为起点,需要针对这些问题获取政府的回应,希望通过一定的途径予以表达。传统时代的背景下,公民表达渠道不畅通,只是单方面接受政府发布的信息内容。数字时代改变了政府单向式传递信息的方式,公民不再被动地接受政府的宣传和公告。他们摇身一变集信息的生产者、发布者和接受者于一身,掌握了信息的主动权。数字时代使公民摆脱时间、地域的制约,不受国籍、文化的影响,自由地交流、表达自己的利益诉求。

公民表达的权利和表达的意愿是公民积极参与政治生活的基础。数字时代下新媒体的互动性和便捷性极大地加强了公民表达和参与的意愿。较强的互动性使得人们能够方便、快捷地参与到社会公共事务当中,改变了传统时代公众利益表达渠道狭窄的格局,极大地激发了人们参与社会公共事务管理的积极性,数字时代为公众的自我展示与利益表达创造了无限的公共空间。

当然,在数字化社会中,政府回应在与传统社会的对比中有了量与质的进步,但是依然存在着一些问题。

(1) 政府预警机制不完善

政府预警机制不完善,造成政府应急预案缺失,进而导致政府的回应力不足。拥有完善的预警机制才能预防、化解社会矛盾,才能按照群体性事件的征兆发出预警,从而在一定程度上减少不良后果的发生。但是,由于信息通报制度、信息公开制度的不健全,个别政府未能及时做到收集信息,政策往往缺少论据和论证,从而导致出台的政策在决策程序上的偏差,影响到特定社会群体利益,激发矛盾。

(2) 执行主体能力低下

部分政府中的公务人员执行能力低下,执行公务的方式方法不恰当,回应效率低。执行主体能力低下表现在两个方面:一是执行方式拘泥于陈规,不知变通。部分政府工作人员常会在执行政策过程当中滥用行政手段,特别在运用经济手段时,有的政府甚至把它当作创收的来源,经常实施经济制裁,以罚代管,乱罚滥收,严重违反正常工作程序,滋生腐败,政府形象严重受损,也为社会带来了极其恶劣的影响。如在旧城改造、房屋拆迁的过程中,不做深入广泛的宣传,对居民不做耐心的说服教育和思想工作,不给居民合理的补偿或补偿不到位,用简单粗暴的手段强制性地拆迁,自然会导致其与群众的矛盾和冲突激化加剧。二是执行方法较为呆板。一些执行人员由于习惯于用陈旧的方式看问题,在执行有关任务时常常因循守旧,缺乏创新性,也会导致执行效率低下。

(3) 公众环境不佳,政府回应压力有限

社会公众环境是政府行政的基础,也在一定程度上限制了政府行政。政府能否及时高效地针对公众的诉求做出回应,与公众环境有很大的关系。数字信息时代的背景下,互联网媒介具有便捷、互动与开放等特点,公众可以通过网络参政,这使得公众的参政热情有了极大的提升,他们可以通过网络关注政府的动态,也可以通过网络表达自己的诉求。但是,公众参政也存在着盲目、无序等特点,难以形成政府回应的有效压力。

一方面,受我国传统文化的影响,公众的服从意识以及国家意识比较自主参政的意识更为强烈,不利于形成强有力的社会影响,实现政府与公众良性回应互动;另一方面,一些公众参政素养不高,理性表达能力不足,往往激情有余理性不足,更有甚者,遇事往往借助非理性的、"宣泄式"的表达方式或极端形式,比如"直播跳楼"、集群化的网络暴力和舆情"绑架"等过激回应方式。这不但不利于良性回应关系的形成,反而会加剧公众与政府关系的紧张。此外,部分公众的民主意识不强,利益诉求易受自身狭隘利益限制,相关诉求难免有失偏颇,客观增加了政府回应的认可度和难度,不利于政治民主化进程的进步。

4. 政府回应的作用

"主动、有效、负责任的回应"不仅是服务型政府运行的核心要求,而且也满足了服务行政发展的需要,同时回应机制作为服务型政府有效治理的制度有机构成部分,其对公共管理的现实和未来同样具有深远的影响和重要意义。

(1) 促使政府实现自我行为的矫正

政府保持一种积极敏感的回应性,实际上表达了政府倾听民意、重视民意的态度,表达了政府愿意接受社会和民众监督的态度,是政府引入自我矫正精神的体现。在许多情况下,公民之所以对政府提出某些要求,是因为政府有意或无意的过错。在有意过错的情况下,公民的要求起着监督作用,政府回应就是要接受监督,改正过错。在无意过错的情况下,公民的要求起着拾遗补阙的作用,政府回应就是要倾听和接受他们的建议,更好地做好管理和服务。

(2) 利于政策宣传和贯彻

政府回应使得社会普通民众获得与决策高层接触的机会,决策高层也获得绕过下层直接获得社会和民众对某些政策真实想法的机会。国家决策高层往往会以回信、说服解释等方式宣传政策,还会采取相应措施让群众明白国家的政策取向,同时实现社会动员的目的。同时,决策高层会对下级行使责罚和督促,令其将有关政策贯彻落实。同时对决策及时有效回应,能迫使政策执行过程中减少阻力,争取最大限度的支持,从而能降低政策失效的可能性。

(3) 减少社会争议,化解潜在危机

对社会而言,政府回应有利于化解矛盾,保持社会和谐稳定。社会能否和谐,政府与公民的关系最为关键。政府作为公共管理和公共服务者,民众有权对其提出各种要求。如果政府对于民众的要求置若罔闻,漠然视之,必然造成民众对政府的不满。政府决策若失去对民意的敏感性和尊重,也必然失去其合理性,不合理的政策如长期得不到纠正,必然带来严重的社会问题,引发社会矛盾。政府回应不仅要求政府对公民提出的要求作出积极反应,而且还要求政府要有前瞻意识,密切关注社情民意,力争将社会矛盾消灭在萌芽状态。当下很多国家和地区的政府都因突发性事件而导致治理危机,而危机的形成与公众呼声难以上达有密切关系。及时回应民众能通过民众对敏感政治问题的逆向回应产生一个"政治安全阀"。回应过程的缓冲使社会的潜在危机得以缓解,抚平政治争议。

(4)关注利益协调,促进社会公平

多元利益主体之间的相互回应可以使各方利益在治理过程中都能公正平等地反映出来,并得到合理的协调和平衡。在治理过程中,不同利益集团之间的利益往往是相互冲突的,加强多元主体间的相互回应,客观上可以使不同利益集团能在治理过程中有一个较为公开和公平的均衡,使各方利益在社会中得以公正地加以分配。

(5)加大信息传播,实现透明行政

回应的重要功能就是加大治理过程的透明度,以保障公众对治理主体的监控权。促进"政府——公众——媒介"这一行政生态内部之间的联系与沟通,让公众的知情权有所提高,可以使行政运作更加顺畅。

(6)促进社会民主化,增强政府能力

政府对民众要求的积极回应可以形成政府与公民之间的有效互动。长期频繁的互动可以使政府和公民之间保持良好信任关系。对公民而言,这会激发他们的参与意识,锻炼他们行使各项权利的能力,促使他们主动参与到与其有切身利益关系的公共管理过程中。对政府而言,这将有利于政府及其工作人员不断改进工作,能够增强政府的责任意识和自觉接受监督的意识。这些都将有利于促进整个社会的民主化,增强政府执政能力。

此外,政府回应还可以促进社会主义民主建设,有助于我国行政体制改革的深入,促进政府效率提高等。

4.3 参与型数字政府现状与展望

4.3.1 参与型数字政府发展现状

1. 国外现状

传统的政治参与模式由于成本高、效率低、参与渠道有限等缺点,已经无法完全满足人们日益高涨的参政热情与参政需求,如何巩固和扩大公众参与社会管理的渠道,引导公众合理有序地参与到政府议程中来，成为世界各国关注的焦点，建设参与型数字政府也成了各国努力的方向。参与型数字政府是各国政府改革的趋势，各国纷纷结合本国国情推陈出新，力争公众的信任和支持，增强执政的合法性。通常来说，数字化参与经济实力、技术实力，乃至政治形态与综合国力有着密不可分的关系，各国的数字化参与发展水平也并不相同。总体来说，发达国家的数字化参与发展相比发展中国家更为完善。2014年和2016年联合国电子政务调查报告显示，数字化参与排名前50强中，三分之二的国家是高收入国家，无低收入国家入选。如表4-3所示，2016年联合国电子政务调查报告显示英国的数字化参与指数位居全球第一，日本和澳大利亚并列第二。中国、墨西哥、黑山和塞尔维亚在过去两年中从50强挤进了25强。摩洛哥、爱沙尼亚、新加坡和美国都在世界25强的国家中排名很高。50强中的其他国家也包含了中等收入国家组成的更为多元化的群体，其中也包括一些新晋国家，如保加利亚、毛里求斯、越南、乌克兰、阿塞拜疆和乌兹别克斯坦。

表4-3　2016年数字化参与50强国家

排名	国家	排名	国家	排名	国家
1	英国	17	立陶宛	37	巴西
2	日本	17	黑山	37	斯洛文尼亚
2	澳大利亚	17	塞尔维亚	39	乌拉圭
4	大韩民国	22	爱沙尼亚	39	蒙古国
5	荷兰	22	中国	39	爱尔兰
5	新西兰	22	丹麦	39	沙特阿拉伯
7	西班牙	25	马耳他	43	突尼斯
8	新加坡	25	克罗地亚	43	卢森堡
8	意大利	27	哥伦比亚	43	越南
8	加拿大	27	德国	43	保加利亚
8	芬兰	27	挪威	47	马来西亚
12	法国	27	印度	47	乌兹别克斯坦
12	美国	27	瑞典	47	阿塞拜疆
14	奥地利	32	智利	50	葡萄牙
14	墨西哥	32	阿拉伯联合酋长国	50	斯里兰卡
14	波兰	32	巴林	50	摩尔多瓦共和国
17	以色列	32	乌克兰	50	毛里求斯
17	摩洛哥	36	俄罗斯联邦	50	冰岛

资料来源：《2016联合国电子政务调查报告》。

如图4-4所示，从2016年各大洲的排名来看，欧洲43个国家占所有被调查的193

个国家的22%,但欧洲地区有26个国家入选数字化参与50强,占据了排行榜的半壁江山。亚洲(28%)和美洲(13%)则紧随其后。非洲数字化参与相比其他地区稍显落后,非洲共有54个国家参与排名,仅有3个国家入选50强(6%)。此外,欧洲地区的国家也是数字化参与发展最迅速的国家之一。与2014年相比,有五个新的欧洲国家跻身世界50强。进一步来说,南欧一直是推进数字化参与最成功的地区,如克罗地亚、黑山、塞尔维亚和斯洛文尼亚等国家均在数字化参与中取得巨大进步。

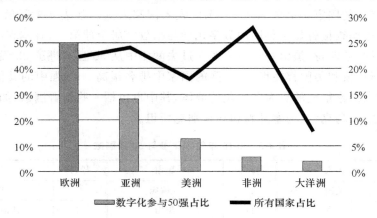

图4-4 各大洲数字化参与水平示意
(资料来源:《2016联合国电子政务调查报告》)

2. 国内现状

中国内地以1998年12月16日中国第一家地方政府门户网站北京"首都之窗"正式建立为标志,中国数字政府建设迅速发展,中国数字化参与亦开始发端。《2016联合国电子政务调查报告》对全球193个国家的电子参与指数进行排名,我国在全世界排名22,挤进前25名,已经处于优秀水平的第一梯队,实现2012年至2016年的连续上升。这说明我国利用数字化渠道进行公众参与建设进展顺利。

在门户网站建设方面,经过十多年的快速发展,目前包括国务院各部委、各省市自治州、县级政府,甚至部分乡镇一级的政府部门都已经建立了自己的政府网站。在官方微博建设方面,中国互联网络信息中心(CNNIC)第41次统计报告显示,截至2017年年底,通过认证的新浪政务微博有13.48万个。全国共31个省、自治区、直辖市已开通政务微博,其中,河南省居全国首位,共开通了1.3万个政务微博。除了政府机构外,社会团体类微博也在公众数字化参与中起到重要作用,如共青团中央的官方微博信息转发量高达689万次,成了公众了解信息、协商互动的重要窗口。除了网站与微博外,政务微信是政府同公众沟通的全新渠道。截至2017年年底,微信上政府主导建设的城市服务项目已达9 930项,政府通过微信平台累计服务用户达4.17亿。基于微信平台成熟的信息技术,政府服务内容涵盖了交通、气象、生活缴费、社保等多个领域,极大拓宽了数字化参与的覆盖范围。此外,我国有 31 个省、自治区、直辖市开通政务头条号(今日头条的政务信息发布平台),账号截止到 2017 年年底共有 7 万余个,最高省份总阅读量已达 18 亿。在一些深度的公众参与领域,我国大中城市也陆续推出政务 App 以满足公众数字化参与的需求。政务 App 这一创新模式表达了各级政府拥抱"互联网+政务服务"的强烈意愿,也让公众数字化参与愈加专业化、便捷化。通过上述新媒体平台,中国政府已为数字化参与初步打造了优秀的政务内容生态平台。

此外,我国各省市参与型数字政府建设进程存在一定的差异。数字政府发展水平较高的城市如上海、北京、广州、深圳等地,政府开放程度较高、经济较发达,民众的数字化参与意识较高,数字化参与也取得了不错的实效。在电子政务发展水平较低的中西部地区,由于数字政府建设推进较为缓慢,公众数字化参与意识也较为薄弱,数字化参与的规模和深度仍有较大进步空间。但总体来说,中国的参与型数字政府建设逐年完善,数字化参与渠道越加多样、数字化参与的领域越加广泛、公众的数字化参与热情也日益高涨。中国是全球最大的互联网市场之一,网络普及率已达 90%。近年来随着人工智能、大数据分析的应用也使得公众参与的数字化显得更加科学与深入。对中国而言,这既是机遇也是挑战。相比西方发达国家广泛的电子议会、电子投票等先进的数字化参与应用范例,中国的参与型数字政府建设仍有继续向高阶发展的空间。结合中国参与型数字建设的具体发展情况来看,中国的数字化公众参与在借鉴的基础上,也不断利用着自身科技、经济、社会发展的后发优势,国内参与型数字政府的建设道路也已步入正轨。

4.3.2 参与型数字政府展望

从目前来看,国内外参与型数字政府的建设成果斐然。但受技术普及、政府与公众参与意识和参与能力的局限的影响,参与型数字政府仍有进一步发展的空间。随着数字政府建设的推进,公众数字化参与也将朝着普及化、规范化与智能化发展。

1. 普及化

由于经济发展水平与技术能力的差异,国内外数字政府存在网络基础设施建设不平衡的问题,数字鸿沟现象也普遍存在。从整个世界范围来看,西方发达国家公众数字化参与建设更加成熟与完善,而非洲地区的国家整体处于落后水平。我国东部沿海地区经济发展迅速,互联网普及率比中部、西部地区高。城镇经济发展好,互联网普及率比农村高。正如维巴和诺曼尼在《美国的参与》一书中所说的:"富裕者相比非富裕者来说拥有更多参与政治活动所需的资本和动力,也比非富裕者更加能够有效地利用参与的机会"。经济与技术上的地区差异使得利用各种数字化渠道参政议政的公众规模和公众属性难以覆盖到全体公众。互联网作为一种方便快捷的方式为人们的政治参与带来了前所未有的机会,而对那些信息技术落后的地区,缺乏计算机技能的人群来说,网络参政就如同海市蜃楼,数字化公众参与地区间及人群间的不平衡也削弱了公众参与的代表性与有效性。

　　随着参与型数字政府建设的推进,政府也应将经济资源与技术资源向弱势地区倾斜,加大弱势地区的财政投入与网络基础设施建设,形成覆盖全国的数字化信息网络,使社会各阶层的公众都有参与政务活动、表达利益诉求的畅通渠道。相信在不久的将来,弱势地区的数字化参与渠道将日益多样与完备,公众的参与热情被激发,数字鸿沟也得以消除,数字化参与将进一步普及化,公民参与的红利也将惠及所有公民。

2. 规范化

　　互联网渠道是公众数字化参与的基础。互联网虚拟性带来一定积极性的效果,同时也会使得民众参与的制度约束力打了折扣。再加上网络话语权的自由度比较高,各种观点鱼龙混杂、泛滥成灾。有些道德素质较低的网民有时会把网络作为发泄个人情绪的工具,发表不负责任的言论,甚至传播谣言,破坏了正常的数字化参与秩序,严重时会威胁到政府的权威,影响正常的社会秩序。因此,各国政府需对数字化参与的流程与方式进行规范,让数字化参与发挥其真正作用。国内外政府也相继出台了相关法律规定。英国法律规定,互联网内容提供商作为信息发布者要对所发布的信息内容负法律责任,互联网接入服务提供商在法律上也应对自己所开展的托管服务相应服务器上的内容负责,做到"有举必究",并必须删除公众举报的非法内容。早在1984年,日本就制定了管理互联网的《电信事业法》。进入21世纪之后,随着互联网技术的发达和网络的普及,日本相继制定了《规范互联网服务商责任法》《规范电子邮件法》等法律法规,有效遏制了网上犯罪和违法、净化了数字化参与的环境。在国内,仅2017年国家互联网信息办公室便出台了3项规章(《互联网域名管理办法》《互联网新闻信息管理规定》《互联网信息内容管理行政执法程序规定》)和7项互联网信息管理规范性文件。同年《中华人民共和国网络安全法》的出台将公众信息保护和网络安全相关配套政策的制定推向高潮。随着相关法律的逐步完善,公众素质与信息辨别力将进一步提升,公众数字化参与也将进一步规范化。

【案例4-12 网络实名制管理条例颁布】

　　2015年2月,网信办发布《互联网用户账号名称管理规定》指出,互联网信息服务提供者应当按照"后台实名、前台自愿"的原则,要求互联网信息服务使用者通过真实身份信息认证后注册账号。

　　2017年5月,中国网信办发布《互联网新闻信息服务管理规定》,要求互联网新闻信息服务提供者为用户提供互联网新闻信息传播平台服务,应当要求用户提供真实身份信息,否则不能得到相关服务。

　　过去网上发言不需要承担任何责任,无理宣泄、人身攻击的低风险让一些人在网上肆无忌惮,稍有不慎便乌烟瘴气,谣言四起。现在有了清晰的身份认证,有了明确的追责机制,每个人都应该对自己的发言负责。互联网时代,发声前多考虑、细思量,有利于形成更加理性的舆论环境，实名制下的民意也更加真实可信，可以大大减少虚假信息的数量，从而提高有关部门的监管效率，提高公众数字化参与的质量与效率。

资料来源：人民网，《三问网络实名制》。

3. 智能化

随着Web2.0的发展，公众随时随地都可以在网上发声，因此数字参与产生了大量的数据。面对如此庞大的数据量，常规软件工具难以在短期内对相关数据进行捕捉、处理和分析。大量的公众数据需要使用新的技术以及新处理模式才能发挥海量和多样信息资产的价值，提高政府决策力、洞察力和流程优化能力。人工智能（AI）技术便是在庞大的数据中发现相关特征，找出问题的关键的核心技术之一。随着AI技术在生物鉴定、语音分析、意图计算、决策分析等领域的运用，大数据与AI也成了推进参与型数字政府建设的重要工具。

从数字化参与的角度来说，大数据与AI能有效地辅助政府部门科学决策。利用高质量的数据信息，AI能通过精确的分析判断，找出问题重点。大数据与人工智能常常被应用在舆情监控中。网络中呈现的一切内容都能够以量化的方式转化为数据，包括网络舆情。在互联网的舆论场里，数据信息是交互的，可以进行实时交换，大量的数据聚合之后通过一定的分析可以得到更明显、更有价值的信息。比如在舆情监控中常见的"关键词设定""流量高峰""身份识别"等，都能转化成具体数据，形成舆论倾向指标，供政府部门参考，辅助决策。利用人工智能技术，政府在拥有大量的数字化参与案例以及海量数据的前提下，通过模拟人脑设计舆情预警、政务决策模型，并进行模拟优化，可生成足以媲美人类思维的数字化参与智能决策模型。

【案例4-13 人工智能感知社会舆情态势】

湖州市公安局自主研发并全国首创了"精确警务制导民意预警预期预判AI系统"（图4-5），实现了三个创新："民意大数据"高度集成化、"民意云平台"精度智能化、"民意移动互联"深度共享化。目前该系统已汇集10余种民意渠道"民意大数据"，打破了互联网与公安网的信息壁垒，入库数据已达100余万条，树立了数据治理时代的政务服务创新风向标。

"精确警务制导民意预警预期预判AI系统"通过对渠道平台的有机整合，有效避免了民意诉求的多头流转，甚至空转的情况发生。各类民意与参与数据标签的格式统一，保证了入库数据的统一性、准确性、可用性。湖州市公安局利用该系统实现了深度挖掘数据价值的可能性，建立了民意诉求层级流转办理、预警分析研判和全警快速预判响应的高效率工作机制。AI系统的应用大大提升了公安机关对社情民意的掌控力和时效性，有效回应了人民群众的切身需求与期盼，切实防止了诸多社会不安定因素的发展扩散。

从上述案例我们可以看出，在数字化参与中，政府部门掌握端口资源，接触到的数

图 4-5 湖州市公安局民意导向警务工作平台

据体量大、数据质量高。如果能够有效利用这部分数据资源,并通过合理的方法和人工智能手段对其加以分析,便能更好更合理地制定相关决策。

资料来源:《中国"互联网+政务"50强优秀实践案例评选研究报告》。

思 考 题

1. 群众如何通过网络渠道参与社会治理,实现政民互动?
2. 政府应如何应对网络舆情?
3. 如何更好地运用人工智能技术来推进参与型数字政府的建设?

第 5 章 开放型数字政府

随着 2009 年美国奥巴马政府发布的《透明与开放的政府备忘录》《开放政府指令》以及全球第一个国家的开放数据门户上线,开放政府开始席卷全球的进程,各国纷纷实施开放政府的战略与行动。随着大数据、云计算、区块链和物联网等信息技术的应用和发展以及各国数字化进程的深入发展,开放政府又被赋予了新的内涵,开放型数字政府成为新的发展趋势。其中,开放数据是开放型数字政府的关键一步,信息安全和隐私保护又是开放数据必须面临的问题。本章主要探讨开放型数字政府的相关概念、数据开放和隐私与信息安全等内容。

5.1 开放型数字政府概述

5.1.1 开放型数字政府内涵

自 20 世纪 80 年代以来,在新公共管理理论的推动下,全球范围内出现了政府改革的浪潮,基本趋势是从传统的公共行政向公共治理转型。"开放政府"是在这场政府再造运动中提出的一种政府价值目标,也是政府治理的一种理想状态。"开放政府"是与"高绩效政府""无缝隙政府"和"有限政府"等从不同角度或侧面,对理想政府雏形提出的设想和要求。开放政府通过信息公开、数据公开、公民参与、社会协作等一系列的制度安排得以体现,改变传统政府的统治形象。虽然开放政府多强调是公开化、透明化的,能够处于民众的监督之下,但其较透明政府、公开政府而言要更高一个层次,具有更为丰富的内涵。综合有关开放型数字政府的研究,开放型数字政府,是数字政府的一种形态,旨在通过信息公开、数据开放、政府和公民互动,以及政府与企业、非营利组织之间的协作,提升政府的治理职能,从而实现公民获得感。

如图 5-1 所示,在这个模型中,信息公开、数据开放、公众参与和社会协作这四个部分共同构成开放型数字政府的理论内核。下面分别介绍这四部分。

(1) 信息公开。开放政府政策主要的目标就是确保政府活动更加透明化。透明这个要素是从政府角度说的,从公民的角度来说,透明就是知情权的实现,作为人权的一个组成部分,知情权一般是通过政府制定的法律、法规、规划、条例、措施、办法和指南来保障的。以我国为例,特别是2005年以来,《关于进一步推行政务公开的意见》《政府信息公开条例》《2015年政府信息公开工作要点》《关于全面推进政务公开工作的意见》和《2018年政务公开工作要点》等政策规章的颁布,政府信息公开作为开放政府的关键举措,其内涵、功能、实施、不足与策略都在实践与研究中备受关注,对开放政府的理解也偏重于从公开与透明政府角度展开,不断提升政务公开的质量和实效,推动转变政府职能、深化简政放权、创新监管方式,促进经济社会持续健康发展,助力建设人民满意的开放型政府。

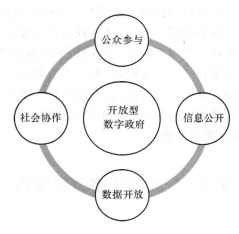

图 5-1 开放型数字政府的概念模型
(资料来源:王本刚,马海群,《开放政府理论分析框架:概念、政策与治理》)

(2)数据开放。数据开放是大数据时代的新课题,数据开放是政府透明的一个必备的前提条件,它是开放政府行动的重要组成部分。对我国而言,当前的数字与社会转型期,继续深化政府信息与政务公开的同时开放数据成为开放政府的另一方面,成为开放政府建设的重要方面,政府通过开放数据提升公信力,推进公众参与数据资源的开发,促进社会协作,从而实现政府升级与经济创新。

(3)公众参与。信息公开与开放数据都不是单向地由政府向公众提供信息或数据,而是双向地鼓励与支持政府与公众的互动,由公众监督、参与甚至成为业务的主要参与者,实现不同利益相关者之间的协作,从而公众参与成为开放政府越来越重要的构件。2015年8月,国务院常务会议通过《关于促进大数据发展的行动纲要》,其中明确了政府开放数据的必要性。各地开始逐步推出相应的政策,将开放数据平台的建设纳入政府工作之中,从而以开放数据激发公众的参与以及社会协作,共同促进经济、政治、医疗、教育、交通等领域的发展,从而完善对社会的治理。

(4)社会协作。社会协作是社会组织参与政务的表现。公众参与强调的是很多公民的参与,而社会协作主要强调诸如企业、非营利性社会组织这样的机构与政府之间的合作。互动、协调与合作是公共治理理论的核心,公众参与更多地强调的是互动和对话,而社会合作更多地强调的是协调和合作。在传统观念里,政府、企业和非营利性社会组织各自的职责是相对分明的。一般情况下,政府的职责是处理公共事务,同时生产和提供公共产品和服务,企业主要是生产和提供私人产品和服务,而非营利性社会组织则提供这二者都不涉及的一些公共事务。但是,随着社会的发展,公共事务变得越来越复杂,使政府的负担越来越重。因此,除了外交和国防等少数核心领域外,大部分公共事务都需要政府与社会之间的相互合作来完成,在西方的公共治理理论中,多中心的合作治理是一种值得借鉴的治理方式。

5.1.2 开放政府的推动原因

实际上,互联网技术的发展与广泛应用,为"开放政府"理念付诸实践提供了重要基础。总体上看,在互联网发展的早期阶段,以信息技术应用为导向的"电子政府"改革,是一个有价值的探索实践。法律规定政府信息应在各个层面公开透明,大部分政务信息能从网上获得。但"电子政府"的改革主要集中在互联网技术应用的便捷性、有效性等方面,较少关注公众的参与性及治理的协作性。

互联网时代的政府拥有着双重角色,既是网络空间的管理者,同时也是网络行为的参与者,既是网络服务的使用者,同时也是网络的公共服务输出者。随着 Web2.0 技术和社交媒体的出现,"电子政府"行政模式的局限性开始显现。公民社会形成的虚拟论坛、虚拟社区,为信息传播提供了更多渠道,一个由数据驱动、政府-公民互动的改革路径应运而生,强调增进前瞻性的开放、透明、公民参与和多元合作,为公众参与政府工作提供了空前可能性,提高了对政府运作的期望程度,政府部门开始将社交媒体工具的应用放在了"开放政府计划"的核心位置上。依据应用目的的不同,学者将社交媒体分为两类:一类是表达型社交媒体,如 Facebook、微博、微信、Twitter、Youtube、Flickr、Foursquare 等,通过文字、图片、视频、音乐等形式与他人分享或表达个人情感和观点;另一类是合作型社交媒体,如维基、Google 文档、百度文库等,为达成共同目标通过互动和社交的形式协同工作。

作为一项革命性技术,信息技术对社会和经济产生的影响不亚于蒸汽机和电力的发明。从线上到线下、从产品到市场、从人到组织、从企业到政府,互联网与信息技术正在不断进入社会核心组织与重要领域,从而影响政府、市民、企业及社会运行秩序。依托于互联网的政府组织,不仅可以通过在线方式为社会各个主体提供更便捷、易用、高效的服务,同时互联网思维与互联网体验将反向优化和提升政府决策流程与决策效率,增强了政府决策的科学化和民主化。下面通过四个方面分析开放型数字政府的推动力量。

1. 从管理职能到治理智能的政府转型

信息时代的政府职能转型,首先是治理方式的转型,利用互联网技术与互联网思维推动政务服务改革和创新;其次是治理模式的转型,从单一的线下管理走向线上线下结合的综合治理;最后是实现国家治理能力的提升,走向精准化、智能化和高效化的新阶段。必须通过互联网思维和互联网技术手段,更好地把握社会与市场需求,解决公共服务的触发率,真正体现开放型政府治理水平。

简政放权是当前推动我国政府职能转型的重要途径和有效方法,通过简化审批流程、推进权力下放,将束缚于市场主体的"无形枷锁"进行精简,更大程度地激活市场经济活力与公众的积极性和创造性。通过释放改革红利带来更大限度的释放数字红利,调动整个社会公众的参与感,激发民间智慧,并让公众的意愿表达变得更为直接、便捷和广泛,创造出公众积极参与公共决策的良好环境。

2. 从消费互联网到产业互联网的战略升级

过去20多年里,中国互联网发展成就基本集中在消费互联网领域,围绕人们在衣食住行方面比较基础的需求,中国经历了门户时代、搜索时代和电商时代。根据马斯洛需求层次理论,衣食住行方面的需求是最基础的生理需求。从过去几年的相关统计数据来看,中国互联网网民与用户数的增长速率正在逐步放缓,用户和用户活跃度进一步提高的空间有限,消费互联网的人口红利和流量红利优势在逐渐消失,而这恰逢传统产业转型升级需求的窗口期,产业互联网的商业空间悄然洞开,一方面,人们的消费需求升级,从量到质,人们更加注重消费品质;另一方面,互联网对社会的改造重心,开始由以人的需求为主体转向以社会需求为主体,逐步下沉到企业中。消费互联网与产业互联网对比如图5-2所示。

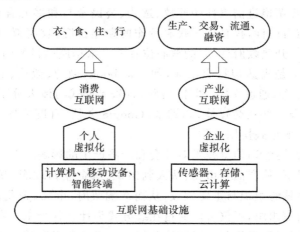

图 5-2 消费互联网与产业互联网对比
(资料来源:国脉研究院网站)

在消费互联网到产业互联网的战略升级过程中,政府应该如何理解自身的责任、使命和价值呢?消费互联网时代,政府机构是独立的第三方监管者角色,对线上娱乐、资讯、应用等进行监管,互联网的影响侧重于对网络社会的影响,传统行业与互联网行业还处在界限清晰的分离状态。产业互联网加速了社会网络化的进程,政府在产业互联网时代已无法作为监管者独立于平台经济生态之外,政府不仅是政策制定者,还是产业推动者和公共服务提供者。产业互联网的发展推动企业主体的发展形态转变,势必反向倒逼政府服务模式与管理手段的改革与创新。

3. 网络消费习惯与需求转变

根据中国互联网络信息中心(CNNIC)发布的第 41 次《中国互联网络发展状况统计报告》显示,截至 2017 年 12 月,我国网民中 10~39 岁群体占整体网民的 73.0%。10~39 岁年龄段为主要群体,其中 20~29 岁年龄段的网民占比最高,达 30.0%,此阶段的网民大多是 80 后和 90 后,80 后和 90 后是随着互联网发展的一代,他们更注意表达,更注重生活品质;10~19 岁、30~39 岁群体占比分别为 19.6%、23.5%,与 2016 年年底基本持平。

当政府服务模式发生变化,互联网的文化生态和用户构成也随之发生重大变化。新生态网民是数字政府必须去关注和重视的用户群体,他们是或即将是政府在线服务的核心用户,他们的表达方式、互动方式、对情感体验的需求以及网络行为的驱动力,很可能对数字政府的发展产生深远的影响。

5.1.3 开放型数字政府的意义

开放型数字政府是随着时代的发展而不断变化和发展的一个概念,是建立在开放政府数据基础之上,适应全球化、民主化和信息化的时代要求,面对公共事务日益复杂化和治理环境日益复杂、不确定的状态,出现的新的政府治理典范。与传统的政府治理典范不同,这种新的治理典范的基本特质如下:

(1)公民性。开放型数字政府以公民为本,政府本身不是目的,而是服务的工具。政府存在的唯一正当理由在于保障和提升公民的人性尊严;政府的职责在于确保公民的政治、经济与社会权利的实现,坚持以人为本,满足公民的基本需求,特别是贫困人群和弱势群体的基本需求,提供基本的公共服务,从而使公民过着更加体面、有尊严的生活。

(2)公开性。公民能够并且必须了解相关政府运作的信息,特别是与自身利益有重大相关的政策制定以及政策执行的信息;政府的公职应该是开放的和竞争性的,公民能更便捷、快捷地得到相关信息;政府的行为应受到公民和社会公开的审查和监督,充分发挥公民的监督职责;政府施政的结果需受到公民和社会的评估,分析政策实施的结果,提高政府执行力和公信力。

(3)分享性。在公共事务治理的过程中,政府并非唯一的主体,治理的过程也并非是完全垄断的和排他的;政府权力的行使并非完全是自上而下的、单向度的、威权的;公民和社会也并非政府命令的被动接受者。政府治理是政府、企业、社会、公民之间有效的互动过程。这意味着政治权力、经济权力和社会权力的共享,同时也意味着责任的共担、风险的共受和发展成果的共享。

（4）协作性。开放政府承认并且强调政府和社会对于共同生活进行合作管理的重要性。政府与社会之间不是对立的关系,而是合作伙伴的关系。治理机制依靠的不是排他的权威,而是合作网络的权威。公共利益最大化的社会管理的实现依靠的是多元的、相互协作的网络,只有政府和社会相互协作,才能更好地发挥资源的最大价值。

（5）创新性。开放政府的活力来自其不断的创新精神和创新性。开放政府反对任何教条的理论或者一成不变的思维方式,它鼓励不断发展和完善新的观念。这就意味着开放政府承认并鼓励人们享有法律范围内最大限度的自由;通过自由获取创新,通过自由释放出无穷无尽的创新力和创造力。不断摸索和创造更有利于人们和政府和谐发展、有利于社会发展的模式。

5.2 开放政府数据

挖掘和利用数字资产的价值,不但要促进各部门数据的融合和共享,以实现数据资产的内部利用,更重要的是要促进数据资产的对外开放,以实现数据资产的市场化利用。从应用角度来看,实现数据资产的开发利用,重点在于优化业务能力、提高决策水平,而实现数据资产的市场化利用则是面向公众需求、建立商业模式、创造经济价值,让百姓的生产和生活更加有效和便利。推动数据资源,尤其是政府数据资源的开放共享是我国实施国家大数据战略的核心内容。习近平总书记指出:推动实施国家大数据战略,加快完善数字基础设施,推进数据资源整合和开放共享,保障数据安全,加快建设数字中国,更好地服务我国经济社会发展和人民生活改善。

涂子沛在《大数据》一书中指出:大数据不仅仅是信息科技领域的革命,更是在全球范围内启动透明政府、加速企业创新、引领社会变革的国之重器。政府公权力所及之处,必然涉及对个人信息的采集、处理、储存和利用,并成为最大的数据保有者与使用者,占整个社会生产生活数据的 80% 以上。因此,全球各国政府纷纷致力于政府数据开放,以期挖掘这一 21 世纪的"新石油"。

5.2.1 开放政府数据的作用

近些年,随着信息技术的应用和国家数字化进程的不断推进,各企业部门和政府相关部门积累了大量的数据,这些数据往往与公众的生产和生活息息相关,是具有"高价值密度"的大数据。因此,集成、融合大数据,对实现政府科学决策、城市有效治理和服务城市民生具有重要的现实意义。对于政府事务的参与者三要素——公民、企业和政府——来说,政府数据开放有不同的意义,下面进行意义论述。

1. 政府数据开放对公民的作用

第一,缩小信息鸿沟。开放政府数据可以使更多的公民更方便、更及时地接触到政府信息,尤其是对信息不发达地区,他们可以有更多的渠道了解并参与公共政策的制定,并享受相应的权利。

第二,政务数据获取的便利性为公民有效参与公共事务提供了工具手段,因为公民在协商过程中更加知情,便能更好地表达观点。

第三,通过开放政务数据打通获得司法信息的渠道。获取司法信息渠道的打通有助于提升司法制度的透明度和公民对其国家法律制度的信任感,也有助于公民了解司法政策、监督司法执行和有效参与司法过程。但是,对司法信息和司法记录的公开常常被忽视。在针对行政部门的政务数据开放倡议繁多,而政府立法机关的开放倡议也逐渐增加的情况下,司法方面的相关动作却少之又少。这在某种程度上可能和司法职能的本质有关。

一些国家已经开始遵循开放政府的原则建立公众对司法程序的信任。法庭利用社交媒体鼓励公众参与、增加合作互动。例如美国,按照国家州法院中心描述,其州、领地和联邦地区共34个行政区联起手来,利用新媒体的某种形式打造信息分享平台,30个州开始使用推特。而根据法院公众信息官员办公室2012年做出的调查显示,受访的法官中有46.1%称自己使用社交媒体类的档案网站。

2. 政府数据开放对企业的作用

第一,企业可以通过政府公开数据来改善他们的产品和服务。有了更多的数据支撑,企业可以通过相应的数据分析来提供更优质、更有针对性的产品和服务。

开放政府数据可用于改进企业已持有的数据。例如,为客户提供运输服务的企业可以结合自己的数据与从公共交通网络获取的数据为客户量身定制行程;医疗保健供应商可以使用公营医疗服务、人口统计数据和社会剥夺数据,与自己的数据相结合,更精确地配置他们的服务以满足客户需要;零售商可以使用公开交通数据、人口统计和财富数据,以确定新的店铺位置或广告位置;保险公司可以使用死亡、犯罪、交通、气象和环境数据,开发出更好的机遇位置的风险模型,以便根据客户的住所向他们收取适当的保护费。

第二,开放数据促使企业构思新的商业模式,获得更高质量的见解,开发新的利益相关者参与途径,最终使开放数据发挥出经济和社会效益。

企业可以利用开放数据提供新的数据为主导的服务,以一种有吸引力和易于使用的方式对数据打包并提交给客户。这些创新可以复制到任何规模的企业,同时也提供投资及收购机会,可以帮助更多传统企业改变自己的品牌和市场定位。

3. 政府数据开放对政府的作用

第一,通过在纵向各层级和横向各部门之间加强数据分享,数据开放有助于政策的一体化建设与部门间的协调运作。开放数据与整体政府式的服务(WoG)提供模式相结合,有利于提高政府在复杂多维度的发展挑战面前的回应性。

例如,社会治安曾一度是华盛顿政府最为棘手的问题,每年要投入大笔的财政经费在警务人员和武警装备上。而随着详尽犯罪记录数据的开放,不仅开发出了提示公众避免进入犯罪高发区域和提高警惕的手机应用,从而降低犯罪发生的概率,而且还能将犯罪记录信息和动态交通数据结合起来,起到指导调配警力的作用。这些在原来警察局和交通部门各自垄断数据的情况下是不可想象的。

第二,在各个部门规划、制定决策、设计和提供服务的过程中,开放政府数据能够加强这些部门之间的合作,从而创造更大的公共价值。不同政府部门和服务项目的数据可以作为衡量服务质量的基准,从而评估公共部门的绩效表现。公众对国家在可持续发展实现过程中的重点、政策、行动计划以及支出状况方面的知情都能监督政府机构兑现承诺。"不让任何一个人掉队"的项目能够追查可持续发展目标是否对社会的最弱势群体产生了影响。这就使得分类数据变得至关重要。事实上,信息通过对人们的赋权向政府部门施压,激励政府部门遵守承诺,做出更理智的决策,有效利用资源并减少浪费。因此,开放数据能够监督可持续发展目标的实施进程。

第三,通过网络开放数据便于公众针对任意目的进行再利用、再开发,产生新服务、激发创新性、提供经济新机遇。2030年可持续发展议程对我们所有人来说都是一个新理念,在没有前车之鉴的情况下,各国需要找到符合本国国情的解决方案,政策创新、制度创新和实践创新都将是各国进行发展建设的关键路径。

第四,开放政府数据有利于人民监督,有效地减少政府腐败。腐败转移了本可以投入到满足弱势群体需求中的重要资源,而对抗腐败的关键途径就是提升透明度和增加财政问责。另外,提升透明度还将帮助发展中国家的民众获取提高自身生活水平的信息。例如,农民在获取了合理定价的信息后,就能大胆投资,为未来做打算。如果民众能够查询税收流向以及是否被用来提供惠及所有人的高质量服务,他们就会更加信任自己的政府。财政预算可问责的重要支柱为预算的透明度、公众参与度和监督性。根据2015年公开预算调查显示,公众需要知晓预算信息,并有机会参与到预算过程中去,这将有助于提升人们对公共支出的信任度。一系列证据都表明类似的财政制衡在人们,特别是贫穷弱势群体中产生了更好的效果。

【案例5-1 畅通无阻:大数据式治堵】

根据一份对包括北京、纽约和伦敦等在内的12个大城市交通情况的调查,按乘车族对拥堵的烦恼制定"痛苦指数",最高为100,北京为99,约翰内斯堡为98,莫斯科和新德里分别为82和78,由此可见,拥堵问题已成为影响全球居民生活质量的罪魁祸首之一。

让交通畅通无阻,降低广大乘车族的"痛苦指数",增强城市居民幸福感成为公共交通管理者努力改善拥堵现状的根本动力。交通管理改善涉及工程量大,治堵成本高,而通过政府公开交通数据,并运用大数据的大体积特性有助于解决这种困境。引入大数据信息化手段后,所有车辆的行驶情况都能通过某种技术手段进行数据汇总和分享,这种高效配置能增加车辆的有效路段里程,进而提高交通运输效率,大大降低治堵的成本。通过建立交通数据智能管理系统,使驾驶员获得实时路况信息,避开拥堵,也便于管理者及时发现异常路况和交通事故。

  英国公路局通过数据观察发现,利用驶入匝道调节车流技术能适当调整入口处及主行车的车流量;不停地更新电子信息标志,通知司机有关路况及事故并允许他们在高峰期利用路肩增加车流量,能够大幅提升道路的通行能力,降低交通拥堵发生的概率。但是这些措施都依赖于管理者能够快速地对前方交通状况的数据进行监控分析,并实时判断未来5分钟后或者30分钟后的道路状况。2012年,IBM与法国里昂市合作开发了一款智能系统,名为"决策支持系统优化器",基于实时交通报告侦测和预测拥堵。当交管人员发现某地即将发生交通拥堵,这套决策系统便可以智能地调整信号灯使车辆以最高效率通行,真正让道路交通畅通无阻。

  此外,美国交通安全管理局从1966年开始建立的交通事故死亡分析报告系统也已经演变为一个在线分析系统,任何人都可以上网查询事故的原因及其分析,在网上查询和获取交通状况,实时更新预警,避开危险路段。

  资料来源:唐鹏,孟昭莉,《互联网＋政务-从施政工具到治理赋能》。

5.2.2 开放政府数据的过程

1. 开放政府数据过程

  开放政府数据过程意味着开放政府数据不只是静态的,而是作为一个时刻进行的过程。数据发布、发现、使用、反馈、重新使用和讨论的过程被称为开放政府数据过程。开放政府数据过程,另一个原因是新的应用程序和开放政府数据的使用可能会导致人们在这方面有新的见解,也促使产生一些新的使用开放政府数据的方法,更大限度地开发数据价值。在开放政府数据的过程中,政府部门公开的数据可以供公民、企业、研究人员、公务员和其他有需求的人员使用。从宏观上看,开放政府数据过程可以分为以下五个基本步骤,如图5-3所示。

  (1) 创造数据。政府组织生产、收集和整合的过程中能够产生大量的数据,这些数据的生产是建立在公共资金支持基础上的。

  (2) 开放数据。政府部门决定是否开放,即发布政府部门的数据以及发布哪些数据。

  (3) 寻找开放数据。人们可以在政府网站上或者国家门户和一些其他平台中找到开放数据。欧盟委员会认为,开放政府数据就应该意识到会在互联网上存在各种各样的非隐私数据。

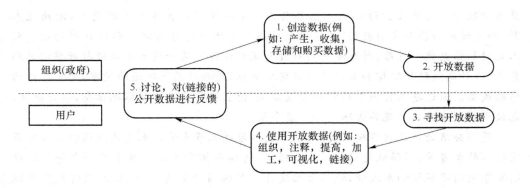

图 5-3 开放政府数据过程
（资料来源：杨孟辉，《开放政府数据》）

（4）使用开放数据。公开的政府数据会被认为是开放数据。开放政府数据会被潜在的开放数据用户发现，人人可以使用、重新使用和发布，没有专利和其他机构的控制。

（5）讨论。重新使用开放政府数据可能与其他数据链接，找出关系型数据，更深层次地挖掘数据，更大程度地发挥数据价值。

开放政府数据是一个持续的动态过程，需要不断地维护和协同更新，并在这个过程中更大程度地发挥数据的价值。

2. 开放数据范围

政府可以从技术、法律、隐私安全等层面有选择、有计划地开放相应的数据。除涉及隐私和国家安全的数据外，八国集团开放数据宪章明确了 14 个重点开放数据领域，有些数据在支持公民参与、政府透明度和问责制等方面具有积极意义；有些数据蕴藏着巨大的社会效益和经济效益。如表 5-1 所示，14 个重点开放数据领域分为三个数据集簇，分别是创新数据集簇、社会政策数据集簇和问责数据集簇。表 5-1 列出了这些数据如何代表了一系列不同的潜在用途的数据，这些数据正好也是八国集团开放数据宪章中列出的 14 个优先开放的高附加值的领域。重点研究这些数据，既为改善民生，同时也为再利用数据来鼓励创新，更大程度地发挥数据的价值。

表 5-1 14 个重点开放数据领域

创新数据集簇	社会政策数据集簇	问责数据集簇
定义：数据在开放政府数据应用中被企业使用，或对企业有显著的业务应用价值	定义：数据对规划、服务提供和评论社会政策，以及支持更大的包容和授权有好处	定义：持有政府和企业的问责数据的数据中心

续表

创新数据集簇	社会政策数据集簇	问责数据集簇
• 地图数据 • 公共交通时刻表数据 • 犯罪统计数据 • 国际贸易数据	• 卫生部门绩效数据 • 主要的或辅助的教育性能数据 • 国家环境统计数据 • 详细的普查数据 • 土地所有权数据	• 立法数据 • 全国选举结果数据 • 详细的政府财政预算数据 • 详细的政府话费数据 • 公司注册数据

资料来源：杨孟辉，《开放政府数据》。

5.2.3 开放政府数据的障碍

数据开放的每一个阶段都会遇到不同的障碍和挑战，这些障碍通常来自四个层面：制度层面、政策层面、参与层面和技术层面。

(1) 制度层面的障碍

在公共问责制为主导的文化背景下，制度层面的障碍部分源于风险规避的文化。政府机构拥有繁杂体系，效率低下，体制内官员倾向于规避风险。在众多的数据中，只有相对安全的数据才会被宣传、开放。而对于哪些数据应该允许被宣传，以及用户期待从开放数据中获得什么，缺乏系统的分析。对于开放数据存在很大争议。

国际开放数据社区已经建立了一套开放政府数据的原则，这些原则提供一些实践的建议和指导世界各国政府如何在互联网上发布政府数据。但是，如何理解开放数据最低标准和代表着从不开放到全部开放的分级或连续体的这些原则，是比较重要的。各国根据本国的实际情况选择开放数据的计划和范围。

为了满足开放数据的最低标准，数据必须：
- 在网络可获取；
- 以机器可处理的格式；
- 开放许可，允许再利用（包括商业再利用）；
- 免费而且再利用没有任何限制。

除了接受这些原则，政府还需要促进政府透明度和问责制，支持公民参与，创造一个有利的法律和政策框架。因此，政府需要政策的指引和建议来实现这些最佳实践，从而实现数据开放的顺利实施。

(2) 政策层面的障碍

开放数据过程中的大部分障碍来自实际的开放数据的使用。开放数据政策很少把注意力放在用户角度上，而用户才是开放数据的主要利用者。因为政策的制定和实施有一定的滞后性，所以不能及时满足需求。

开放数据过程中政策层面的障碍可以通过制定和实施良好的开放数据政策来解

决。为确保开放政府的可持续性,政府内部的各个专业学科应相互合作,以定义和开发开放政府数据的解决方案。这需要检查现行的政策,确定在开放政府数据和使用新技术上存在的障碍,以及提出相应的修改意见,注意指南和修改的政策应及时发布。

(3) 参与层面的障碍

公民参与的过程是公民获取政府信息并与政府互动的过程,其中也包括公共服务的提供与交付。公民对于政府所持有的信息的需求正在不断增长,因此他们可以积极地参与到政府事务中。同时,政府和公共部门通过信息技术,尤其是社交媒体提供的新的沟通渠道正在越来越多地尝试公民参与和新的协商过程。

开放政府数据在公民参与层面的障碍主要有:开放政府数据资源及其目标的推广和宣传不到位,缺乏利益相关人员的参与,没有数据需求和数据的实际使用,反馈循环缺失或缺乏,缺乏市民参与等。

为了促进公民的参与,政府可以制定一个鼓励公民参与的计划。公民参与计划将包括针对能力建设、媒体和数据读写训练相关的措施,以及在解决制定和政策实施时如何达到和包含边缘群体的全面战略。这样做主要希望公民能参与到开放政府数据之中。

(4) 技术层面的障碍

技术层面上,陈旧落后的 IT 基础设施使新技术无法在落后的旧设备上实施,更新成本大。缺乏数字数据或数据本身,数据的质量和互操作性差等都是影响开放政府数据的障碍,主要集中在数据方位、数据使用、数据存储和结合等方面。

为了适应技术发展及社会发展的需要,政府需要加大技术更新和技术社会更新的投入。工欲善其事,必先利其器。只有先进的技术和技术设备,才能有效地推进政府政策执行,且更有效地开放政府数据。

5.2.4　国内外开放数据比较和借鉴

1. 国外开放政府数据的实践

2009 年 5 月,美国正式开放公共数据统一门户网站 Data.gov。该网站成为全球第一个国家政府层面的数据门户网站,其开放的数据资源主要有原始数据、工具目录和地理数据目录等三大类型。该网站开放后逐步丰富不同主题数据集,完善网站功能,目前已经具有数据分级评定、用户交流、网站互动以及数据应用产品等功能,是集数据发布、交流和应用于一身的综合平台。截至 2018 年 4 月底,该网站上已提供了 160 000 多个数据集、260 多个企业和个人开发的应用程序。"开放政府"改革的主要成就如表 5-2 所示。

表 5-2　"开放政府"改革的主要成就

将政府数据以任何人都可以访问的形式在网上公开
决策过程公开、创办试点项目促进社会参与
联邦拨款在线公开且向社会提供搜索
法案签订前 5 天可让社会提供意见
要求政府官员定期召开网上座谈
利用博客、维基、SNS 等技术促进多元主体的沟通交流
任命联邦政府首任 CTO,加强信息建设顶层设计
推进先进信息技术的应用
制定信息化政策,加强信息化服务
部署先进的信息化基础设施
培养学生的信息化技能

资料来源:骆毅,王国华,《"开放政府"理论与实践对中国的启示——基于社会协同治理机制创新的研究视角》。

继美国之后,英国、加拿大、新加坡、澳大利亚、德国、印度、法国、意大利等 20 多个国家相继建设了各自国家层面的开放政府数据门户网站,并发布了有关数据公开的指导政策。此外,联合国、经济合作与发展组织(简称经合组织)、世界银行、阳光基金会等国际性组织和机构也纷纷建立了各自的数据门户网站。2011 年 9 月 20 日,巴西、印度尼西亚、墨西哥、挪威、菲律宾、南非、英国、美国等 8 个国家联合签署《开放数据声明》,成立开放政府合作伙伴组织。截至 2015 年 2 月,全球已有 65 个国家加入开放政府合作伙伴组织。

国外开放政府数据门户网站的主要经验和可借鉴之处有:第一,保证开放数据的价值性和有效性,注重切实落实政府公开透明度和获取数据的便捷性,并激发公众利用公共数据的热情,从而发挥开放数据的价值;第二,不断增加完善数据管理的功能,如数据分类、数据发布和集成,以及数据评估、可视化管理等,从技术上保障数据的有效性,降低数据使用的门槛,使人们更加便利地使用数据;第三,提升"共创更高价值"的数据应用,引导并激发公众与社会组织提供基于数据应用的关联服务,同时供大众使用,例如,美国鼓励公众利用公共数据开发 App 应用,组织政府和公众、社会机构有关数据需求的见面会,对有需要但没有公开的数据进行当场交流和申请;第四,与网站同步,及时更新数据,不断完善开放数据的制度规范与要求,例如,美国、英国、澳大利亚等国家在网站中明确强调隐私保护政策(Private Policy),英国发布《数据公开白皮书》,充分利用第三方力量监督数据应用、管理网站。

从对全球十几个国家或地区公共数据开放网站的分析来看,数据公开网站建设模式集中表现为以下 4 种模式:①新建统一数据门户网站。如美国、英国、加拿大、新加坡等建立政府数据新门户。②依托原有数据开放网站。如爱尔兰在加入公共数据开放联盟后并没有新建公共数据门户网站，而是依托其已有的中央统计局在线网站（http://www.statcentral.ie），进一步增强数据服务功能。③集中开放某一领域。区别于多个领域数据同时开放，德国依托德国环境信息统一门户（http://www.portalu.de）集中开放环境信息。④在政府网站上新增数据开放栏目。中国香港公共数据开放依托于香港特区政府一站通（http://www.gov.hk），在其中增设Data.one栏目。根据各国（地区）的经验，政府数据的开放程度、开放水平等应该考虑综合经济实力、信息化技术发展水平、民主开放程度等基本情势，避免全盘照搬其他国家（地区）开放数据模式。

2. 我国开放政府数据的实践

"十二五"期间，我国信息通信技术产业发展快速壮大，政务信息化水平不断提升，公众对政府数据开放的需求也越来越高。2015年8月，李克强总理主持召开国务院常务会议，审议通过了《关于促进大数据发展的行动纲要》（简称《行动纲要》）。同年9月，国务院发布了《关于印发促进大数据发展行动纲要的通知》（国发〔2015〕50号）。《行动纲要》中指出，以加快建设数据强国，释放数据红利、制度红利和创新红利为中心，到2017年年底前明确中央政府各部门数据共享的范围边界及使用方式，基本形成跨部门数据资源共建、共享、共用格局；在2018年年底前，中央政府层面构建形成统一的政府数据服务平台；在2020年年底前，在就业、社保、交通、地理、海洋、信用信息等民生保障重要领域实现公共数据资源向社会开放。通过政务数据公开共享，引领企业、行业协会、科研机构等积极主动收集利用数据并继续开放自身数据。

2000年左右，中国大多数政府部门信息公开的主要方式是以数据的物理保管为主，通过正式或非正式的数据流，由政府部门自己提供增值服务，这在当时被称为"门户技术"，属于传统政府信息公开的范畴。国务院办公厅于2004年颁布的《关于加强信息资源开发利用工作的若干意见》中明确指出：信息资源作为重要的生产要素，与能源等传统资源同等重要。要加大政务信息资源的开发利用；加快实施以网络基础设施、信息社区、电子政务平台为主体的信息化建设。自美国政府数据门户网站上线以后，多国的实践证明，大数据的根本红利最终只能来源于"开放数据"。中国政府也开始逐步融入新一代信息通信技术环境下"开放政府数据"的热潮中，由传统的信息公开到数据开放，进一步提升了政府开放程度。

自2012年6月以来，上海市在公安、工商、商务等9家单位开展政府数据资源开放试点工作，到2013年年底形成了一套政府数据资源目录编制规范，国内首个数据门户"上海市政府数据服务网"（datashanghai.gov.cn）试行上线，公开了一批社会迫切需要的政府数据资源，向社会提供政府信息资源和公共社会资源的浏览、查询、下载等基本数据服务，同时汇聚发布基于政府信息资源开发的应用程序等增值服务。该数据服务网上线一年中（截至2014年8月20日）累计已经有53万人次的访问量。与此同时，出台了《关于推进政府信息资源向社会开放利用工作的实施意见》，2014年5月上海市政府召开会议要求所有政府部门年内通过政府数据服务网向公众提供数据浏览、查询和下载等服务,并且未来不排除对相关部门数据进行整合、叠加。

在北京,由北京市经信委牵头建设,北京市政府数据资源网(bjdata.gov.cn)2013年年底正式开通。北京市各政务部门共同参与,一期有29个部门公布了400余个数据包,涵盖旅游、教育、交通、医疗等多个门类。土地用途分区、旅行社、机场班车线路、星级饭店、高校信息等成为非常热门的下载资源。面向企业及个人征集App应用程序,举办利用政务数据资源网应用创意大赛,为政府信息资源的社会化开发利用提供数据支撑。

除了单独建设开放政府数据门户模式之外,还有地区和部门利用原有的政府门户网站向社会开放数据,同样为推动政府数据的开发利用进行了积极探索。总体来看,中国开放政府数据才刚刚开始,未来还有很长一段路要走。

3. 我国政府数据开放存在的问题

通过我国政府数据开放平台的现状与美国的Data.gov进行对比分析,提出我国开放政府实践存在4个方面问题。通过分析这些方面的问题,找到相应的解决之道,优化我国开放政府数据的进程。

第一,数据量较少,时效性差。

截至2018年5月5日,美国共公布167 619个数据集。我国公布数据集相对较少,且在已开放数据中,数据内容与社会公众的实际需求仍有很大差距,无法满足社会经济与创新领域的需求。因此,在数据的实用性和完整性(即除了涉及隐私、安全和特别限制的数据以外,保证所有公共数据都是可获得的)方面,我国还有很大提升空间。

此外,Data.gov上提供丰富的数据格式,如csv、json、xml、xls、wms、kml/kmz等,其中包括可机读格式(如xls)和开放格式(如csv),并且同一个数据集有多种格式选择。而我国提供给用户的格式种类单一,用户可选范围小,并未做到所有数据均提供可机读和开放格式,给用户对数据的增值利用增加了难度。

第二,分类体系不够科学和完善。

关于数据分类,美国按主题(Topics)、主题类别(Topic Categories)、数据类型(Dataset Type)、标签(Tags)、格式(Formats)、组织类型(Organization Type)、组织机构(Organization)和发布者(Publisher)等8个方面对数据进行组织分类,大大方便了用户对数据的查找。国内各个网站的数据分类方式单一,分类方法不够科学,分类体系不够完善。用户在对数据了解不全面,或数据需求不明确的情况下,难以快速有效地定位到所需数据,从而造成数据利用率低,难以发挥数据的价值。

另外,在数据检索方面,Data.gov提供分类导航和关键词检索两种方式。完善的分类体系为分类导航功能奠定了良好的基础。关键词检索时,搜索框支持空白搜索,并提供自动匹配和提示功能。虽然国内多数网站也提供这两种数据检索方式,但分类体系和搜索功能的不完善给用户的检索带来了不便。因此,国内网站需要在数据检索方面优化和创新。

第三，创新性有待提高。

Data.gov上允许用户提交自己开发的应用，并为开发者提供API接口。另外，美国民间公益组织阳光基金会曾举办公共数据开发大赛，鼓励社会参与数据的创新应用。良好的创新环境使得目前Data.gov上提供的645个应用中很大一部分来自社会公众的开发创新。

中国各平台在应用的数量上与美国有很大差距。而在鼓励社会公众参与方面，北京和上海也曾举办相关竞赛，有一定成效但并未得到广泛关注和重视，而且公民参与的热情度走低。多数网站支持App应用的提交，但只有少数开放了API接口，没有为社会公众提供良好的创新环境。总的来说，国内在数据的应用创新方面已有一定作为，但仍需改进创新环境，鼓励并提高社会各界的参与度。

第四，数据描述不够系统。

Data.gov网站的元数据体系较为完善，页面包含资源类型、数据格式、唯一标识符、机构名称、升级频率、数据字典、关键字、公共访问级别、使用者排序、分析单元、地理有效范围、与技术文件的链接、与源网站其他内容的链接等丰富的描述信息。而我国多数网站的元数据不够完善，只是对部分信息进行简单罗列，缺少关键信息，不利于用户对数据的了解和使用。

此外，Data.gov上的数据免费向所有人开放，无须注册登录。而国内多数网站要求用户事先进行注册，且注册过程烦琐，需要用户的真实信息，一定程度上削弱了对信息外泄较敏感用户使用数据的积极性。或更新数据的周期在一周以内。其余各地的大量数据虽清晰地标明了更新频率但均未真正兑现承诺。希望国内网站在确保信息安全性的同时，简化数据使用的流程。

5.3 隐私与信息安全问题

数据开放给国家、企业和民众带来了诸多好处，同时也带来了隐私和信息安全的挑战。在联合国2012年5月发布的《大数据发展：挑战和机遇》报告中指出：大数据时代面临的一大挑战就是"隐私"，没有隐私，我们诸如安全、多样化、创造性、自由等都处于危险中。由此可见，隐私和信息安全问题是信息时代面临的严峻课题。

5.3.1 隐私权的内涵

从传统意义上来说，公民隐私权主要是抵御新闻传媒、公众评论及人们的窥视欲对私人生活的肆意干涉，也就是说要满足个人自由且有尊严地生存及生活的需求，就必须认可对个人私生活秘密和私生活安宁的法律保护。

社会和文明的进步带来了生活的多面性与复杂性，这导致了某种程度上个人空间的必要性，而人类在文化的微妙影响下，对个人信息变得更加敏感，因此独处和隐私对个人来说更加重要。对隐私权的保护，也以消极的隐私权不被侵害为出发点，即"保护个人独处的权利"或者说是"私生活不受干扰的权利"。然而，随着信息网络的发展以及大数据技术的使用，随之而来的信息爆炸式增长，使得隐私权的保护变得愈加复杂。

不同于传统隐私权的隐私保护的需求，信息时代下政府开放数据，公众对其个人信息的保护诉求更为强烈，因为此时个人信息保护与利用所涉利益内容更加多元化。一方面，政府作为信息的利用者，将个人信息保护与利用的利益衡量放置于整体社会环境中进行，个人信息保护与利用的社会性使得其不同于传统隐私权保护中个体层面的利益衡量。国家除了传统隐私权保护时期中立的裁判者身份外，为完成公共管理和公共服务职能，政府大量参与个人信息的收集、处理与利用过程，国家同时具有了管理者和不同于传统隐私权从个体出发为个体提供单一维度的权利保护的双重身份，个人信息需要从保护和利用两个角度加以考量。另一方面，在个人信息利用语境下考量个人信息的保护问题时，传统隐私权保护中的利益冲突仍然存在，个人的隐私利益仍然是个人信息保护利益衡量的重要内容。在信息化背景下，政府作为新的利益主体可能在利用个人信息时造成对信息主体的隐私权侵犯。

5.3.2 新形势下隐私权的具体内容

由于《政府信息公开条例》的内容涉及个人隐私的政府信息为公开的例外情形，但是如何界定个人隐私的范围是法律实践过程中的一个难点问题。在大数据时代背景下，个人数据往往包含个人信息，蕴含着个人隐私，因此，人们容易将"个人数据、个人信息、个人隐私"三个概念相混淆，三者含义相近、部分交叉。数据更多强调的是其能被设备读取，可被进一步加工处理，而信息更侧重其内容的可被传播性。个体在生产与生活中生成海量的个人信息，这些个人信息有的一经产生便表现为个人隐私（例如个人基因、身份信息、医疗记录等），有的则为相对或者暂时无关紧要的琐碎信息（社交记录、新闻评论等）。这些具有不同表现形态的个人信息被记录成个人数据，将个人数据的数字化处理就构成了大数据分析的基础，即电子信息数据库。经过大数据分析后，数据库中的个人数据又形成新的或还原出其他的个人信息，这些个人信息又可能蕴含了他人的个人隐私。大数据分析过程就是这么一个从信息到数据再到信息的过程，其中的每一个步骤的疏漏都可能造成个人隐私的泄露。

由于大数据应用是一个整体过程，每一个环节都不可或缺，因此无论是个人信息带来的隐私威胁，还是个人数据形成的隐私风险，抑或是最后大数据分析结果造成的隐私泄露，都属于大数据应用过程中产生的隐私安全问题。实践中，并非所有场合下的个人数据或个人信息都能被视作隐私，但是经过了大数据的整合分析，再置于特殊的场景中，这些本已公开的个人数据或信息可能就具有了隐私的特性。

【案例 5-2 警察的权力止步于手机】

一个犯罪嫌疑人如果被警察截留,警察有没有权力查看他随身携带的手机呢?

美国警察曾经认为有。在已经发生的两起案件中,警察就是通过查看嫌疑人的手机获得其犯罪证据的。一起案件发生在加州,警方通过查看犯罪嫌疑人赖利(Riley)的手机,发现了其罪证,破获了一起枪击案;另一起案件发生在麻省,伍瑞(Wurie)因涉嫌贩卖毒品被捕,警方通过他手机上的通话记录推断出了其匿毒之处,从中搜获了大批可卡因和武器弹药。

但这两名嫌疑人却不示弱,都很较真,他们认为警方查看手机属于非法取证,侵犯了其隐私权,不约而同提起了诉讼。

两起官司打下来,两地的法院却得出了相反的结论。加州的联邦第九巡回法院批准了对赖利的定罪,其根据是美国宪法《第四修正案》的相关规定,如果你被捕了,警方不需要特别的搜查证就可以检查你随身携带的东西,包括钱包、手机,等等。而麻省的联邦第一巡回法院却未采纳对伍瑞的这一定罪,判决认为,警方未经许可,无权查看犯罪嫌疑人手机。

官司随后打到了美国最高法院。孰是孰非,最近才见分晓。经过复审,美国最高法院推翻了第一案的判决,维持第二案的判决。也就是说,如果你被捕了,警方可以检查你口袋里的其他任何物品,但是手机除外,因为存储在手机上的数据也适用相关的宪法隐私保护条款。

最高法院首席法官罗伯茨(John Roberts)在判词中认为,由于信息技术的发展,手机与嫌犯携带的其他任何物品都有本质的区别。"多数人都不能带着他们过去几个月收到的每一封邮件、看过的每一本书或者文章到处跑",但是带着手机的可能性很大。如今,对智能手机的搜查,和搜查一个人的电脑没有本质的区别,这也不是翻翻一个人的电话记录本那么简单。警察如果继续声称"搜查手机信息与搜查其他有形物品从性质上来说是一样的",就像说"骑马和坐飞机是一回事"同样荒唐。

这两个案件,具体来看,似乎使正义受损,然而从长远来看,对个人隐私的保护而言具有里程碑式的意义,毫无疑问将被写进历史。

随着技术的发展,各国的法律都在不断调整隐私保护的边界,每一次调整和转变都是因为一个个著名判例的出现。英国首相威廉·皮特曾在国会的演讲中说:"穷人的房子,可能已经破败、摇摇晃晃,风在其中穿梭。但风可以进、雨可以进,英格兰的国王却不能进,他的权力止于这间破房子的门槛。"对每一个人而言,房子就是他的城堡,公权必须止步于一个人的房子,如今,让权力止步的门槛就要变成手机。

手机几乎成为每个人不可或缺的一部分。它可能是无限延伸的,因为它和云相连。手机上的信息,可能保存在手机中,更可能是保存在云上。手机虽小,但是数据存储量巨大。你跟哪些人交谈,去过哪些地方,买过哪些东西,看过什么网址,都会在手机上留有记录。在面对政府权力的时候,手机这个城堡一旦被攻破,个人的隐私便可能会荡然无存。

美国已经有幼儿园,通过手机平台和家长互动,孩子每换一片尿布、当天的表现、每一个进步或者异常行为都被记录在平台上,和其父母实时共享。可以预见的是,在不久的将来,从摇篮到坟墓,人的一生都将被记录,其中最重要的记录载体,就是手机。

记录隐私的不仅有手机,还有谷歌眼镜、智能手环,甚至包括你们家的电视盒子、电动汽车、物联冰箱和智能电表,等等。按照上述案例的框架,谷歌眼镜与普通眼镜当然也有本质的区别,警察未经许可,自然也不能搜查嫌犯的谷歌眼镜……

资料来源:经济观察网。

5.3.3 网络空间安全及其挑战

随着互联网应用不断深入,网络空间逐渐被视为继陆、海、空、天之后的"第5空间",成为世界关注的焦点和热点。习近平总书记指出:"没有网络安全,就没有国家安全,没有信息化就没有现代化。"网络空间安全对国家安全和人民生活相当重要,我们必须确保我国的网络空间安全。

1. 网络空间安全的内涵

随着信息技术的逐步渗透,网络逐渐进入人们的日常生活和社会管理体系当中。从统计数据来看,当前世界,全球网民覆盖率超过50%,截至2017年12月,中国网民规模达到7.72亿,占全球网民总数的五分之一,互联网普及率为55.8%,超过全球平均水平。

人类社会在经历了机械化、电气化之后,进入了一个崭新的信息化时代。在信息时代,信息产业成为第一大产业。信息就像水、电、石油一样,与所有行业和所有人都相关,成为一种基础资源。信息和信息技术改变着人们的生活和工作方式。离开计算机、网络、电视和手机等电子信息设备,人们将无法正常生活和工作。因此可以说,在信息时代人们生存在物理世界、人类社会和信息空间组成的三维世界中。

网络空间安全专家方滨兴院士指出:网络空间是构建在信息通信技术基础设施之上的人造空间,用以支撑人们在该空间中开展各类与信息通信技术相关的活动。具体来说,信息技术基础设施包括互联网、通信系统与电信网、传输系统与广电网、各种计算机系统、各类关键工业设施中的嵌入式处理器和控制器等。信息通信技术活动包括人们对信息的创造、保存、改变、传输、使用、展示等操作过程,及其所带来的对政治、经济、文化、社会、生活、军事等方面的影响。其中,"载体"和"信息"在技术层面反映出"Cyber"的属性,而"用户"和"操作"是在社会层面反映出"Space"的属性,从而形成网络空间——Cyberspace。

基于网络空间安全内涵,网络空间安全框架如图5-4所示。

(1) 设备层的安全主要是硬件基础设备的安全,主要包括网络空间中信息系统设备所需要获得的物理安全、环境安全、设备安全等与物理设备相关的安全保障,是提供网络空间安全的基本保障。

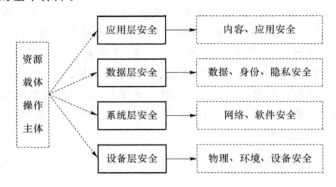

图 5-4　网络空间安全框架
(资料来源:方滨兴,《定义网络空间安全》)

(2) 系统层的安全主要包括网络空间中信息系统自身所需要获得的网络安全、计算机安全、软件安全、操作系统安全、数据库安全等与系统运行相关的安全保障,承担着网络空间安全的主体部分。

(3) 数据层的安全主要有网络空间中在数据处理的同时所涉及的数据安全、身份安全、隐私保护等与信息自身相关的安全保障,是网络空间安全中最重要的部分,因此要引起足够的重视。

(4) 应用层的安全主要包括在信息应用过程中所涉及的内容安全、支付安全、控制安全、物联网安全等与信息系统应用相关联的安全保障。

2. 网络空间安全的挑战

随着网络空间技术的发展和安全问题的日益突出,未来网络空间安全领域可能面临比较深刻的问题和挑战。

第一,国家和公民网络空间安全意识比较薄弱。针对网络空间安全对国家安全威胁的认知程度将直接关系到国家安危。世界观决定方法论,对事物的认知差异直接导致方法各异。尽管现在绝大多数国家都已开始重视网络空间安全问题,但对其威胁程度的认知却存在很大的不同。这种认知程度的差异导致的直接结果,不仅会使在网络空间安全上的投入存在差异,也会导致遭受威胁程度的不同。

国家认识到网络空间存在安全威胁,仅仅是防范威胁的起点,而真正能够做到防范网络空间安全威胁,则需要找到良好的路径。但无论如何,是否树立正确的网络空间安全观,无疑对解决问题是至关重要的,也决定着国家网络安全的未来走向和国际安全的形势。

第二,高端网络人才比较缺乏。网络人才的竞争将成为网络空间安全竞争的焦点,并直接关系到国家安全,而掌握人才优势的国家,将逐渐打破现有的网络空间安全格局。尽管网络出现的时间并不长,但其技术发展却突飞猛进,有些关键技术的进步已超越了人们的想象和预期,而这一切都与人才有关。网络技术领先国家之所以能够占据网络空间安全的制高点,首要原因就是聚集了大量网络技术人才,这些人才支撑了新技术开发和网络空间安全的防御和进攻的高超能力。正是由于他们的存在,不仅打造了网络技术强国,也打造了网络空间安全强国,他们是决定未来网络空间安全的决定性因素。因此,网络空间安全的竞争和博弈,说到底是人才的竞争和博弈,这就自然引发了对于网络人才的竞争,并成为这场竞争的焦点。实施方面,美国早在2011年就发布了《网络安全教育战略计划》,英国在2009年发布的《网络安全战略》中明确鼓励建立网络安全专业人才队伍,俄罗斯、日本、德国等国家和地区也采取多种措施鼓励人才培养。而现实中网络人才确实炙手可热,例如,"长期以来,俄罗斯黑客因技能高超,为网络界所公认。因此,俄罗斯黑客成为许多国家情报机构的'抢手货'。"从中不难判断,未来网络人才的世界性流动也将成为一种趋势,而掌握人才优势的国家,将逐渐打破现有的网络空间安全态势和格局。

第三,难以完善的网络全域覆盖和技术提高了维护网络空间安全的难度。网络技术越发展,人们越离不开网络,其覆盖率也将大幅增加,最终实现几乎无死角的全域覆盖。但是,既然网络是基于技术的产物,而任何技术都并非无懈可击,必然存在着各种各样的问题和漏洞。就网络空间安全而言,新的进攻技术必然催生新的防御技术,而新的防御技术也一定会导致新的进攻技术出现,这种进攻和防御活动自然会导致一场无休止的攻防技术革命。对于百密一疏的网络,攻击者必然会找到其弱点和漏洞而实施攻击。维护网络安全的难度还会随着技术的不断发展而发展,尽管各国都想构筑铜墙铁壁,但被攻击的概率依然存在,而某些攻击只要得逞一次,就可能带来灾难性后果。

第四,各国网络发展不平衡。网络空间安全将成为全球治理的重要内容,但在国际合作依旧难以扎实推进的同时,发达国家的网络空间联盟极有可能成为不发达国家的重大威胁。目前,网络空间安全已得到世界绝大多数国家的高度重视,成为一些国家的头等议题。而随着网络空间安全风险的加剧,国际合作将成为难以跨越的选项。2015年12月16日—18日在我国乌镇举办的第二届世界互联网大会上,共同建设网络空间、共同维护网络安全、共同治理网络的战略理念已经形成,"这将成为未来国际网络安全治理中的重要思路。网络安全合作在国际政治和外交议程中的重要作用日益凸显,双边网络安全合作、区域网络安全合作和多边合作都将日益紧密且多元化。"但是,正如前文所述,由于网络空间的安全领域国际合作存在以主权为核心的根本问题以及霸权思维,同时可以预计的是这些问题和霸权思维很难短时间消除,因此,尽管网络空间的共同治理必将成为未来发展趋势,但要想得到深入发展并取得实效,仍存在着需要跨越的巨大鸿沟。

【案例 5-3 "震网"病毒】

2010 年 6 月,"震网"(Stuxnet)病毒首次被发现,它被称为有史以来最复杂的网络武器,因为它悄然袭击伊朗核设施的手法极其阴险。2010 年 9 月,瑞星公司监测到这个席卷全球工业界的病毒已经入侵中国。瑞星反病毒专家警告说,我国许多大型重要企业在安全制度上存在缺失,可能促进 Stuxnet 病毒在企业中的大规模传播。2010 年 12 月 15 日,一位德国计算机高级顾问表示,"震网"计算机病毒令德黑兰的核计划拖后了两年。这个恶意软件 2010 年一再以伊朗核设施为目标,通过渗透进"视窗"(Windows)操作系统,并对其进行重新编程而造成破坏。2011 年 1 月 26 日,俄罗斯常驻北约代表罗戈津表示,这种病毒可能给伊朗布什尔核电站造成严重影响,导致有毒的放射性物质泄漏,其危害将不亚于 1986 年发生的切尔诺贝利核电站事故。2012 年 6 月 1 日的美国《纽约时报》报道,揭露"震网"病毒起源于 2006 年前后由美国前总统小布什启动的"奥运会计划"。2008 年,奥巴马上任后下令加速该计划。

2013 年 3 月,中国《解放军报》报道,美国曾利用"震网"蠕虫病毒攻击伊朗的铀浓缩设备,已经造成伊朗核电站推迟发电。目前国内已有近 500 万网民及多个行业的领军企业遭此病毒攻击。这种病毒可能是新时期电子战争中的一种武器。截止到 2011 年,震网病毒感染了全球超过 45 000 个网络,60% 的个人电脑感染了这种病毒。

2010 年,伊朗核设施遭受代号为"震网"(Stuxnet)的蠕虫病毒攻击,被认为是网络空间安全的一个重要里程碑事件。伊朗所遭受的网络攻击可谓前所未有。首先,伊朗所遭受的是一种新型的网络进攻,"震网"病毒更加复杂,而且针对特定的工业或军事目标,其攻击性和破坏性堪比"网络导弹"。其次,它首次实现了以网络空间为手段对网络以外的系统发动攻击,将网络攻击的触角延伸到与网络相关的其他行业和领域。最后,"震网"病毒破坏力极强,病毒能控制关键过程并开启一连串执行程序,最终导致整个系统的自我毁灭。这种网络武器一旦被恐怖主义分子或犯罪集团掌握,对国家安全的威胁可想而知。

伊朗事件发生之后,网络空间安全才开始真正引起国家安全决策者们的高度警惕和关注。许多战略家们相信,网络空间的先发制人已经出现,"网络战"的潘多拉盒子已经开启。约瑟夫·奈(Joseph S. Nye)认为,人们刚刚开始看到网络战的样子,与国家行为体相比,非国家行为体更有可能发动网络攻击,"网络九一一"的威胁恐怕要比"网络珍珠港"事件的重演更可能发生,现在是各个国家坐下来探讨如何防范网络威胁、维持世界和平的时候了。

资料来源:郎平,《网络空间安全:一项新的全球议程》。

5.3.4 数据安全及其挑战

科学技术是一把双刃剑。数据作为信息的载体及网络空间的核心要素,大数据所引发的安全问题与其带来的价值同样引人注目。而近年爆发的"棱镜门"事件更加剧了人们对大数据安全的担忧。与传统的信息安全问题相比,大数据安全面临的挑战性问题主要体现在以下几个方面。

1. 大数据中的用户隐私保护

大量事实表明:大数据未被妥善处理会对用户的隐私造成极大的侵害。根据需要保护的内容不同,隐私保护又可以进一步细分为位置隐私保护、标识符匿名保护、连接关系匿名保护等。人们面临的威胁并不仅限于个人隐私泄露,还在于基于大数据对人们状态和行为的预测,这就造成对人们隐私安全的二次伤害。

例如,著名的 DVD 租赁商 Netflix 曾公布了约 50 万用户的租赁信息,悬赏 100 万美元征集算法,以期提高电影推荐系统的准确度。但是当上述信息与其他数据源结合时,部分用户还是被识别出来了。研究者发现,Netflix 中的用户有很大概率对非 top 100、top 500、top 1000 的影片进行过评分,而根据对非 top 影片的评分结果进行去匿名化攻击的效果更好。

目前用户数据的收集、存储、管理与使用等均缺乏规范,更缺乏监管,主要依靠企业的自律。用户无法确定自己隐私信息的用途。而在商业化场景中,用户应有权决定自己的信息如何被利用,实现用户可控的隐私保护。包括:数据采集时的隐私保护,如数据精度处理;数据共享、发布时的隐私保护,如数据的匿名处理、人工加扰等;数据分析时的隐私保护;数据生命周期的隐私保护;隐私数据可信销毁等。

2. 大数据的可信性

关于大数据的一个普遍的观点是:数据自己可以说明一切,数据自身就是事实。但实际情况是:如果不仔细甄别,数据也会欺骗,就像人们有时会被自己的双眼欺骗一样。

一方面,大数据可信性的威胁来自伪造或刻意制造的数据,而错误的数据往往会导致错误的结论。如果数据应用场景明确,就可能有人刻意制造数据、营造某种"假象",诱导分析者得出对其有利的结论。

另一方面,大数据可信性的威胁来自数据在传播中的逐步失真。部分是人工干预的数据采集过程可能引入误差,由于失误导致数据失真与偏差,最终影响数据分析结果的准确性。此外,数据失真还有数据的版本变更的因素。在传播过程中,现实情况发生了变化,早期采集的数据已经不能反映真实情况。

3. 大数据访问控制的实现

访问控制是实现数据受控共享的有效手段。由于大数据可能被用于多种不同场景,其访问控制需求十分突出。大数据访问控制的特点与难点在于:难以预设角色,实现角色划分。由于大数据应用范围广泛,它通常要为来自不同组织或部门、不同身份与目的的用户所访问,实施访问控制是基本需求。然而,在大数据的场景下,有大量的用户需要实施权限管理,且用户具体的权限要求未知。面对未知的大量数据和用户,预先设置角色十分困难。

由于大数据分析技术的出现,企业可以超越以往的"保护—检测—响应—恢复(PDRR)"模式,更主动地发现潜在的安全威胁。例如,IBM推出了名为"IBM大数据安全智能"的新型安全工具,可以利用大数据来侦测来自企业内外部的安全威胁,包括扫描电子邮件和社交网络,标示出明显心存不满的员工,提醒企业注意,预防其泄露企业机密。"棱镜"计划也可以被理解为应用大数据方法进行安全分析的成功故事。"棱镜"计划通过收集各个国家各种类型的数据,利用安全威胁数据和安全分析形成系统方法发现潜在危险局势,在攻击发生之前识别威胁。

5.3.5 信息安全和隐私保护策略

从国际形势的信息空间安全现状和未来发展趋势看,信息安全和隐私保护已成为我们不得不高度重视和面对的重大安全问题。信息安全和隐私保护不仅关系到国家安全,也关系到民众的安全感和幸福感。

(1)大力培育和引进网络高科技人才,以提高网络核心技术为重点,打造网络空间安全人才队伍。网络作为科学技术的产物,解决其安全威胁的核心仍是科学技术,这就使得网络高科技人才成为关键因素。因此,我们既要注重人才的引进,又要重视人才的培养。以开放和进取的精神,建立一套完善的网络安全人力资源管理机制,通过制度化建设,使得人才培养、人才引进和人才管理有序进行,并逐渐使得这支队伍彰显出技术超群、结构稳定、梯次合理和长久持续的特色,更好地化解和应对现有和未来可能面临的网络空间安全问题与挑战。

(2)提高民众的信息安全与隐私保护的意识。由于大部分用户对信息安全与隐私保护的意识薄弱,了解不多。这就让一些不法分子有机可乘,乘虚而入,盗取信息,严重的时候甚至造成个人生命财产的损失。像一些老年人由于对于网络知识不了解,再加上信息安全与隐私保护的意识比较淡薄,有时候也会因为操作不正确,从而成为受伤害者。对于网站平台,一定要进行大力宣传,可以利用网络宣传这个很好的平台,普及网络安全知识,让人们意识到信息安全与隐私保护的重要性。当然,作为广大用户要提高自己的防范意识,不要轻易公布或者分享涉及家庭、个人的相关信息,每时每刻都要做到保护个人隐私、关注数据安全。

(3)加大研发力度,设计更科学的信息安全与隐私保护技术。众所周知,信息安全技术与隐私保护技术直接关系到个人信息安全。而信息泄露会对用户带来严重的经济损失。所以,作为科研人员,要加大对信息安全以及隐私保护技术的研究,设计更科学、更先进的网络技术体系。比如当下应用很广泛的身份认证技术,已经在不断更新,从以前的静态密码、动态密码演变为指纹解锁、人脸识别,它在一定程度上保证了系统的安全可靠性,但隐私保护还有很大的发展空间。对于信息隐私安全保护,研发人员应该在数据失真技术、数据加密技术以及数据限制发布上专注研究。对于数据失真技术,要在数据进行传播中避免人为干预,从而造成误导。对于数据加密技术,要选择最新的最复杂的算法对数据进行加密,当然解密时也要匹配高强度的密钥,这样就能在一定范围内加大数据的安全性。对于数据发布方面,要做到数据的匿名处理以及必要的人为干扰,从而避免信息泄露。

(4) 严格监督,确保网络数据的安全性,构建安全合理的网络环境。作为网络信息安全保卫部门,要加大监督力度,为人们建立更安全、更合理的网络信息环境,把人民群众的安全与权益作为整个工作的出发点和落脚点。在法律法规上,不断修订完善相关内容,建设完善网络数据安全监测评估与监督管理,加强对信息系统设施、新型网络领域的监督管理。同时也要重视网络数据保护体系,明确相关数据安全责任划分。在大数据安全与隐私保护上,全社会要强化数据安全与隐私保护意识,共同携手、互相配合,尽可能地减少数据的泄露,最大可能避免个人隐私受到暴露,在全社会范围内创造出一个安全、合理、可靠的网络信息环境,从而更好地享受到大数据给我们带来的便利。

(5) 推进网络空间安全的国际合作,共同防范和打击网络恐怖主义和网络空间犯罪。尽管由于一些认知上的问题导致在网络空间安全领域的国际合作存在各种各样的问题,使得合作迄今难以扎实推进。但是,只要我们把握好网络空间安全国际合作的关键契机和关键领域,这就是一项可以攻破的任务。因此,需要通过各种路径使人们更加清晰地认识到网络空间安全涉及全世界的共同利益,培育网络空间命运共同体思维通过情报共享、设备匹配、技术支持等方面的合作,并有针对性地展开联合网络空间安全的实战演习,以此加强相关国家应对网络空间安全的协同性,最终提高共同应对网络空间安全威胁的能力,维护国际安全领域的共同利益。

思 考 题

1. 隐私权包括哪些内容?
2. 开放政府数据环境下如何保护个人隐私?
3. 数据安全面临的挑战有哪些?

第6章 数字化城市管理

在经济社会发展的今天,对一个城市的管理最重要的任务就是提高城市管理和服务的水平,随着科学技术革命和数字化革命的开展,通过在城市管理中应用和推广数字化技术,实行数字化管理,一方面可以提高城市管理和服务的效率,另一方面可以推动城市在全球化进程中获得快速发展,数字化城市管理时代的到来,引起了政府管理方式的跨时代变革。

所谓的数字化城市管理方式,是通过利用现代数字化技术手段和技术,整合信息资源,建立城市信息基础共享平台,统一整合城市管理各部门资源,推动城市管理模式转型,建立高效优质的城市管理。在城市管理中,普及数字化发展技术,实现数字化城市管理,不仅可以建设高效的城市管理服务,而且对提高城市管理水平具有至关重要的意义。

6.1 数字化城市管理发展概述

6.1.1 城市管理与城市管理模式

从古至今,城市都是作为国家和地区的政治经济文化交流中心,代表着一个国家和地区的整体形象。而现代化城市更是汇聚了各种各样的基础设施、资金设备、人力资本以及经济往来活动,高度地交汇着信息流、资金流、人才流、能源流和物资流,是一个高度开放、层次繁杂、要素种类繁多而又充裕且拥有众多相互联系子系统构成的复杂系统。正是由于这种城市结构的复杂、层次的多样从而决定了现代化城市管理工作的复杂性。在此之下给城市管理一般的定义是一种决策引导城市的发展,并对其运行的规范进行协调,为其服务并经营的行为。它主要以汇集城市服务管理中的数据流、信息流并进行分析为基础,通过行政命令、法律法规、政策引导以及市场规律对城市进行一系列的协调和控制,实现对城市这个包罗万象,结构繁杂的体系进行管理。

城市管理模式是一个城市政府在总结其他城市和地区的管理经验以及在本市管理工作中自身积累的经验的基础之上,所形成的对解决或管理城市中出现的各类问题的思维方法和理论体系。对于每个城市而言，都有其自身相应的历史文化特点、民风民俗，必然也会形成相应的城市或地区的行政风格和管理体制。以此为基础，对能够保持一个城市高效有序的运转的各具特色的管理经验进行概括总结所形成的独特的城市管理模式，一方面它拥有基于自身城市的别具一格的个性化特点，另一方面它又是结合多方经验而形成的共通不变的原则，无论怎样改善其结构要素都能保障管理过程的科学与民主，完善城市的管理，推进城市管理现代化，提高城市居民的生活质量。城市管理模式一般包括五个方面：一是在管理理念上明确城市管理的思维导向；二是在城市管理制度设计上遵循基本原则；三是在城市管理工作上建立相应的组织架构；四是在管理过程中综合应用各种技术手段；五是在城市管理与发展上有目标定位。

6.1.2 数字化城市管理模式

数字化城市管理模式包括两个方面：一是网格化城市管理模式，如北京东城区的网格化管理模式；二是数据化城市管理模式，如"简政放权、放管结合、优化服务"改革中的"一号一窗一网"新型管理模式。

1. 网格化城市管理模式

"网格化"最早兴起于水电等领域，主要是管理者通过互联网与用户实现便捷、高效的互动，同时以最快的速度对所有用户作出最精确的响应。Foster 和 Kesselmen 给网格的定义：网格是构筑在互联网上的一种新兴技术，它将高速互联网、高性能计算机、大型数据库、传感器、远程设备等融为一体为科技人员和普通百姓提供更多的资源、功能和交互性。其核心是"资源"与"资源的使用"。网格化管理是基于网格技术的一种现代管理技术、管理理念和管理思路。郑士源等学者认为可以将网格化管理的思想运用到管理领域，通过借助互联网网格思想，将管理对象划分成若干个单元网格，通过利用现代的信息技术和各单元网格之间的协调使各单元网格之间能够进行信息交流，以达到整合信息资源、提高管理效率的现代化管理理念。

网格化城市管理模式是一个新兴概念，人们对于它的认识不尽相同，比较有代表性的观点有几种：一种观点认为，城市网格化管理是对资源的整合以及协同利用，它基于城市电子政务专网和城市基础地理信息系统，运用"3S"（RS、GIS、GPS）技术、地理编码技术和移动信息技术，以数字城市技术为依托，将信息化技术、协同工作模式应用到城市管理中，建设网格化城市管理平台，实现市、区、专业工作部门和网格监督员四级联动的管理模式和信息资源共享系统。另一种观点认为，网格化城市管理模式就是采用万米单元网格管理法和城市部件管理法相结合的方式，应用、整合多项数字城市技术，研发"城管通"，创新信息实时采集传输的手段，创建城市管理监督中心和指挥中心两个轴心的管理体制，再造城市管理流程，从而实现精确、敏捷、高效、全时段、全方位覆盖的城市管理模式。还有观点认为，网格化城市管理模式是以信息化为手段，综合集成各种管理服务资源，在特定的社区网格内，及时发现并综合解决各类问题，更好地满足群众需求和管理需要的一种创新模式和机制。以上观点所处角度和概括方式各不相同,但在基本认识上是一致的。所谓网格化城市管理模式是指建立在数字技术基础之上的,以单元网格管理为特征的一整套城市管理思路、手段、组织、流程的总称。

城市网格化管理模式是立足于本国的国情,遵循本国的发展规律并利用现代的管理技术的社会管理方式进行的大胆创新,有效地弥补了传统的社区管理中存在职能交叉、职责不明、多头管理的问题,提高了社区管理和社区服务水平,是社区管理中网格化管理理念和网格化管理技术的具体应用。通过划分网格单元,明确不同网格的责任人,用主动发现问题取代了传统社区管理过程中必须被动发现问题的局面,快速便捷地服务于社区居民,提高社区服务质量。社区网格化管理的产生是时代的产物、形势的呼唤,是当今社会发展的必然趋势。与传统城市管理模式相比,网格化城市管理模式独具特征。有的学者认为,网格化城市管理模式具有六大特征:第一,该模式是整合管理资源的有效手段;第二,网格化管理的监控、反馈和督办功能;第三,可以避免城市管理中的死角和盲点;第四,事前预警性管理;第五,该模式是城市管理改革与管理现代化的一个方向;第六,有利于实现市民与政府的快速互动。也有学者认为,网格化城市管理模式具有五大特征:第一,变被动管理为主动管理;第二,变粗放管理为精细管理;第三,变传统管理为信息化管理;第四,变"小城管"为"大城管";第五,变偏重管理为监管并重。结合实践考察和理论研究,网格化城市管理模式的特征主要体现在:

(1) 数字化管理

与传统城市管理模式不同,网格化城市管理模式与现代信息技术的联系空前紧密,3S技术、海量数据存储技术、移动通信技术、中间件技术等共同奠定了网格化城市管理模式的技术基础,即便是处于模式最终端的"城管通",也是现代数字技术的结晶。在网格化城市管理模式框架内,科学技术与现代管理理念有机地合为一体,实现了工具理性与社会理性的高度统一,并最终共同为管理实践服务。

(2) 闭环式管理

传统城市管理模式下的管理效果经常是力度很大,结果很差,其原因之一是管理系统内信息的单向传递,政令频出,但忽视了结果控制,最典型的是一阵风似的运动式管理,这种管理模式在控制论上属于典型的开环控制(Open Loop Control)。网格化城市管理模式建立了监管分离的两极城市管理体制,监督中心既负责信号输入,也负责评价结果,对整个管理系统起到全面控制功能,同时,社会公众的意见构成了监督评价体系的一部分,各个城市管理部门的工作成效得到了有效监督,管理系统实现了闭环控制。

(3) 精细化管理

精细化管理的核心思想是通过管理的细化和深化,明确各环节的关键控制点,建立合理、高效、不断优化的业务流程。精细化管理是现代管理的发展方向和本质要求,网格化城市管理模式正是一种精细化的管理。例如,北京市东城区将所有城市部件分为六大类 56 种 168 339 个,每个部件小到井盖、路灯、邮筒、果皮箱、行道树,大到停车场、工地、立交桥、电话亭、公厕,全都有自己的身份代码,每个监督员对自己管理区域内的城市部件的数量、位置、所属社区、管理部门都能脱口而出,新模式下问题处理时间已精确到秒。这充分说明,网格化城市管理模式摆脱了传统城市管理粗放、滞后的缺点,向精细化方向不断发展。

(4) 动态化管理

传统城市管理模式在信息获取上基本处于静止、被动的状态,往往是在一类问题积累到一定程度,带来恶劣影响之后,城市管理工作才跟上来,因此也就有了所谓的"突击式管理""运动式管理"。网格化城市管理模式有网格化城市管理信息平台作为技术支撑,实现了信息的实时更新和动态监控。单元网格内一旦某一城市部件出现问题,会在第一时间被发现,第一时间被解决,第一时间被反馈,第一时间被检验。城市管理工作的主动性大大增强,实现了准确、及时的动态化管理。

2. 数据化城市管理模式

数据化城市管理是政府对数量巨大、来源分散、格式多样的数据进行采集、存储和关联分析,从中发现新知识、创造新价值、提升新能力的新一代信息技术和服务业态。大数据是以容量大、类型多、存取速度快、应用价值高为主要特征的数据集合,政府通过信息资源的整合提高办事效率,提升为民服务能力,增强社会治理和城市管理,形成政民融合、互动的"互联网+政务服务"新格局。在全球范围内,利用大数据来提升政府服务水平、市场监管能力,促进经济的发展已经成为趋势,我国"十三五"规划也明确提出要实施国家大数据战略,把大数据作为助力产业转型升级和社会治理创新的重要抓手。

数据化城市管理不仅仅在于数据之大、容量之多、类型之广,更多的在于它能够通过数据创造出更大的公共价值,建设智慧型政府。

数据化城市管理的集合特征有以下几个方面。

(1) 科学化管理

大数据大大拓展了政府决策的信息边界条件,并创新了决策的方法。在大数据的环境下,政府将从基于"经验"的决策模式走向基于"实证"的决策模式,为政府科学和精准的决策提供支持。

(2) 协同化管理

大数据的包容性将有助于打破政府各部门间、政府与公民间的固有边界,信息孤岛现象将有可能大幅度削减,数据共享有望成为现实,提高政府各机构协同办公的效率和为民办事的效率,有利于改善服务体验并降低行政成本。

(3) 透明化管理

数据高度开放和大规模强力流动,意味着知识在政府管理中得到深度挖掘和更加广泛的利用,这将促使政府的管理和服务更加开放和透明。

(4) 精确化管理

加强政府的大数据管理不仅能动态监测而且还能深度分析网络舆情和危机事件的动态，提高政府危机预警能力和应对能力。大数据的信息准确度更高，为居民提供更加精准的服务与管理。

6.2 网格化城市管理模式

6.2.1 网格化城市管理模式产生的背景

1. 传统城市管理模式暴露出的弊端迫切需要用新的方法加以解决

我国传统的城市管理模式经历了几十年的调整和变迁，但其弊端一直未能根除，主要体现在：一是管理机构规模庞大、管理人员繁多、运营成本越来越高。二是管理空间划分不明确。城市管理在总体上应统一，但具体工作应有明确分工。传统城市管理模式缺乏统一调度，层次混乱，职责不清，面对不同的管理对象，或者是多龙治水，或者是无人问津互相扯皮的现象经常发生。三是管理方式落后，过多地依赖突击式管理和运动式管理，结果经常造成管了不乱，乱了再管的局面，浪费了行政资源，降低了管理效果。四是管理粗放，城市管理信息的获取和处理均显得被动和滞后，不能做到精确、高效、处理及时。五是对城市管理各职能部门的工作成效缺乏统一的评价标准及合理的、可操作性强的强化机制，对各职能部门的制约和监督流于形式。

上述问题依靠传统方法已无法解决，需要寻求新的方法模式，而网格化就成为一种较好的选择方式。

2. 城市化的快速发展对现代城市管理工作提出了新要求

城市的发展与繁荣是现代文明的重要标志。联合国发布的《世界城市化展望》中指出，1990—2015年在全球城市化率由42.92％攀升至54.03％的同时，人口规模百万以上的大城市数量由270个增加至501个，且百万以上大城市人口数占世界总人口数的比重由16.61％增长至22.85％，充分验证了全球城市化发展中的大城市化倾向。中国的城市化进程也不例外，1990—2015年城市化率提升了29.1％，人口规模百万以上的大城市数量增加了69个。中国的城市化进程也带来了城市规模膨胀、人口流动加速、城市地理复杂性提高、各类公共设施庞杂、设备专业化程度高、公共安全隐患增多等一系列问题，使得控制难度加大、管理问题激增。电话亭、信息亭、停车表、造型灯饰、景观雕塑等新型市政设施大量出现，私搭乱建、无照经营、施工扰民等事件层出不穷，这些新问题都对城市管理工作提出了新的要求。然而，传统城市管理模式下落后的组织方式和工作方法，面对这些日益增多的城市问题只能是疲于应付，捉襟见肘。

因此，改革城市管理模式，采用先进技术，创设新的管理方法，是提高城市管理水平，满足城市发展的需要。

3. 城市信息化水平的提高为新模式产生奠定了技术基础

一方面，信息化发展初见成效。2005年年底，我国政府网站达到11 995个，部委、省级、地级和县级政府网站的拥有率分别为96.1%、90.3%、94.9%和77.7%。2006年1月1日，中央政府门户网站正式开通，政府门户网站日益成为政务公开的重要窗口。跨部门信息共享和业务协同稳步推进。以"金盾""金税""金审""金财"为代表的一批国家电子政务系统的建设取得了良好成效。国土资源基础数据库的建设与应用取得新进展。全国人口基础信息库已加载12.1亿人口数据。基础传输网形成了以光缆为主要物理媒介，多种传送技术共同构建的大容量、高带宽、高质量的基础网络平台。2005年全年新增光缆线路长度53万千米，总长度达到405万千米。另一方面，各地信息化建设方兴未艾，天津市宽带无线微波已覆盖市区，一批重大信息基础功能平台相继投入使用。全市累计上网办公项目350项；武汉市基础信息网络管线建设规模2.5万千米，建成了城市地理信息、国土资源信息等一批重要数据库。城市信息化水平的提高，尤其是电子政务系统和地理信息系统的建立，为城市管理模式的改革奠定了技术基础，使得网格化城市管理模式的出现成为可能。

6.2.2 网格化城市管理的基础理论

1. 社会治理理论

社会治理理论是治理理论在社会治理领域的实际应用，是对城市社区范围内的公共事务依法进行的治理活动，也是在特定的区域范围内政府机构、社区组织、普通公民依照特定的制度规则、不同的市场规则通过相互的谈判、协商、协同行动对特定区域范围内的公共事务进行高效的管理，提供精准的公共服务，维持良好的社区秩序，增强社区居民的凝聚力，完善社会管理服务制度，促进社会协调健康发展。社区治理是一个长期繁杂、多元参与、协同治理的社区管理活动，不仅要完成特定的社会和经济的发展任务，而且也需要对社区内基本问题进行有效的管理。其主要特征表现在：一是主体多元性，社区管理是在政府机构、社区组织、普通公民多元主体共同协调完成的社区公共事务的管理活动；二是公平民主的原则，社区管理的多元主体在平等自愿、民主协商的原则下对社区公共事务进行的协商管理。

公共管理理论认为，社区治理公共管理理论在社区管理、建设和发展的运用与实施，是以社区为载体，通过借助不同市场管理制度，将社区范围内政府组织与社区组织、社区公民共同的合作治理完成的。所以从一定意义上来说，社区治理是以一种全新的管理范式有效地改进社会的治理结构，增强社会凝聚力，促进社会和谐健康发展。

2. 网格化管理理论

网格化管理理论是依托现代先进的管理理念与先进的网络信息技术形成的现代

化社区管理理论。在计算机领域,"网格计算"又名分布式计算,就是将一个拥有巨大工作量的问题分解成多个小块,然后将这些小块在计算机里同时进行计算,将几个小块的计算结果综合起来得到最终结果。网格计算可以共享稀有资源、高效利用计算机运行程序、多台计算机平衡负载,在实际工作中,进行一项计算工作的计算机往往不止一台,一般是由多台计算机形成的计算机网络,这样在实际工作中可以充分利用计算机网络之间的关联性快速地处理数据、整合资源,实现高效率工作,得到最优的结果。

网格化管理理论基本上都是遵循"大网小格"的管理理念,首先把需要管理的区域看成一张大网,然后根据该区域内不同的结构特点将大网合理地分成大小相似的网格,然后利用网格管理系统对不同的网格进行精细化管理,因此,网格化管理的显著特点就是精细化、覆盖广。网格化管理理论被广泛地应用到社会管理的各个方面,大到城市社区,小到学校公寓的管理。

3. 新公共服务理论

20世纪70年代产生的新公共管理理论提出"企业家政府""国家市场化""代理政府"等口号,认为政府是国家的掌舵人,应该采取企业管理的方法对社会进行管理。20世纪80年代以来,以美国登哈特夫妇为代表对新公共管理理论进行了严厉的批判和深刻的反思,他们认为新公共管理理论太过于强调市场的选择而忽视了公平原则,从而在此基础之上发展起来了新公共服务理论,同时概括了新公共服务理论的七大原则。一是服务而非掌舵,即政府的作用是提供给公民自由表达其意愿和实现其利益的平台,而不是试图去掌控或驾取他们的意志;二是其目标是公共利益,政府的一切行动都应该围绕服务民生展开,将提供公共服务作为最主要的任务;三是战略的思考和民主的行动,政府应该制定好社会政策和发展计划,并鼓励公民通过协作来实现集体目标;四是服务公民而非顾客,政府应该考虑如何实现公民的长期利益而非短期利益,获得相应的权利和履行相应的义务;五是责任多元性,政府在关注公民利益的同时也要考虑市场规则、法律法规、职业标准、社会价值观以及政治行为准则等多个方面;六是重视人而非生产率,行政人员要尽可能地满足公民生活的需要以及价值的满足;七是超越企业家身份,重视公民关系和公共事务。与新公共管理理论关注政府的掌控权不同的是新公共服务理论更关注民生价值和公共利益,对现代公共社会的发展和公共管理实践具有较大的指导意义,不仅在公共管理领域引起广泛的关注,而且在世界范围内也产生了广泛的影响。

6.2.3 网格化城市管理模式的关键技术

1. 3S技术

3S即地理信息系统(GIS)、全球定位系统(GPS)、遥感(RS)三项技术的缩写。地理信息系统是一种采集、存储、管理、分析、显示与应用地理信息的计算机系统,是分析与处理海量地理数据的通用技术。通过对地理信息系统技术的应用可以做到对城市部件管理的"一目了然",实现了图文一体化的协同工作环境。全球定位系统是一种以空间为基础的导航系统,可在全球范围内全天候地为海上、陆地、空中和空间的各类用户提供高精度的三维位置、三维速度和时间信息。遥感是一种利用物体反射或辐射电磁波的固有特性,通过观测电磁波识别物体及物体存在环境条件的技术。遥感能及时提供准确、综合和大范围内进行动态监测的各种资源与环境数据,利用航空遥感技术,可以获得城市遥感图像信息,实现城市管理信息可视化。

2. 分布式数据库及分布式计算技术

分布式数据库是由相互关联的数据库组成的系统,它是物理上分散在若干台互相连接着的计算机上,而逻辑上完整统一的数据库。它的物理数据库在地理位置上分布在多个数据库管理系统的计算机网络中,对于每一用户来说,他所看到的是一个统一的概念模式。分布式数据库的设计需要用到分布式计算技术。从概念上讲,分布式计算是一种计算方法,在这种算法中,组成应用程序的不同组件和对象位于已连接到网络上的不同计算机上。用于城市管理的数据位于不同地区、不同部门的系统或者数据库中,因此城市网格化管理系统需要用分布式计算技术来构建异构的分布式数据库。

3. 网格及网格计算技术

互联网把各地的计算机连接起来,网格则把各种信息资源连接起来。而网格计算则是把计算机和信息资源都连接起来。在网格计算中,资源是分布的,提供者也是分布的。在城市的网格化管理中,各种计算资源和信息资源异构分布在不同地区和不同部门,网格和网格计算技术对信息处理一体化、信息资源共享与协同工作将起到重要作用。

4. 构件与构件库技术

构件是被用来构造软件可复用的软件组成成分,可被用来构造其他软件,它可以是被封装的对象类、类树、功能模块、软件构架、分析件、设计模式等。应用构件技术可以有效地提高软件开发的质量和效率。构件库是把一组功能和结构有联系的一组构件组织在一起形成的有机系统,可以对组件进行查询、管理、编辑等,类似于数据库管理系统。城市网格化管理系统有许多结构和功能差异很大的子系统,需要用到不同的数据库和软件系统,因此在系统开发过程中构件和构件库技术的使用将大大提高系统的开发效率。

5. 中间件技术

中间件是位于平台(硬件和操作系统)和应用之间的通用服务,这些服务具有标准的程序接口和协议。针对不同的操作系统和硬件平台,它们可以符合接口和协议规范的多种实现,具有易集成、易移植、高可靠、易使用等特点,可分为数据库中间件、远程过程调用中间件、面向消息中间件、基于对象请求代理中间件和事务处理中间件。中间件技术能够将分布式的、多层的应用系统集成为一个高效的整体，使其更高效、灵活地运转。

6. 地理编码技术

地理编码是基于空间定位技术的一种编码方法，它提供了一种把描述成地址的地理位置信息转换成可以被用于系统的地理坐标的方式。在城市网格化管理系统中用到许多不同部门和类型的数据，地理编码技术对于这些信息资源的集成和融合具有重要的作用。

7. 移动 GIS(MGIS)技术

移动 GIS 系统主要由移动通信、地理信息系统、空间定位信息服务（Location Based Service，LBS）和移动终端四个部分组成。移动 GIS 作为一种服务系统，当用户与现实世界的一个模型交互时，在不同时间、不同地点，这个模型会动态地向不同用户提供不同的信息服务。可见，移动 GIS 具有以下特点：移动性；动态（实时）性；强大的应用服务支持；对位置信息的依赖性；移动终端的多样性。在城市网格化管理中，指挥中心利用移动 GIS 技术可以随时了解网格管理员的位置信息及工作路线，网格管理员则通过 PDA 手机可以自动获取自己所处位置周围的基础地理信息。

6.2.4 网格化城市管理模式的框架体系及运行机制

网格化城市服务管理模式是在充分总结北京东城区"万米城市管理单元网格"和原崇文区对"信访代理制""城管综合执法机制"的理念及实践经验的基础上，针对当前社会安全稳定存在的薄弱环节和重点难点问题，充分运用网格理念和现代信息技术，以责任制为依托，以社会各类人的管理为重点，合理划分网格管理单元，综合考虑"地，物，情，事，组织"等因素，进行精细化管理的一种常态方式。

1. 网格空间的组织架构

网格化城市管理架构主要包括：

"六大系统"，即以民生保障为基础的建设服务系统、以现代科技为依托的信息网格系统、以高效顺畅为要求的组织指挥系统、以预警防范为先手的维稳防控系统、以快速反应为特征的应急处理系统、以真实客观为标准的考核评价系统。

"三级平台"，即社区社会服务管理综合指挥中心、街道社会服务管理综合指挥分中心、社区社会服务管理综合工作站。

"四个层级"，即区级、街道、社区级、网格级，也称为网纲、网目、网结、网格。四个层级保证了网格划分的完整性，即不突破一个社区的范围并与现有城管网格相匹配；均衡性，即每个网格的工作量大致均衡；差异性，即特殊情况区别对待。

"六大部门"，即监督部门、协调部门、主管部门、专业部门、主责部门和第三方机构按照职责分工承担其网格内了解社情民意、维护治安秩序、环境监督整治、排查化解矛盾、落实社区矫正和安置帮教以及服务人民群众等职责,并开展好流动人口、社会组织等管理和服务工作。

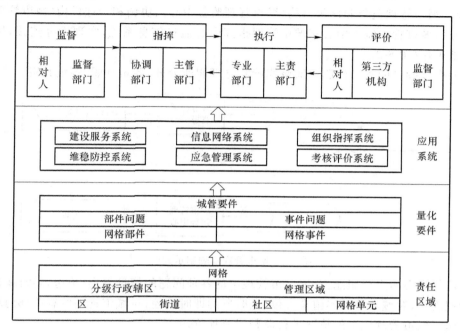

图 6-1 网格空间的城市架构图

2. 网格化城市管理新模式核心要素

网格化城市管理新模式核心要素有以下四个方面。

(1) 万米单元网格管理法

按照"完整性、便利性、均等性、差异性"原则在城市管理中以一万平方米为基本单位,将城市所辖区域按照各级政府、街道、社区划分成边界清晰、无缝拼接的多边形实地区域(即网格状单元,又称"单元网格"),由城管监督员对所分管的单元网格实施专业监控,发现问题及时上报。

(2) 城市部件管理法

城市部件管理法就是把城市市政管理公共区域内各项设施,即物化的城市管理对象作为城市部件进行分类管理;将城市部件按照地理坐标定位到万米单元网格地图上,利用信息化城市管理系统对其进行管理。

(3) 城市事件管理法

城市事件管理法就是把人为或自然因素导致城市市容环境和环境秩序受到影响或破坏,需要市政管理部门处理并使之恢复正常的事情和行为作为城市事件进行分类管理;可将城市事件按照地理坐标定位到万米单元网格地图上,对其进行管理。

(4) 城市管理双轴制

城市管理双轴制就是将原有城管的监督评价职能和综合管理、综合治理职能分离,建立城市管理监督和评价机构(城市管理监督中心)、协调和处理机构(城市管理指挥中心),城市管理监督中心和城市管理指挥中心通过信息系统,实现无缝连接,协调一致地工作(图6-2)。

两个"轴心"的管理体制将监督职能和管理职能分开,各司其职,各负其责。

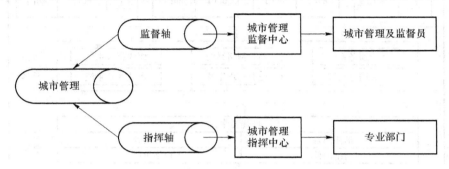

图6-2 城市管理双轴制示意图

监督中心的主要职能:负责城市管理中的各种问题的信息采集、报送,随时掌握城市管理现状;对城市管理实施全方位、全时段的即时监控;对城市管理的有关部门和责任人履行城市管理职责的情况进行监督考核评价。

指挥中心的主要职能:负责办理监督中心转来的各类城市管理问题的派遣,并督办处置质量和效率;将责任单位反馈的处理结果核对后向监督中心反馈;协调各部门解决城市管理中的重难点问题和属于以上各部门处置的城管问题。

网格化城市管理模式的主要成功经验是:管理区域实现网格化;管理设施实现精细化;管理工作实现两分离。这三点经验,相互之间在某种程度上存在一定的联系。监督员对网格内的城市管理工作承担监督责任,管理设施和城市事件依托网格化实现管理工作的准确定位和管理责任的清晰界定,监督中心、指挥中心和各专业/主管部门分工负责,协调工作。

3. 网格化城市管理的运行机制

如图6-3所示,从城市社区网格化管理机制的总体框架看,当社区中出现问题事件或者问题部件时,可以通过网格中的发现机制将问题传送至受理中心,根据问题的反馈及时采取相应的措施进行处理,如果问题超出受理中心的解决范围或者能力权限,可以传送至上级部门进行统一的调度协调,通过各部门之间的通力协作,共同完成对问题事件的处理。同时,信息平台会对各类问题进行及时的信息反馈,使社区居民及时了解最新情况。当问题解决以后,评价意见机制会及时对问题处理的结果进行科学的评估,将评估结果反馈到触发机制,形成一个封闭的环形,为社区居民提供个性化、精细化的服务。

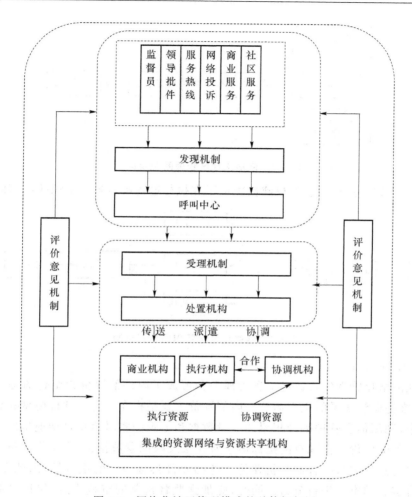

图 6-3　网格化社区管理模式的总体框架图

（1）触发机制

如图 6-4 所示，当社区实现网格化管理之后，问题的来源可以被细分为多个渠道，当出现问题事件或者问题部件时，通过各渠道对问题的反馈由监督中心对问题进行审核确定，一旦审核无误再上报指挥中心，指挥中心根据网格划分区域和问题的特点指派相应的负责部门进行处理，改变了传统被动发现问题的局面，为社区居民提供更精细化的服务。

（2）执行机制

如图 6-5 所示，当出现问题事件时，常常会产生超出责任部门职责的情况，在此情况下就需要其他有关部门的协助。因此，指挥中心必须以文件形式明确各部门的职责，不仅做到职责明确，而且降低各部门之间的协调成本。对问题事件进行处理时，指挥中心还应注重问题解决的时效性，给予责任部门和协助部门合理的时限要求，提高

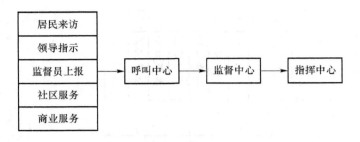

图 6-4　网格化社区管理的触发机制

执行效率。同时,指挥中心的权威性决定了在执行过程中对各类资源的协调效果。

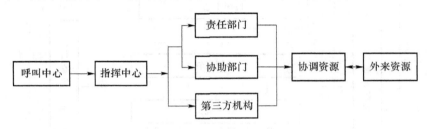

图 6-5　网格化社区管理的执行机制

（3）监督机制

社区网格化管理模式通过信息管理平台形成了内外部评价相结合的综合监督评价体系,维持监督体系的正常运转。内部评价主要是指在一定的评价模型和相应的指标体系中,利用信息管理平台积累的海量数据和记录的实时信息自动地生成相应的评价结果。外部评价是指现有的指标体系所无法反映的参数指标,由工作人员主动搜取社区居民的意见进行综合的分析评价。外部评价具有一定的主观性,因此在评价时,必须综合多方的意见进行分析。同时,应加强监督机制的审核力度,保证各部门处理信息的质量,建立内部自我监督反馈的循环机制和第三方组织（社区街道）监督相结合的双重监督体系。

（4）评价反馈机制

在社区的网格化管理中,监督中心可以对处理问题事件的责任单位和协助单位的处理结果进行实时的评价,同时对问题处理的实时情况进行及时的反馈,当问题处理完成之后,将结果反馈到指挥中心,监督中心进行最后的结案。同时监督中心对出现的问题进行备案,如果今后出现类似的问题能够及时拿出相应的方案,形成了良好的反馈机制。

4．网格化城市服务管理模式

网格化社区管理模式依据"万米单元网格管理法""城市部件管理法""城市事件管理法"和"城市管理双轴制"实现了"精细化管理,人性化服务,多元化参与、信息化支撑"。

(1)"服务民生"是网格化社区服务管理新模式最突出的特点

网格化社区服务管理模式通过网格划分基本形成社区公共服务、社区商业服务、社区志愿服务、政府购买公益服务和居民自助互助服务相结合的多类型、多层次、广覆盖的公共服务体系,为广大社区居民提供一站式服务。

社区综合信息服务管理平台如图 6-6 所示。

目前,依托社区服务工作站(中心)、社区便民服务站(中心)、社区综合信息服务管理平台"三位一体"的公共服务平台,北京东城区全区基本形成社区公共服务、社区商业服务、社区志愿服务、政府购买公益服务和居民自助互助服务相结合的多类型、多层次、广覆盖的公共服务体系。工作网格确定为"良好、一般、混乱和问题突出"四个等级。六大部门(即监督部门、协调部门、主管部门、专业部门、主责部门和第三方机构)将按照职责分工承担其网格内了解民意、维护治安秩序、环境监督整治、排查化解矛盾、落实社区矫正和安置帮教以及服务人民群众等职责,并开展好流动人口、社会组织等管理服务工作。

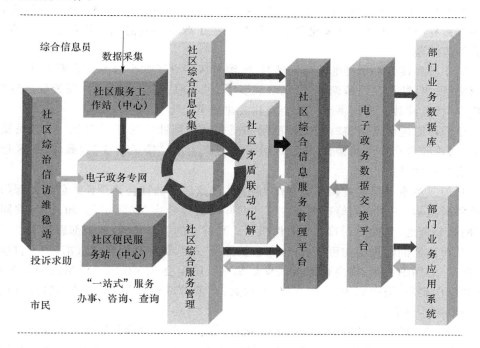

图 6-6　社区综合信息服务管理平台

(2)信息化支撑网格化社区服务

网格内所有的人、地、事、物、情、组织等都将转化为数据流。目前,网格基础信息数据库包括七大类、32 小类、170 项信息、2 043 项指标,不同的数据包含不同的指标,最终实现"人进户,户进房,房进网格,网格进图"。北京市东城区为了实现社区居民就近医疗,社区卫生服务优质均衡发展的目标,利用网格化管理的思想,在整合全区医疗资源的基础上,创建了全方位覆盖、全过程监控、信息化支撑、网格化管理、扁平化结构的新型社区卫生服务模式城市卫生医疗网格化。其基本原理包括:老百姓出门10分钟可到达某一定点医疗服务机构,整个东城区设计规划了128个医疗服务站点,这些医疗服务机构包括全科医生工作室、社区卫生服务中心站、社区卫生服务站;每个全科医生负责750户居民的健康IC卡,诊疗信息联网共享,居民持卡可在医疗服务点调出以往历次的就诊和治疗情况,并且健康IC卡还推广到东城区的二、三级大医院,与医院共享居民健康信息。

(3)基层社区的"微自治"

长期以来,政府对社会事务习惯于"包揽天下"。为了实现互动共治,厦门市海沧区提出了"微自治"的管理模式,即海沧区政府根据城市社区、"村改居"社区、外口集中社区、农村社区等不同特征,制订差异化实施方案。

乡村是熟人的社会,通过培育乡贤理事会构建与社区党支部、村委会的互动平台,让村民参与村庄自治。乡贤理事会成员每天忙着挨家挨户征求意见、召开座谈会,由村民共商村庄"建什么""谁来建""怎么建",解决了政府一直悬而未决的村庄矛盾、农民服务等问题。

对于城乡接合部这样的陌生人的社会,海沧区建立了首个居民自治孵化器——四民家园(民声倾听室、民情调查队、民治议事厅、民心服务站),并依托"民智议事厅"组建成立"社区同驻共建理事会""社企同驻共建理事会"。

厦门市海沧区甚至将"微自治"机制和模式延伸到社区的基层细胞——居民楼和家庭,每栋楼都有自己的楼长,由社区居民推荐产生,以"楼长会议"为载体,社区建立了一套自治体系。

任何改革本身都要有相应机制作为配套,海沧区推动社会治理模式创新的部门是一个临时机构——"共同缔造办公室"。"共同缔造办公室"来源于"美丽厦门、共同缔造"的施政理念,是推动新政的临时性机构。其首要的工作是"转变干部思想"。

从海沧区的治理结构可以看出,它包括两个方面,纵向理顺区:镇(街)——村居小区(楼院)之间的关系;横向理顺社区党组织——居委会——社区工作站之间的关系,构建"纵向到底、横向到边、纵横交错、互动共治"的社区治理体系,让社会管理真正延伸到社区的"最后一公里"。

"微自治"模式给政府带来的最大变化是"你们"变成了"我们",政府的角色由原来的"独唱"变成了"领唱",通过"众议民评"这个平台,每个社区将原来的"你要我做什么"变成了"我们一起做什么"。

【案例6-1 海虹社区的"台湾义工"】

台湾人陈怡仁刚到厦门不久,住在海沧区。她的丈夫在厦门大学读博士学位,她想借陪读的机会为当地的社区做点贡献。机会来自偶遇，有一次她和丈夫吃完饭闲逛到海虹社区居委会前的下沉广场时，发现这个社区广场竟有手工坊展示厅、舞蹈室、形体室、乐器室、练歌房、书画室、亲子室等多间教室。她觉得有点像"台湾的社区大学"，事实也是如此，当时"海虹社区居民大学"刚刚挂牌不久，作为厦门首家注册的社区大学，它主要为社区居民免费提供音乐、绘画、舞蹈和育儿等十余门培训课程。陈怡仁通过海沧两岸义工联盟成为海虹社区居民大学的一名义工。没过多久，她发现这个社区的年轻家长和孩子们已经离不开她了，有一次，她有事迟到，当她匆匆忙忙赶回社区教室时，竟然发现家长和孩子一个也没有离开，等了她一个多小时，这令她十分感动。在她看来，这就是"社区"的价值和意义，大家在一个共同生活的空间里"彼此信任、彼此依存"。

她现在所服务的海虹社区和中国大陆许多城市社区一样，只是一个进步中的社区，它远没有台湾社区那么成熟，社区大学课程也没有台湾那么多元。海虹社区大学开设的多是才艺类课程，这和台湾有很大的不同，台湾不仅有才艺课程，还有心灵成长和运动课程，而且还会兼顾到各个阶层的社区居民。但毕竟已经开始了。通过和社区孩子们的相处，她发现应试和填鸭式教育在孩子们身上留下的后果——比较自我，没有创意性，很多孩子喜欢模仿，不喜欢挑战和冒险。她认为这一切和大陆的教育方式有关，大陆传统的教育体系更多是为了培养"螺丝钉"，而不是"一个个站在舞台上发光发热的人"。况且，很多幼儿园教师都偏年轻，通常老师的学历层次也不够，在台湾，越是教育年龄小的孩子，对老师要求越高，大陆是反着的。学校教育的缺失，让家庭教育显得非常重要。可是通过和家长们的接触，陈怡仁很快从年轻家长们身上发现了问题。她的结论是："还没有家庭教育的概念。""年轻家长很容易让孩子吃零食和甜食。为了让孩子不吵闹，就让他们玩iPad、手机，看电视。这会让孩子注意力不集中，损害孩子的智力。可家长们不知道，他们还停留在给孩子提供物质的层面。"陈怡仁说。这也是厦门海沧区推动"互动共治"的价值和意义。海沧区区委常委、纪委书记江根云说："不管是社会还是家庭，都或多或少存在这样那样的问题，但只要大家一起参与进来，寻找方案，很多问题都会得到解决。"

6.2.5 网格化城市管理的作用和意义

1. 明显提高了城市管理效率

网格化城市管理模式极大地提高了城市管理效率。北京市东城区自2004年10月24日投入系统运行以来，政府系统本身对城市管理问题的发现率达到90%以上，而2004年以前只有30%左右；任务派遣准确率达到98%；问题处理率为90.09%，问题平均处理时间为12.1小时，而过去要1周左右；结案率为89.78%，平均每周处理问题360件左右，过去每年只能处理五六百件，城市管理水平明显提高。上海市长宁区网格化城市管理系统自2006年1月1日正式投入运行以来，三个月内有效立案

16 391 件,按时处置结案 16 249 件,处置完成率为 99.1%。上海市城建热线平台针对卢湾区的公众投诉量明显下降,2005 年 11 月重复投诉率为零,卢湾区内各条城建热线的投诉量也同比下降 50% 左右。武汉市网格化城市管理系统于 2005 年 10 月 18 日建成投入试运行,截至 2006 年 4 月 13 日,立案 13 210 件,结案率达 80% 以上,日均处理事件 100 余件。网格化城市管理模式真正做到了高效、精确。

2. 有效降低了城市管理成本

网格化城市管理模式建立在数字技术基础之上,一方面,数字化的信息传送方式使得管理成本有效降低,同时,信息传递的快速准确使得各类损害、危险能够在第一时间被发现、解决,从而降低各类城市部件的维护成本。另一方面,数字技术使得组织人员的集约化分工配置成为可能。传统管理模式下,某一区域内不同类别的设施、事件,需要不同专业部门分别派人监督。而在新模式下,这些工作可以完全交给一名监督员来完成。专业部门不再承担发现问题、捕获信息的责任,彻底从"监督"工作中解放了出来,降低了人员消耗。北京市东城区的经验充分证明:由于城市管理监督员对万米单元进行不间断巡视,各专业部门的巡查人员相应减少了 10% 左右,各类费用明显降低;由于问题定位精确、人员分工明确,各专业部门的部件、事件处理成本大大降低。由于城市部件破坏、损伤发现及时,城市部件维修、重置费用等也大大降低。测算结果表明,新模式正式运行的 5 年内,可以使北京市东城区每年节约城市管理资金 4 400 万元左右,而该区为实施新模式投入的建设资金不到 2 000 万元。

3. 有助于建立城市管理长效机制

网格化城市管理模式在很大程度上克服了传统城市管理模式的制度缺陷和技术障碍。信息收集传递的及时准确使城市管理工作做到了有的放矢、有条不紊,走出了过去"群众运动式管理""突击式管理"的尴尬境地;与网格化城市管理模式相适应的新型组织结构和人员分工方式解决了职责交叉、推诿扯皮、多头管理等问题,提高了管理主体的活力和效率;网格化城市管理模式推动下的管理工作流程再造,使得城市管理由过去的粗放、被动、分散向高效、敏捷、系统转变,进一步强化了政府的社会管理和公共服务职能,为建立城市管理长效机制做出了有益探索。

4. 提高了城市管理的民主化水平

现代行政管理理论认为,民主是实现政府"善治"的重要基础。传统城市管理模式的一大缺陷是公众意见表达渠道不通畅,造成管理者的行为失准,降低了管理效率,甚至损害了公众利益。网格化城市管理模式的一大特点是沟通渠道的双向性,通过"监督轴心"的纽带作用,实现了市民与政府的良性互动,加速了信息传递,密切了政群关系。市民的问题能够及时传达给管理者,方便了管理者及时采取措施对症下药,同时,市民评价被列为管理者绩效考核的重要指标,提高了管理者的主动性和市民参与管理、协助管理的积极性,形成了一套完整的反馈控制系统,增强了管理的有效性。

5．进一步规范了城市管理行为

城市管理的根本目的是创造、维持城市内和谐优美的生活工作环境，因此，城市管理应秉持以人为本、和谐关怀的理念，重"疏导"，轻"压制"，重"沟通"，轻"命令"。而近年来，城市管理工作中"以罚代管""以压代管""暴力执法"等不和谐现象屡屡见诸报端，究其原因，一方面是管理者的价值取向问题，另一方面是传统的城市管理模式在绩效考核环节过于重视组织内部评价和机械的指标评价，忽视了外部评价和主观评价。网格化城市管理模式下衍生的新型绩效考核制度，将市民和相关方面的主观评价列为一项重要指标，内外兼顾，起到了端正管理理念、规范管理行为的功效，彰显了城市管理的人性化精神。

6.3 数据化城市管理模式

6.3.1 政务数据体系建设背景

1．政府转型要求

大数据时代的到来，政府的定位为开放的数字政府，政府的数据资源需要进行不断的开放与共享，国家政务发展面临新的环境和要求，正处于转变发展方式、深化应用和突出成效的关键转型期。如何充分利用大数据理念和技术，促使政府转变为智慧型政府，提升政府管理能力和服务水平，是电子政务领域当前面临的紧迫课题。

2．产业发展要求

互联网产业的迅速崛起，大数据相关产业发展非常迅速，创新的海量数据处理技术在电子商务、社交网络等领域得到应用和发展，从而取得巨大的商业利益。

3．科学技术发展

大数据的应用和技术是在互联网快速发展中诞生的，互联网的发展使得网页的浏览量呈现出爆发式的增长，实在感知的数据也不断增多，在云计算的支持下，对数据的计算处理能力不断地提高。

4．企业效益诉求

从公众对数据开放的需求可以看出，相当大部分的访问者都希望能够开放相关企业、教育机构、科研机构等相关的数据。

6.3.2 政务数据管理的基本要素

随着大数据时代的到来，如何利用大数据技术和方法创新政府网络服务模式，推进"互联网＋政务服务"和数据化城市管理模式的发展,为公众提供个性化、精准化便捷服务,成为政府当下需要解决的重点问题。

1．政务数据的整合与共享

政务数据是各部门的业务活动中长期积累的数据,涉及人口数据、交通数据、医疗卫生数据、社会保障数据、教育数据等方方面面的数据集合。我国各部门长期以来各自为政,各部门、各层级的政务数据资源呈现分散化、割裂化、碎片化,形成数据孤岛,使得我国各部门之间呈现出信息共享难、业务协同难、互联互通难的"三难"问题。这已经成为我国电子政务发展的重大阻碍,也是推进"互联网＋政务服务"亟待清除的绊脚石。近年来,针对困扰基层群众的"办证多、办事难"等问题,提出了以实现"一号一窗一网"为目标的"互联网＋政务服务"新模式。"一号"申请、"一窗"受理、"一网"通办都需要对现有分散在各部门、各层级的政务数据资源进行有效整合,实现跨部门、跨层级、跨地域的协同和共享。因此,我国必须以政府数据整合共享和业务协同为切入口,以"创新、协调、绿色、开放、共享"五大发展理念为指导,加强电子政务的顶层设计,着力解决"老三难"等突出问题,打破信息孤岛、实现数据整合,推进部门间业务协同、信息共享和服务衔接。

2．政务数据的深化应用

"服务民生"是政府采取一切行动的最终目标。因此,如何利用大数据技术和理念为公众提供更加精准化、个性化、便利化的服务,成为政府构建优质高效的政务服务的重点内容。近年来,随着互联网的产生和移动互联网的发展,政府部门积极地在微信、微博等网络平台和政府网站等推广政府数据信息和各种便民服务,虽然取得了一定的成效,但是相对于公众的需求仍有很大的差距,公众的满意度不高。其实问题的关键还在于政府缺乏对公众在网上的真实需求和服务体验的了解。

因此,想要解决这一问题,政府必须要加强政务服务大数据应用,以大数据创新网络服务模式,从供给端和需求端两个方面做好政务服务大数据的应用工作。一方面,针对放管服改革过程中简政放权不到位,放管结合不协调,"最后一公里"尚未完全打通等一系列问题,政府应该利用大数据推动政府监管模式的转型,强化对各产业部门的有效监管,优化政务服务,完成对供给侧的改革;另一方面,要利用大数据精准感知用户的需求和服务体验。充分地利用大数据技术对跨部门、跨领域、跨渠道的用户的各类数据资源(如群众行为数据、群众购买数据、电子证照库等)进行挖掘、整合、利用,全面掌握用户访问的行为特征和服务需求,从而根据用户需求优化要素资源配置,增强供给结构对需求结构的适应性和灵活性,改进服务方式,优化政务服务,变被动服务为主动服务,为用户提供精准化、个性化的服务,提高政务服务水平和用户满意度。

3．政务数据标准体系建立

在推进"互联网＋政务服务"过程中,建立统一的政务数据标准体系十分重要。不论是"一号"申请、"一窗"受理,还是"一网"通办,都会涉及数据的校核、共享、互认,没有统一的标准这些工作将无从开展。首先,"一号"申请要求所有的电子证照信息能够跨地区、跨部门、跨层级进行多元采集、对接联通、互认共享、共同利用,因此,必须尽力统一数据交换共享平台,进行电子证件的共享使用,实现在全国范围内的异地业务办理;其次,"一窗"受理则要求建立统一的政务信息目录体系和数据共享交换标准,整合关于人口、空间地理、人际交往、职业等基础信息,建立基础信息库和业务信息库,对接各层级数据共享平台,实现跨层级、跨部门、跨区域的互联互通和协同共享;最后,"一网"通办则要求实现实体的政务服务大厅、政府的官方网站、政府服务热线以及各种政务服务的公众号的整合互通,形成线上线下结合的O2O政务服务新体系,形成各渠道、各有关部门、各政府组织之间无缝连接,提高办事的效率,形成多渠道、无差别、高效率的服务供给体系。

6.3.3 政府数据管理的关键技术

大数据开启的时代转型在世界范围内方兴未艾,它在商业领域发挥巨大作用的同时,正大步向政府部门进军,其产生的思维革命与方式转变正不断冲击着政府数据管理。大数据具有转化为国家重要公共信息资源的潜力,作为重要的信息资本和数据资源,已被各国政府提升到了战略高度。各国政府部门已经开始考虑向大数据管理迈进,在数据信息量飞速增长的当今,通过多元化渠道来搜集数据资本,挖掘决策信息,支持政策制定。在我国,政府数据管理的关键技术主要分为以下四种:元数据管理、数据标准管理、数据模型管理、数据服务总线。

1. 元数据管理

元数据是一种结构化的信息,用于对某项信息资源进行描述、解释、定位,使其易于提取和使用。元数据包括业务元数据、管理元数据、技术元数据。

(1)业务元数据:开发、设计、维护;数据处理设计与实现;数据质量检查;关键报表指标监控。

(2)管理元数据:项目的运行管理;管理规范。

(3)技术元数据:中间过程监控;业务逻辑规则;BIU灵活查询支持。

元数据描述目录属性和文件属性等信息,其访问操作时延迟和吞吐的数据量较小,虽然占用空间往往不到总数据量的10%,但其查询量占到总数据访问的50%到80%。

元数据管理包括元数据维护;元数据采集;元数据查询;元数据分析。其主要是不同来源、不同特性的数据通过ETL转换过程进行统一的储存和管理,进而支撑上层的数据服务。

2. 数据标准管理

数据标准管理是指数据标准的制定和实施的一系列活动,包括数据标准的需求、制定、执行、维护管理和数据标准化评估。数据标准管理主要通过对元数据进行采集，建立元数据与标准数据的完整映射，同时通过对元数据进行筛选提取出核心元数据，并对其进行不同维度的分类，形成完整的数据目录，数据标准管理支持按不同维度进行数据目录的浏览和查询。通过数据标准管理，重点解决政府"信息孤岛"、数据割裂、难以关联和匹配、影响业务贯通融合等问题。数据标准主要包括对结构化、非结构化及采集量测类数据的元数据标准、主数据标准、事务处理数据标准、共享交换数据标准、指标数据标准等数据标准的管理。

3. 数据模型管理

数据模型管理是在信息系统设计时，参考业务模型，使用标准化语法规则来设计数据模型，并在信息系统建设和运行维护过程中，严格按照数据模型管理规定，审核和管理新建数据模型；是对行业的概念模型、逻辑模型和物理模型进行统一的管理。其主要是将各行业管理规范、管理模型以及数据库管理等全部导入到数据模型管理的组件中，并提供模型信息维护、版本管理、业务模型与物理模型映射等功能，并在设计、开发、运行等完整数据生命周期内对模型进行管理。主要管理内容包括数据模型的设计、执行和维护。数据模型的标准化管理和统一管控有利于数据整合，提高信息系统数据质量，包括对业务系统、数据模型、公共信息模型、数据仓库模型等数据模型的管理。

4. 数据服务总线

数据服务热线是建立在元数据与数据标准服务模型之上的对外数据服务模式，它主要通过对外提供统一的数据服务目录，对所有的数据资源进行全方位概述，包括数据的来源、数据的位置、数据的责任单位、数据的共享程度等，并通过提供统一的、标准化的数据交互访问接口提供对外共享数据，保证数据的安全性以及交换数据的准确性。通过数据服务总线，实现源数据高质量共享，建立数据接口服务，保证源头数据与统建系统顺利衔接，保证工控、手持及专业软件无缝接入。

6.3.4 政府数据管理体系

大数据环境下，政府数据开放平台的建设需要耗费大量的时间、精力和财力，不仅涉及众多学科，还涉及各级政府和各个部门乃至社会各界，具体流程主要有数据的收集、整合、储存、开放、传输等，因此需要一个系统的、规范的、完善的组织来进行全面的管理。

1. 数据平台基础体系

目前，综合国外的政府数据开放平台经验和国内的实践，并根据中国政府的具体情况，现阶段，我们应重点做好以下三个方面的工作：一是建立统一的政府信息资源元数据标准体系。目前，我国政府所拥有的数据资源几乎都是没有经过加工的原始数据,既没有固定的存储格式,也没有规范的存储体系和分类体系,不便于用户进行数据检索和查询。所以急需建立元数据体系对信息资源进行规范和管理。二是建立庞大的数据存储体系。根据我国政府部门的分级分类情况,未来全国性数据量是巨大的,要想存储这些数据,必须先建立一个庞大的且能扩容的存储体系来满足大数据环境下我国政府数据开放平台的建设需求。三是加强对数据挖掘和处理技术的研发,提高数据整合、过滤、再利用的能力,从而提升数据的价值,提高政府服务水平。

2. 数据服务体系

大数据环境下,政府数据开放平台应当建立数据服务体系,包括数据采集、数据储存、数据过滤、数据整合、数据可视化处理、数据检索、数据统计、数据发布等板块。在使用政府数据开放平台时,如何让用户在数据量如此庞大的数据资源库中,快速地获取自己想要的理想数据呢?首先,必须对各部门数据开放的内容进行严格规范,从数据采集进行源头把控,保证数据的质量和准确性,并积极树立部门主动开放数据的意识。其次,大数据环境下,我国政府数据开放平台应根据不同时期的不同社会需求,对各个政府部门应当对外开放的数据进行整合、分类,并严格规定政府各部门的数据开放时间,严格按照要求在规定时间内公开数据,使得开放数据成为各部门的一项义务,推动大数据环境下政府建设数据开放平台的进度。最后,严格规范开放数据的类型以及组织形式,从数据来源上进行严格把控,确保开放数据的优质高效,同时对数据的安全进行严格监控,避免开放数据影响到公民的个人隐私、企业和国家秘密,从源头上对数据安全进行控制,杜绝被不法分子利用。

3. 数据交互体系

政府数据开放平台的构建可以参照 Data.gov 和 Data.gov.uk。从数据上传者的角度来说,我们可以接入第三方应用程序,进行数据的收集和上传;从数据使用者的角度来说,可以通过建立交互体系,提供数据开放平台用户参与渠道,用户可以利用交互体系进行数据报错、评论、分析、评价、反馈等,提高公众的参与度;从管理员的角度来说,管理员可以通过收集用户的参与信息,及时了解用户的需求,认识平台自身的不足,同时也推动政府数据开放平台建设的逐步完善。

4. 数据安全体系

目前我国政府的数据安全体系尚不完善,无法保证大数据环境下数据开放的安全。大数据本身有利也有弊,虽然大数据使得数据安全领域不断进行提升,推动数据安全的进步,但也让数据安全工作面临了巨大的挑战。大数据作为"未来的石油",人们越来越重视它在信息化发展过程中的地位和作用。但是在大数据环境下,过去传统的数据安全防御技术无法起到很好的防护作用,导致数据平台容易受到外界的攻击,数据信息泄露得不到有效改善。因此,我们需要建立相应的大数据安全保护体系,避免国内大数据泄露。而建立一个安全性较高的政府数据开放平台,需要基于整个平台架构建立一套数据安全防御系统,能够及时防御黑客的攻击,防止病毒的入侵。为此,可以选择从以下几个方面入手:吸收大量的信息安全技术型人才,加大对数据安全的相关政策支持,研究制定政府数据开放安全配套标准,建立完善的、系统的大数据安全保护机制;尽快推出相关安全技术,制定政府数据开放安全防护技术体系,确保国家数据安全、信息安全和个人隐私在大数据环境下受到合理的保护,构建全方位、全时段的政府数据安全防护体系;引进先进的数据库保险箱,根据数据的重要性、价值、秘密程度等相关因素,对政府数据进行分级分类,并进行分级加密处理。

同时对数据的安全进行严格监控,避免开放数据影响到公民的个人隐私、企业和国家秘密,从源头上对数据安全进行控制,杜绝不法分子的利用。最后,政府数据开放可以适当开拓一些盈利途径,明确相关的费用标准,例如对于某些特殊用途或者价值较高的数据进行适当收费。政府部门也可以积极借鉴国外的成功案例,例如美国的Data.gov,编制一个数据目录,能够将各个政府机构所提供的数据收集整理并显示在目录上,让用户可以快速地找到自己所需的数据,通过根据个人需求使用这些原始数据,进行数据开发利用,将结果再重新上传到平台,从而提供新的共享数据,在数据的不断循环使用下,最终达到平台的间接服务效果。

5. 数据应用体系

政府数据开放平台的建设目的不是简单地将数据进行开放和公布,其价值也并非体现在数据开放的数量及类型上,而在于将政府数据开放后,让更多的机构和公众参与和使用开放的数据信息,对数据进行增值利用,高速有效地解决社会问题,提高政务效率。所以政府数据开放平台的建设也应该遵循"以人为本"的原则,以社会需求为导向,重点关注社会热点以及与公众生活密切相关的问题,调动公众的积极性,鼓励公众主动参与,增强与公众的互动交流,听取公众的建议与反馈,更好地服务于公众,满足公众的各种需求。这不仅是大数据环境下对政府部门提出的新要求,也有利于提高政府数据开放质量,使得政府开放的数据信息更具有针对性、更具有利用价值。

6.3.5 数据化城市管理模式的应用

大数据是一种工具,一种理念,更是一个时代。随着人工智能的大力发展,大数据正在成为新的战略资源争夺点,无孔不入地在各个行业内扮演着至关重要的角色,政务大数据就是其中之一。2018年的《政府工作报告》明确指出,"推动大数据、云计算、物联网广泛应用""做大做强新兴产业集群,实施大数据发展行动""注重用互联网、大数据等提升监管效能"。在社会治理、城市管理领域,运用大数据提升社会治理的智能化水平也已经成为大势所趋。

1. 大数据助力城市交通管理

互联网技术的发展和应用,已经完全颠覆了传统的交通面貌,包括人、车、道路、建筑物在内的所有位置信息都可进行实时联网，交通特别是城市交通变得更加智能、精细和人性。开车族的手机导航取代了车载导航仪，乘坐公共交通工具出行的人们开始查询下班车的到站时间，走高速公路的朋友们听起了路况广播，到高速收费口不再停车交费改走 ETC 车道，路遇事故的交通参与者实时向各类信息平台传递实况，利用大数据进一步分析出每周的不同时段的拥堵状况，以此进行精确出行路线规划等。这所有的变化都源于"互联网＋交通"的新型交通管理模式。

随着共享经济的迅速崛起，以"共享经济＋智慧交通"模式而兴起的网约车再一次颠覆了城市的交通行业，成为政府城市交通管理的新挑战。网约车通过移动互联网精确匹配需求和供给，缓解出行信息不对称局面，有效缩短车辆空载时间，为各类用户增加额外收益。在春运等出行高峰时期，交通分享还可以成为重要的运力补充。随着网约车不断发展，各平台积累的数据不断汇聚成可观的"数码宝藏"，为平台与城市交通部门共同开展智慧交通建设奠定良好的基础，也推动平台数据分析、利用能力实现指数级的提升。

"交通大数据"的实际应用不仅优化资源的配置，而且还缓解交通拥堵。以数据大脑为核心，实时监控分析道路车流量，在车流巨大的路段，全程绿灯不停车，是"城市大脑"给出的一套城市治堵方案。"城市大脑"自 2016 年 10 月在杭州落地后的一年中接管了杭州 128 个信号灯路口，每 15 分钟就能根据摄像头数据调节红绿灯资源，对道路和时间资源进行再次分配。这一实践使试点区域通行时间减少 15.3%，高架道路出行时间节省 4.6 分钟，帮助城市进行高效自我管理。

【案例 6-2 滴滴出行：一站式共享出行平台】

滴滴出行的前身嘀嘀打车成立于 2012 年 6 月，经过多年的发展，构建起一站式共享出行平台，依托智慧交通大数据路径规划及预测能力，提供端到端的优质出行解决方案。2017 年，滴滴已经在全球 400 余座城市为 4.5 亿用户提供出租车召车、专车、快车、顺风车、代驾、自驾租车、巴士、共享单车和企业级约车等出行技术服务，约有 2 100 万注册司机使用滴滴。平台整合了出租车、网约车、顺风车、代驾等多种共享出行方式，提供完整的一站式出行服务。主要业务中，出租车信息服务帮助传统出租车行业转型升级，促进巡游出租车和整体共享出行行业的加速融合；快车业务为用户提供网约快车信息业务；专车业务以高端车型、优质服务，为乘客提供品质出行体验；拼车服务通过大数据算法，将路线相近、同方向的乘客即时匹配，帮助乘客拼车共乘、分担费用；顺风车可以让路程相似的通勤者拼车出行，让通勤变得更加方便、有趣；代驾服务通过大数据技术支持的订单派遣系统，让接受过系统培训的司机为私家车车主提供标准化的代理驾驶服务。

滴滴交通大脑是兼具云计算、AI 技术、交通大数据和交通工程的智能系统，通过机器自我学习的方式，搭建出能够支撑类脑推理的核心算法模型，帮助实现更准确的预测能力、智能的调配能力,实现最优的交通组织。"您有一条新的消息!"走进贵州黔东南州雷山县"通村村"智慧交通调度中心大厅,不时听到订单通知声响起。据负责运维的公司负责人罗永介绍,这是一款农村版的滴滴出行,利用大数据来实现人车信息匹配。在济南,滴滴公司与当地政府开展的"智慧信号灯"合作,将平均交通拥堵时间下降了10%~20%,一个月内大明湖区早晚高峰期的交通延误时间下降了约20%。交通大数据分享成为城市智慧交通真正落地的有效抓手。

2. 大数据助力医疗卫生管理

当前,国内医疗服务供给总体不足与需求不断增长之间的矛盾依然突出,优质医疗资源短缺、分布严重失衡、"挂号难、看病难、看病贵"等问题长期存在,成为政府在医疗卫生管理方面的重大难题。党中央、国务院高度重视"互联网+医疗健康"工作。积极地利用大数据、云计算等新一代信息技术发展互联网医疗行业已经成为"十三五"规划深化医疗卫生体制改革的主要目标之一。习近平总书记指出,要推进"互联网+医疗"等,让百姓少跑腿、数据多跑路,不断提升公共服务均等化、普惠化、便捷化水平。李克强总理强调,要加快医联体建设,发展"互联网+医疗",让群众在家门口能享受优质医疗服务。医疗卫生行业按照部署要求在"互联网+"和大数据应用上进行了多方面的实践和探索,社会各界高度关注、积极参与,"互联网+医疗健康"领域新模式、新业态不断涌现,为推进行业职能转变、创新服务模式、提升治理能力提供了重大机遇。

为贯彻落实党中央、国务院决策部署,国家卫生健康委员会会同有关部门研究起草了《关于促进"互联网+医疗健康"发展的意见》(以下简称《意见》),要求加快发展"互联网+医疗健康",让患者少跑腿、更便利,让更多群众能分享优质医疗服务。《意见》规定允许依托医疗机构发展互联网医院,也就是说,医疗机构可以依托实体医院使用互联网医院作为第二名称,通过对医院现有信息进行集成,搭建互联网信息平台,多途径开发面向患者的信息通道,如App、微信公众号等,实现网上预约挂号、缴费、候诊、结果查询等功能,应用大数据让患者随时随地享受医院的前端服务,有效缩短了患者等待时间,改善患者就医体验,开展远程医疗。

【案例6-3 微医集团】

微医集团与浙江萧山医院合作在杭州建成了首个互联网医疗区域手术中心。通过该中心,患者可"点名医"来家门口做手术,并通过微医集团的"大数据平台"获得后期的复诊等服务。该中心还与美国、日本多家医疗机构建立了合作关系,患者可在手术中心预约海外的医疗团队,并赴国际医疗机构就医。

【案例6-4 医渡云公司】

医渡云公司与全国400余家医院合作,打造"医渡"这一医疗大数据平台,实现了医疗数据获取、大数据存储和机器学习应用功能,专注于医疗数据处理和深度挖掘,为医生、医院、顶级科研机构和监管部门提供基于自然语言的病历搜索、辅助诊疗、循证医学科研等大数据技术服务。

【案例 6-5 名医主刀】

名医主刀成立 2014 年,是一家专业的移动医疗手术预约平台,公司总部坐落于上海,现设北京、杭州、天津、广州、南京、济南、成都、延安等分部。截至目前,名医主刀业务已覆盖全国近 30 个省市,合作专家超过 3 万余名,其中三甲医院的科室带头人、主任医生等超过 2 000 人,集中分布在北京、上海、广州、南京、杭州、深圳等地,整合了 10 000 多张空闲床位,月均手术对接量近万台。名医主刀是一个将手术环节互联网化的平台。一方面,应用大数据整合顶尖的医生资源,以及二、三甲医院和高端民营医院的空闲床位资源,为名医多点执业提供场所;另一方面,患者可以通过平台去预约专家,专家利用自己业余时间为其进行手术治疗,并通过"医疗大数据"平台获得后期的复诊服务。医疗分享通过对接各大平台的医疗大数据并对其整合与共享重塑传统的就医方式,实现医疗资源的高效利用。

3. 大数据助力共享经济发展

共享经济是指利用互联网等现代信息技术整合、分享海量的分散化闲置资源,满足多样化需求的经济活动总和。共享经济是伴随着信息技术发展而产生的新型经济形态。互联网(尤其是移动互联网)、宽带、云计算、大数据、物联网、移动支付、基于位置的服务等现代信息技术的快速发展,给共享经济的产生提供了技术支撑。

1978 年,Rachel Botsman 和 Roo Rogers 在其著作《我的就是你的:合作消费正在改变我们的生活》中,首次提出"协同消费"的概念,用来描述协同生产、利益共赢的经济现象,这是最早用来概括共享经济的语言。2008 年金融危机之后,伴随信息技术及其创新应用进入迸发期,共享经济快速成长。从最初的汽车、房屋共享迅速渗透到金融、餐饮、空间、物流、教育、医疗、基础设施等多个领域和细分市场,并加速向农业、能源、生产、城市建设等更多领域扩张。根据调研公司 CB Insights 的数据,截至 2016 年 2 月 4 日,全球价值在 10 亿美元以上的私营公司有 151 家,其中有共享汽车的滴滴出行、Uber、Lyft、Olacabs、Blabla Car 以及 Grab Taxi,分享房屋的 Airbnb、途家网、小猪短租,分享网络存储空间的 Dropbox,分享邻里信息的 Nextdoor,分享办公空间的 We Work,分享医生咨询和预约的挂号网,提供金融 P2P 服务的 Funding Circle、Social Finance,以及生活类服务的 Delivery Hero、Hello Fresh、饿了么、Instacart 等。

党的十九大报告明确提出,推动互联网、大数据、人工智能和实体经济深度融合,在中高端消费、创新引领、绿色低碳、共享经济、现代供应链、人力资本服务等领域培育新增长点、形成新动能。随着我国现代经济体系的快速发展,我国的共享经济也呈现出高速发展的态势,助力大众创新;打造新增长点;扩大有效供给;激发创新活力;实现低碳发展;促进灵活就业。

表 6-1　2017 年我国共享经济重点领域的市场交易额和交易额增速

共享领域	交易额/亿元	交易额增速
知识技能	1 382	126.60%
生活服务	13 214	82.70%
房屋住宿	145	70.60%
交通出行	2 010	56.80%
医疗分享	70	48.00%
共享金融	28 264	35.50%

数据来源:国家信息中心。

根据表 6-1 显示,2017 年中国共享经济市场交易额约为 45 085 亿元,比上年增长 47.2%。其中知识技能、生活服务、房屋住宿三个领域市场交易额增长最快,增速分别为 126.60%、82.70% 和 70.60%。

大数据是信息化发展的新阶段。以共享经济为代表的新业态蓬勃发展,推动数据呈现出爆发增长、海量聚集的特点,对经济发展、社会治理、城市管理、人民生活都产生了重大影响。

4. 大数据助力办事流程简化

2009 年,美国联邦政府"一站式"政府数据下载网站正式上线,成为世界上首个一站式政府数据开放平台。这个平台涵盖了农业、气象、金融、就业、人口等近五十多个门类,保证美国的公民可以随时随地地获取政府信息和公共服务。目前,全球已有 60 多个国家和地区开放公共数据,以数据为基础的社会治理迅速推进。

2016 年 4 月国务院发布《国务院办公厅关于转发国家发展改革委等部门推进"互联网＋政务服务"开展信息惠民试点实施方案的通知》,其目的是解决困扰基层群众"办证多、办事难"等问题,提出了以实现"一号一窗一网"为目标的"互联网＋政务服务"新模式。主要通过对政务服务大数据的有效整合、开放共享和深化利用为公众提供个性化、精准化的便捷服务。

【案例 6-6　浙江省"最多跑一次"改革】

为了解决老百姓"办事难"的问题,浙江省推出了"让企业群众办事只进一扇门、最多跑一次"改革,整合政府部门的数据流、信息流变"找部门"为"找政府";通过减少材料和数据共享变"群众跑"为"数据跑";全省 7.7 万个事项变"现场办"为"网上办"。浙江已有 1.35 万个可共享数据项,数据共享月均近 1 000 万次,数据每调用一次,就意味着数据代替群众交了一份材料。在浙江省衢州市,通过"一窗受理、集成服务"办不动产证,从原来 3 个窗口跑 9 次变为 1 个窗口跑 1 次,提交材料从 3 套减少到 1 套,办结时间从数日缩短到60分钟。到2017年年底,"最多跑一次"的实现率和满意率分别达到了87.9%和94.7%。

【案例6-7 贵州省"六个统一"建设原则】

贵州省政府政务服务中心坚持统一顶层设计、统一开发建设、统一推进应用、统一办理平台、统一数据共享、统一安全保障"六个统一"建设原则,建成了覆盖省市县乡村五级全省一体化的"互联网＋政务服务"平台,逐步实现企业和群众"进一扇门、办全部事,进一张网、办全省事"。贵州省乌当区在继续推进"互联网＋政务服务"工作中,着力打造"线上线下合一、前台后台打通、纵向横向联动"的政务服务新模式,各行政审批部门主动对接区政务服务中心解决数据共享、业务融合的问题,形成部门间协同联动,顺利实施"网上办"服务。

【案例6-8 南京市网上"旗舰店"】

2017年5月23日,南京市建设了首家地市级政府服务网上"旗舰店"——南京"互联网＋政务服务"平台,在全国首创建立房产交易与不动产登记全业务一体化办理平台。全过程"一次取号、一窗受理、一键缴费、一网办结、一并快递",企业和市民所需办理事项在线服务率100%。

【案例6-9 上海市"一网一云一窗"】

2018年3月,上海市已经基本形成了"一网(政务外网)、一云(电子政务云)、一窗(网上政务大厅)、三库(人口、法人、空间地理信息库)、N平台、多渠道"的支撑体系,"互联网＋政务服务"工作总体水平居全国前列。

5. 大数据助力社会治安管理

在大数据时代,政府的公共安全、城市管理等方面的治理水平已得到显著的提升。美国华盛顿每年都投入大量的经费在警方身上,随着犯罪记录数据的开放,警方还能通过犯罪信息和交通大数据结合起来合理调配警力,严密监视犯罪行为,从而降低了犯罪率。在我国,大数据也被广泛地应用于公共安全、社会治理领域,最高人民法院信息中心主任许建锋介绍,我国的司法大数据汇聚了全国法院1.4亿的案件数据,法院的司法、审判、执行管理都是在此数据的基础上开展分析,形成热点周报、态势月报和专题研究立体化框架。

2018年4月,首届数字中国建设峰会前记者采访团走访了福州"智慧城管"管理服务中心,厦门市城市公共安全管理平台、泉州台商投资区"数字城管"监督指挥中心等,感受"大数据"给公共安全和城市管理带来的改变。据厦门市公共安全办主任助理张若峰介绍,厦门市公共安全平台构建在政务专网上,后台设置是在信息中心,前端延伸到政府、公共服务企业等76个部门,直接对接110警情、阳光信访、数字城管、各区网格化平台等41个专业系统；整合汇聚跨界、跨地域、跨部门数据信息，研发大数据分析模型，建立风险隐患研判会商机制，推动各类数据的广泛共享、有效关联、深度挖掘，及时发现涉及公共安全的苗头性、隐患性问题。在厦门市发生的一起多名诈骗分子进行抽奖诈骗案件，在没有接到受害者报案的情况下，厦门市公安局通过厦门市公共信息平台的大数据分析发现了26名诈骗前科人员嫌疑最大，经过重点监控，很快就锁定了45名犯罪嫌疑人，一举摧毁了这一诈骗团伙。

随着电子政务建设走向深入，海量政务大数据不断积累，变成了一座数字"金矿"，成为帮助政府部门监测评估、预警预报、分析决策的"最强大脑"。

【案例6-10 "滴滴警务"】

2017年7月18日，南京市公安局玄武分局"滴滴警务"平台上线。群众可以在玄武公安分局微信公众号上点击进入"滴滴警务"后按照提示操作，报警成功后，附近警力会抢单接警赶往现场处置，报警人员还可以实时查看接警人员位置。如果过了一分钟仍没人抢单，指挥室会按照正常流程派警。该平台实现了三大功能的创新：一是"专家会诊"，可在线实时地指导基层开展疑难案件侦办、抢险救灾、复杂警情处置等工作；二是"滴滴报警"，提供在线、可视、互动式的接出警服务；三是"任务/力量匹配"，为民警结合职业发展规划和个人意愿参与特定任务提供选择渠道。目前主要提供6种非紧急类警情服务：出租车纠纷、走失人员、动物侵扰、寻找物品、邻里纠纷和噪音扰民。

滴滴警务平台首次引入共享经济模式，平台设计了多种服务功能，通过"网约车"式报警和抢单模式，实现接处警的快速匹配，对综合提升警务工作效能、便利公众服务需求、发挥多部门协同联动优势等都具有很好的价值，是一次具有前瞻性和创新性的尝试。

6. 大数据助力城市教育管理

舍恩伯格认为，"大数据为学习带来了三大改变：我们能够收集对过去而言，既不现实也不可能集聚起来的反馈数据；我们可以实现迎合学生个体需求的，而不是为一组类似的学生定制的个性化学习；我们可以通过概率预测优化学习内容、学习时间和学习方式"。

在大数据的支持下，教育问题不再仅仅依靠老师模糊的经验，艰难的探索去寻找最佳的教学方案，而是基于海量的教学问题的数据分析去寻找最佳的教学模式，通过对海量数据进行全面分析制定科学合理的教育政策。如果说互联网促进了教育的民主化，那么教育文化管理的数据化将实现教育的民主化。现如今人们对市场上流行的各种大规模在线开放课程教育给予远大的厚望，基于大数据技术和学习分析，优质的教学、课程资源和服务等全部由数据的形式客观呈现出来，学生可以通过互联网自由选择自己感兴趣的或者存在短板的科目进行针对性学习。同时，大数据时代，教师可以根据学生的考试情况对教学活动进行有效的评价分析，完善教学活动中存在的不足并加以改进。通过科学的方式反思教与学的过程和方法,这样,教师和学生才能正视问题解决问题,从而促进教学质量的提高。

7. 大数据助力城市环境管理

"十三五"期间,我国的环境管理战略逐步转变成了以质量改善为向导。近年来,经济的快速发展导致大量资源的消耗,环境的污染。每年汽车尾气的排放量都严重影响了空气质量,对地球的环境和人类的健康造成了很大威胁。环境系统的复杂性已经使得传统的管理方法无法对环境问题进行量化决策和动态调整。而环境管理的数据化依据自采数据传感器的应用和遥感数据与地面监测点数据的融合为环境分析提供实时的数据信息,科学、精准地把握在特定区域内的环境质量情况。

环境管理的数据化主要是通过对与环境质量有关的数据进行科学的分析,主要包括环境监测数据、企业污染排放数据、气象数据、治理投资数据等,给环境规划提供科学可量化的决策依据。在我国,由于占地面积幅员辽阔,不同地区的气候环境分布存在较大的差异,只有对海量的实时数据信息进行有效的分析,实施分区域动态污染物总量的控制。例如微软提出的 Urban Air 模型,利用监测站提供有限的空气质量数据,与交通流、道路结构、兴趣点分布、气象条件和人们流动规律等大数据结合,从而预测整个城市的空气质量。

思 考 题

1. 网格化城市管理模式与传统的管理模式有何不同?
2. 政府如何利用社交平台构建居民生活服务区?
3. 共享经济的发展对我国探索城市管理新模式有何启示?
4. 如何利用"互联网+大数据"提升政府社会治理水平?

参 考 文 献

[1] 徐晓林,明承瀚,陈涛.数字政府环境下政务服务数据共享研究[J].行政论坛,2018(1):50-59.

[2] 陈伟.建设数字政府,推进网络理政[J].先锋,2017(2):32-33.

[3] 戴长征,鲍静.数字政府治理——基于社会形态演变进程的考察[J].中国行政管理,2017(9):21-27.

[4] 早稻田大学.第13届(2017)国际数字政府评估排名研究报告[EB/OL].http://www.echinagov.com/report/172527.htm.

[5] 金婧.AI时代的数字政府发展指引-数字政府白皮书[EB/OL].https://wenku.baidu.com/view/67dee659591b6bd97f192279168884868762b8d5.html.

[6] 黄磊.数字政府下数据智能门户建设实践[EB/OL].http://www.echinagov.com/viewpoint/180945.htm.

[7] 唐鹏,孟昭莉.互联网＋政务-从施政工具到治理赋能[M].北京:中信出版社,2016.

[8] 互联网＋服务前瞻产业研究院,2018年电子政务市场规模有望达3100亿[EB/OL].http://www.echinagov.com/news/207182.htm.

[9] 新加坡政府的数字化之路[EB/OL].http://www.sohu.com/a/169588058_487103.

[10] 从"数字政府"到"智慧治理"[EB/OL].http://www.echinagov.com/news/38765.htm.

[11] 十国"数字政府战略"大比拼[EB/OL].http://www.echinagov.com/news/37135.htm.

[12] 王礼鹏,石玉.智能化治理:国内外实践与经验启示[J].国家治理,2017(37):34-48.

[13] 兰红平.建立数字政府,提升社会服务能力[J].特区实践与理论,2016(1):115-118.

[14] 张晓,鲍静.数字政府即平台:英国政府数字化转型战略研究及其启示[J].中国行政管理,2018(3):27-32.

[15] 吴晶妹.展望2017年中国征信:尊重市场加强监管稳步发展[J].征信,2017,35(01):8-14.

[16] 黎业辉.互联网时代中国征信体系的建设[D].吉林大学,2017.

[17] 中国征信市场年度综合分析2017[R].易观智库,2017.

[18] 孙文娜,赵建春.世界各国征信机构的兴起原因探析[J].未来与发展,2014,38(08):50-54.

[19] 姚存祥.简析世界各国征信体系[J].中国信用卡,2010(08):28-30.

[20] 张雅婷.我国企业和个人征信系统发展探析[J].征信,2015,33(03):35-37.

[21] 《征信前沿问题研究》编写组.征信前沿问题研究[M]北京:中国经济出版社,2010.

[22] 高军,崔颖,刘桐嘉.构建我国个人征信机构评价指标体系的思考[J].征信,2016(3):37-40.

[23] 企业征信市场化发展道路探析[J].金融纵横,2017.

[24] 徐鑫.大数据征信"大有可为"[J].上海信息化,2016(10):29-33.

[25] 王国红,马瑞.地方政府公信力的流失与重塑——多元协同治理的视角[J].湖南师范大学社会科学学报,2013,42(02):70-75.

[26] 龙玉其.从形式公平走向实质公平——我国养老保险制度改革的反思与前瞻[J].长白学刊,2019(02):117-124.

[27] 曹爱军.当代中国公共服务的话语逻辑与概念阐释[J].吉首大学学报(社会科学版),2019(02):55-62.

[28] 俞可平.增量政治改革与社会主义政治文明建设[J].公共管理学报,2004(01):8-14.

[29] 何哲."善治"概念的核心要素分析——一种经济方法的比较观点[J].理论与改革,2011(05):20-23.

[30] 孙宝文,吴昊.论G2G电子政务应用的建设原则——以无锡市公务员绩效考核考评系统为例[J].行政管理改革,2010(07):72-75.

[31] 罗伯特·B.丹哈特,珍妮特·B.丹哈特.新公共服务:服务而不是掌舵[J].刘俊生,译.张庆东,校.中国行政管理,2002(104).

[32] 戴维·奥斯本、特德·盖布勒.改革政府:企业家精神如何改革着公共部门[M].上海:上海译文出版社,1996.

[33] 罗伯特·B.丹哈特,珍妮特·B.丹哈特.新公共服务:服务而不是掌舵[M].北京:中国人民大学出版社,2004.

[34] 张成福.公共行政的管理主义:反思与批判[J].中国人民大学学报,2001,15(1):15-21.

[35] 第三届中国"互联网+政务"50强评选研究报告 2017. 国脉研究院.

[36] 孙国民. 转型期中国电子政务发展模式研究[J]. 中国科技论坛，2013，1(9)：113-118.

[37] 汪玉凯. 中国电子政务的发展展望[J]. 中国信息界，2010(4)：4-8.

[38] 谢庆奎. 服务型政府建设的基本途径：政府创新[J]. 北京大学学报（哲学社会科学版），2005(1)：126-132.

[39] 2018年省级网上政务服务能力调查评估报告[EB/OL]. http://www.gov.cn/fuwu/2018-04/17/content_5283385.htm.

[40] 石雅丽. "互联网+政务"存在的问题及对策分析[J]. 经济研究导刊，2016(31)：15-16.

[41] 施雪华. "服务型政府"的基本涵义、理论基础和建构条件[J]. 社会科学，2010(2)：3-11.

[42] 赵莹. 基于"N点一库"体系框架的政府网站群研究[D]. 天津大学，2013.

[43] 罗卫，邹凯. 电子政务环境下的G2X工作模式[J]. 图书情报导刊，2006，16(9)：220-221.

[44] 姜晓萍. 政府流程再造的基础理论与现实意义[J]. 中国行政管理，2006(5)：37-41.

[45] 黄其松. 结构重塑与流程再造：大数据时代政府治理体系转型[J]. 贵州社会科学，2018(1)：32-37.

[46] 吴佳颖，李正明. 电子政务流程再造的理论与实践[J]. 金融经济，2013(10)：53-55.

[47] 黄兵. 政府行政审批流程再造研究[J]. 安徽冶金科技职业学院学报，2011，21(2)：102-105.

[48] 顾平安. "互联网+政务服务"流程再造的路径[J]. 中国行政管理，2017(9).

[49] 黄小勇. 政府流程再造视野下的行政审批标准化建设[J]. 行政管理改革，2012(4)：34-37.

[50] 邓崧，刘星，张玲，等. 现代公共管理理论下政府流程再造的路径选择[J]. 社会科学，2011(9)：4-12.

[51] 姜晓萍. 我国政府流程再造的公共需求与可行性分析[J]. 理论与改革，2009(4)：5-9.

[52] 任兵. 行政审批流程再造的价值之维与发展展望[J]. 行政事业资产与财务，2018(1)：15-16.

[53] 何哲. 行政体制改革中的管理问题与政治问题——基于组织变革和流程再造视角的分析[J]. 中国行政管理，2013(9)：15-16.

[54] 汪智汉,宋世明.我国政府职能精细化管理和流程再造的主要内容和路径选择[J].中国行政管理,2013(6):24-28.

[55] 付翠莲,申爱君.理念·逻辑·路径:浙江"最多跑一次"改革的三重维度[J].行政科学论坛,2018(1):15-16.

[56] 高静学.政务流程再造研究[D].吉林大学,2009.

[57] 刘星.政府流程再造的路径选择——基于昆明市政务服务中心运作模式[D].云南大学,2010.

[58] 田海峰.服务型政府建设中的政务流程再造研究[D].西北师范大学,2016.

[59] 刘权,黄岩.论公共管理视野下的政府回应机制[J].广州广播电视大学学报,2003(04):59-62.

[60] 贾晓强,闻竞.互联网思维视域下政府回应机制创新的路径探析[J].桂海论丛,2017,33(06):83-86.

[61] 王幸福,高维新,王红花.群体性事件中地方政府回应力问题研究[J].怀化学院学报,2018,37(10):57-61.

[62] 百度百科.回应型政府[EB/OL].https://baike.baidu.com/item/回应型政府/12748721?fr=aladdiu.

[63] 李晓娟.新媒体背景下政府回应问题研究[D].长春工业大学,2018.

[64] 王幸福,高维新,王红花.群体性事件中地方政府回应力问题研究[J].怀化学院学报,2018,37(10):57-61.

[65] 杨芸伊.政府回应:中国的实践困境与路径优化[J].怀化学院学报,2018,37(08):55-57.

[66] 赵晗.中国地方政府回应机制建构研究[D].吉林大学,2011.

[67] 百度百科.公众参与[EB/OL].https://baike.baidu.com/item/％E5％85％AC％E4％BC％97％E5％8F％82％E4％B8％8E/8579134?fr=aladdin.

[68] 张紧跟.参与式治理:地方政府治理体系创新的趋向[EB/OL].http://www.chinareform.org.cn/gov/governance/Report/201504/t20150421_223537.htm.

[69] 王正绪,游宇.经济发展与民主政治——东亚儒家社会的公民价值观念的链接[J].开放时代,2012(06):98-115.

[70] 王伟.新媒体背景下中国电子民主构建研究[D].华东交通大学,2011.

[71] 腾飞的政务新媒体[EB/OL].http://theory.people.com.cn/n1/2017/0425/c40531-29235252.html.

[72] 大众舆情网[EB/OL].http://yuqing.dzwww.com/yqjd/201503/t20150304_11980446.htm.

[73] 论述题:何为舆论?衡量舆论存在的要素有哪些?舆论的形成有哪些情形?

[EB/OL]. http://www.sohu.com/a/165653113_775239.

[74] 舆论的特性[EB/OL]. https://www.zhihu.com/question/36413107/answer/104895200.

[75] 意见领袖：口碑传播过程中影响力的源头[EB/OL]. https://www.douban.com/note/41695714/.

[76] 网络舆论的形成[EB/OL]. http://www.xzbu.com/7/view-4543818.htm.

[77] 吴健超. 大数据条件下我国政府网络舆情监控研究[D]. 大连海事大学, 2017.

[78] 人民网舆情[EB/OL]. http://yuqing.people.com.cn/GB/17718099.html.

[79] 黄道云. 政府应对新媒体浅见[EB/OL]. http://xxwt.siyang.gov.cn/?727/viewspace-12285.

[80] 翁士洪, 叶笑云. 网络参与下地方政府决策回应的逻辑分析——以宁波PX事件为例[J]. 公共管理学报, 2013(04): 26-36.

[81] 国脉电子政务网. 2017中国互联网政务50强评选研究报告[EB/OL]. http://www.echinagov.com/report/178764.htm.

[82] 还原Facebook史上最大数据外泄事件始末[EB/OL]. http://sc.stock.cnfol.com/guojishichang/20180321/26171095.shtml.

[83] facebook数据门风暴始末[EB/OL]. http://baijiahao.baidu.com/s?id=1596528800580137274&wfr=spider&for=pc.

[84] 史惠媛. 公民参与型责任政府构建探析[D]. 黑龙江大学, 2009.

[85] 李杏果. 论市场经济条件下服务型政府建设路径[J]. 商业时代, 2009(33): 15-16.

[86] facebook还有多少惊人内幕[EB/OL]. http://www.ssyx.org.cn/News/Content/10090.

[87] 杨成虎. 公众网络参与若干问题探析[J]. 云南社会科学, 2010(03): 24-27.

[88] 人民网. 第一季度全国政务舆情回应指数评估报告（2017年）[EB/OL] http://yuqing.people.com.cn/n1/2017/0502/c209043-29248623.html.

[89] 人民网. 2018年一季度人民日报·政务指数微博影响力报告[EB/OL]. http://yuqing.people.com.cn/n1/2018/0509/c209043-29974759.html.

[90] 人民网. 西方国家如何加强互联网管理[EB/OL]. http://www.xinhuanet.com/world/hlwgl/.

[91] 法制网. 舆情监测中心[EB/OL]. http://www.legaldaily.com.cn/The_analysis_of_public_opinion/node_42588.htm.

[92] 雷惊庭. 公共政策制定中的公民电子参与问题研究[D]. 华中师范大学, 2012.

[93] 张航. 公民参与的新阶段："知情-协商-赋权"的电子参与过程[J]. 学习与实践,

2017(03):62-71.

[94] KyereFrancis. 加纳苏亚尼市公共部门决策中的公众参与:关于电子参与的看法[D]. 电子科技大学,2018.

[95] 吴良智. 论电子治理中公众参与程序的构建与完善[D]. 电子科技大学,2009.

[96] 殷辂. 网络公共事件舆情失真问题及其治理[J]. 中州学刊,2016(09):67-72.

[97] 荀海龙. 网络舆情的生成及应对机制研究[D]. 黑龙江省社会科学院,2018.

[98] 和娟. 我国公众参与地方性法规立法研究[D]. 山西财经大学,2018.

[99] 刘帅. 政府政策制定中的数字化公民参与及其应对[J]. 中共南京市委党校学报,2016(06):70-73.

[100] 顾珊珊. 自媒体时代网络舆情治理的困境与出路研究[D]. 西北大学,2018.

[101] 吴丹. Web2.0时代我国政府公共服务创新研究[D].

[102] 张惠. 个人数字资产的开发、保护与管理[J]. 南方金融,2017(11):92-98.

[103] 周文泓. 开放政府框架下的档案管理:内涵、进展与走向[J]. 兰台世界,2017(11):10-14.

[104] 王本刚,马海群. 开放政府理论分析框架:概念、政策与治理[J]. 情报资料工作,2015,36(6):35-39.

[105] 洪学海,范灵俊,洪筱楠. 智慧城市建设中政府大数据开放与市场化利用[J]. 2016,2(3):17-26.

[106] 张成福. 开放政府论[J]. 中国人民大学学报,2014,28(3):79-89.

[107] 骆毅,王国华. "开放政府"理论与实践对中国的启示——基于社会协同治理机制创新的研究视角[J]. 江汉学术,2016,35(2):113-122.

[108] 李平. 开放政府视野下的政府数据开放机制及策略研究[J]. 电子政务,2016(1):80-87.

[109] 陈刚. 开放政府数据下个人隐私的法律保护问题研究[D]. 南京大学,2017.

[110] 联合国经济和社会事务部. 2016联合国电子政务调查报告[R]. 纽约:联合国(纽约)印刷,2017.23-39.

[111] 杨孟辉. 开放政府数据-概念、实践和评价[M]. 北京:清华大学出版社,2017.

[112] 杨瑞仙,毛春蕾,左泽. 我国政府数据开放平台建设现状与发展对策研究[J]. 情报理论与实践,2016,39(6):27-31.

[113] 戚斌. 大数据安全与隐私保护[J]. 电子信息,2018(4):50-50.

[114] 范渊. 大数据安全与隐私保护态势[J]. 中兴通讯技术,2016,22(2):53-56.

[115] 徐继华,冯启娜,陈贞汝. 智慧政府-大数据治国时代的来临[M]. 北京:中信出版社,2014.

[116] 方滨兴.定义网络空间安全[J].网络与信息安全学报,2018,4(1):1-5.

[117] 高鹏.国际安全视野下的网络空间安全重大问题的启示与思考[J].网络与信息安全学报,2016(5):163-172.

[118] 郎平.网络空间安全:一项新的全球议程[J].网络安全研究,2013(1):128-160.

[119] 周翔.城市管理的数字化模式研究[D].长安大学,2013.

[120] 任杲,宋迎昌.中国城市化与大城市化的动态作用机制研究——基于向量误差修正模型的实证分析[J].城市发展研究,2019,26(02):1-6.

[121] 郑湘.社区网格化管理存在的问题及对策研究[D].湘潭大学,2013.

[122] 李岩.我国特大城市的社区网格化管理模式研究[D].电子科技大学,2013.

[123] 国脉电子政务网.元数据驱动的大数据服务平台[EB/OL].http://www.echinagov.com/news/210406.htm.

[124] 张晓娟,唐长乐.数字信息资源长期保存元数据技术研究进展[J].情报科学,2018,36(8):3-9.

[125] 于浩.大数据时代政府数据管理的机遇、挑战与对策[J].中国行政管理,2015(03):127-130.

[126] 李国和,冯峥,王卓瑜,等.数据资产管理体系研究[J].电信科学,2019,35(02):105-112.

[127] 张爱舒.大数据环境下我国政府数据开放平台建设策略研究[D].湘潭大学,2017.

[128] 国脉集团官网.王路燕:大数据时代政府数据资产管理实践[EB/OL].http://www.govmade.com/info/4333.

[129] 国脉集团官网.黄磊:数字政府下数据智能门户建设实践[EB/OL].http://www.govmade.com/info/2041.

[130] 杨道玲.大数据时代下的电子政务[N/OL].中国财经报 http://www.sic.gov.cn/News/249/4847.htm.

[131] 国脉电子政务网.政务数据资源体系建设白皮书[R/OL].http://www.echinagov.com/report/53098.htm.

[132] 中国电子政务网.大数据撞开"智慧政府"大门[EB/OL].http://www.e-gov.org.cn/article-166226.html.

[133] 中国电子政务网.国家卫生健康委员会介绍"互联网+医疗健康"发展工作[EB/OL].http://www.e-gov.org.cn/article-166202.html.

[134] 中国电子政务网.《关于促进"互联网+医疗健康"发展的意见》政策解读[EB/OL].http://www.e-gov.org.cn/article-166245.html.

[135] 中国电子政务网.福建:"大数据"提升政府公共治理能力[EB/OL]. http://www.e-gov.org.cn/article-166228.html.

[136] 杨道玲:大数据助力"互联网+政务服务"需抓好三个重点[R/OL].电子政务,2015(8). http://www.sic.gov.cn/News/249/6767.htm.

[137] 国家信息中心.中国共享经济年度报告(2018)[R/OL]. http://www.sic.gov.cn/News/250/8873.htm.

[138] 国家信息中心.数据开放——大数据发展的基础[EB/OL].[EB/OL]http://www.sic.gov.cn/News/249/2391.htm.

附录一 联合国电子政务调查报告调查框架

联合国电子政务调查报告由联合国经济和社会事务部每两年出版一次,以电子政务发展指数(EGDI)为依据,对联合国各成员国在电子政务方面取得的进展进行标杆分析,是全球唯一一个评估联合国193个成员国电子政务发展状况的报告,旨在通过评价各国政府相对于其他国家的电子政务发展情况,为全球电子政务发展提出参考性意见。本报告的主要研究方法为文献综述和调查数据的分析,创新实践案例用于说明信息通信技术如何帮助公共管理转变以促进可持续发展。此外,在该出版物的筹备过程中,多次组织专家小组会议,从世界知名的学者和实践者方面征求意见的建议。

联合国电子政务调查报告的概念框架采用了一种全面的电子政务发展视角,用于数据的收集和分析。该视角主要表现在三个重要方面,使得公众从在线服务和信息中获益:(1)充分的通信基础设施;(2)人力资本推动和使用信息通信技术的能力;(3)在线服务和内容的可用性。调查运用电子政务发展指数(EGDI)跟踪电子政务发展情况。电子政务发展指数(EGDI)是用于衡量国家电子政务发展水平的综合指数。精确地说,联合国电子政务发展指数(EGDI)是电子政务三个重要维度上三项标准指数的加权平均数。这三个维度分别是:由国际电信联盟(ITU)提供的数据通信基础设施指数(TII),由联合国教科文组织(UNESCO)提供的人力资源指数(HCI)和基于对联合国193个成员国在线服务的全面调查的在线服务的范围和质量指数(OSI)。在线服务的范围和质量调查数据是由联合国经济与社会事务部的监督下的一组研究员辛苦调查的结果。

联合国电子政务发展指数(EGDI)是衡量各国政府利用信息交流技术提供公共服务的意愿与能力的综合指数,这项指数有助于政府官员、政策制定者和研究者、公民代表以及私营部门等进一步了解一个国家利用电子政务提供以公众为中心的包容性、责任性服务的全球相对位置的比较基准。联合国电子政务发展指数基于对193个成员国网络实力的专业评估调查,对其国家网站及政府和具体部门为提供重要服务而应用的电子政务的政策和战略进行评估。调查选取全国门户网站进行评估,包括信息门户网站,服务门户网站或数据门户网站,或三者相结合的网站;同时也选取了诸如卫生部,教育部,社会福利部,劳动部,金融部和环境部门的网站进行评估。评估结果制成表格用一系列指标衡量一国是否已迈入信息社会,否则电子政务发展的努力将是相当有限的。

从 2001 年初次构建以来,电子政务发展指数(EGDI)的概念框架一直没有发生改变。纵观电子政务的发展历程,不同年份调查报告采用的方法框架基本保持不变,但与此同时,报告的内容却在不断调整来反映电子政务、通信基础设施、人力资本和在线服务等因素的变化。2004—2005 年的调查版本从国家对电子政务的意愿角度来衡量各国电子政务的发展。然而,2008 年版本则深刻认识到各国电子政务发展意愿并不能充分反映各国电子政务具体实施的需要,从而将各国电子政务发展实际情况作为评估的重点。2014 年报告指出,电子政务的目标不再以"电子政务成熟模型"为标准,而是在不断发展中以应对新出现的挑战,提高公共价值(UNDESA,2014)。

报告结尾将公布 2016 年调查数据,包括全球各国电子政务发展指数(EGDI)的相关数据(按首字母排列,排名不分先后),同时也将提供小岛屿发展中国家(SIDS),内陆发展中国家(内陆),最不发达国家(LDC)这些特殊的区域和国家的数据。本报告将提供在线服务的范围和质量指数(OSI)、通信基础设施指数(TII)和人力资本指数(HCI)的信息和评估因素,同时在数据表中提供电子参与指数(EPI)的信息。附录将提供关于《2016 年联合国电子政务调查报告》更为全面的信息数据。

附录二 数字政府发展大事件

中国

时间	数字政府大事件
2000年7月	《关于实施信息技术及产业发展战略的建议提纲》,提出在东莞市率先开展"一站式"电子政务试点,要求尽快探索一条符合广东实际的电子政务建设规范模式。
2004年2月	北京东城区首创万米单元网格的城市管理模式,力争建立一个天上有云(云计算中心)、地上有格(社会管理网格)、中间有网(互联网)的新型社会服务管理信息化支撑体系。
2004年9月	新疆乌鲁木齐政府在高新区、天山区、沙区等10个单位进行试点工作,网络线路联通之后实现与市政府的互联互通。
2005年1月	北京海淀区对外网上办公系统正式上线开通,向社会提供网上办公服务。
2005年1月	辽宁锦州"金保工程"启动,可实现每个街道、社区的"一台电脑、一根网线、一名计算机人员",建立网上交互平台。
2005年3月	广东佛山"e税通"电子纳税申报管理系统将"税、银、库、企一体化工程"进一步延伸到企业",实现四方联网。
2005年8月	杭州市上城区利用现代信息技术打造"5A"式社区服务新模式,通过"一册三网"聚集信息来实施。
2005年10月	武汉市政府本着"同城同网、互联共享"的思路推广网格化管理勾画数字武汉。
2005年12月	中国第一个保税港区——洋山保税港区正式启用,实施封闭化、信息化、集约化管理。
2006年1月	浙江省金华"数字政府——在线365"项目正式开通。
2006年3月	山东省青岛市正式将Apabi手写批示功能纳入其政府OA系统,从而使青岛率先成为将"手写批示"全面应用到电子公文管理的政府之一。
2007年9月	南宁市数字化城市综合管理与指挥系统正式运行,并与2008年5月通过国家验收,被授予"数字化城市管理试点城市"牌匾。
2008年1月	国家信息中心中经网承担建设并负责维护的"中国气候变化信息网"正式开通,标志着我国第一个气候变化政府网开始面向社会提供信息服务。
2008年4月	中国扶贫开发协会和中国致公党联合发起的中国首个国家级扶贫基地村——武夷山国家基地授牌仪式隆重举行。

续表

时间	数字政府大事件
2008年5月	"十一五"国家重大出版项目——《中国学术文献网络出版总库》建设取得突破性成果,以提供个性化信息服务为特点的"网上机构与个人数字图书馆"系统正式建成。
2008年6月	国内首家手机党报——12371手机党报在重庆大渡口区正式创刊发行,为在新形势下更好地教育、管理和服务广大党员开辟了新的途径。
2008年8月	湖南株洲建立全国首个反腐败网络平台,个体行为变成纪委的集体行为。
2009年2月	北京东城区检察院在审查批捕阶段推出了远程听取犯罪嫌疑人供述和辩解的创新举措,在北京检察系统尚属首例。
2009年3月	国家"十一五"科技支撑计划项目"军民协同共建医疗服务示范工程——厦门示范区"项目区全面启动。
2012年7月	浙江宁波两家法院在淘宝网上举行司法拍卖。这是全国首次有法院在网络上进行司法拍卖。
2012年12月	杭州开启"民生政务云"服务,是全面提高杭州城市信息化水平,建设智能化、信息化、网络化"智慧杭州"的重要举措。
2013年7月	厦门市海沧区社会治理网格化联动信息平台依托区、街道、村(居)三级联动体系,全面整合社区内的"人、事、地、物、组织"等各类数据,实施无缝隙、精细化管理。
2015年10月	广东佛山数据银行(佛山市公共数据资源共享平台)通过对数据的汇聚、管理、利用,解决政务数据互联互通的问题。
2015年11月	河南公安"互联网+"便民服务平台开通了户籍、身份证、出入境证照以及车辆入户、驾照等154种公安业务的查询、预约、办理。经过两次升级后成为全国最大的省级公安"互联网+警务"综合服务平台。
2015年11月	厦门市统一实名认证服务平台采取全程在线自动化认证方式,为市民提供"一个ID,一次登录,全市通行"的无障碍、跨部门的高效便民服务。
2016年1月	云端武汉官方App正式上线,并于3月份更新了统一身份认证平台。
2016年1月	宁波象山县推出"行政事项微信预审批"平台,与省统一行政权力运行系统实现数据共享,并实行网上并联审批。
2016年3月	东莞市政府依托作为全国商事制度改革先行点的坚实基础,在全国率先推行"全程电子化工商登记+网上审批中心"改革,建立全程电子化工商登记管理系统。
2016年3月	佛山禅城区积极借助云计算、大数据和信息化技术手段,构建区、镇街、社区、网格四级涵盖城市管理、社会管理和应急处置的社会治理综合云平台。
2016年5月	中国宁波App作为宁波市政府网站微门户,以"宁波政务,点点为你"为建设理念,为公众提供信息、服务资源。
2016年5月	宜昌市在探索实施登记注册全程电子化的进程中,建设全程电子化网上注册大厅,于5月10日正式上线运行,发放了全省第一份电子营业执照。

续 表

时间	数字政府大事件
2016年7月	镇海E乡是宁波市镇海区依托移动互联平台建设的全国首款面向流动人口的App平台,形成"互联共享型"流动人口工作模式,搭建"互联网＋流动人口"的新型管理服务工作平台。
2016年9月	舟山一卡通是"智慧舟山"的基础工程,通过建立1234的服务生态体系,集合舟山公用事业IC卡、社会保障卡、银行借记卡的主要性能,实现"一卡在手,出门无忧"的多卡合一。
2016年9月	广州琶洲政务客厅坚持建设"城市客厅"的先进理念,落实"一号申请、一窗受理、一网通办"工作要求,重点服务"一区一会"的建设和发展。
2016年9月	许昌"微警务"是河南省首家微信便民服务平台,依托PC端网上警局、App掌上警局,推出群众关注高需求大的36项公安便民业务,最大程度实现便民惠警。
2017年9月	《四川省加快推进"互联网＋政务服务"工作方案》建设全省统一的电子证照系统和电子证照库。
2016年10月	国家旅游局官方微博是集旅游政务信息与旅游资讯为一体的综合发布平台,纵向联合各省、市、自治区旅游委(局)官方微博,横向涉及旅游研究机构、涉旅企业等官方微博,最大程度服务广大游客,积极宣传中国旅游。
2016年10月	北仑审批服务微大厅是宁波市北仑区行政审批管理办公室主办的以"审批微服务"为主题的行政服务微信平台。
2016年10月	北京市残联充分实践"互联网＋"和大数据服务理念,积极探索创新残疾人"一大＋三通"服务新模式。
2016年10月	首都之窗微信平台是由首都之窗运行管理中心建立的、为公众提供政府办事服务的微信平台。
2016年10月	上海市用互联网思维,设立徐汇区企业直通车平台,打造全市统一的网上政务大厅"单一窗口"。
2016年10月	浙江省政务服务网建立全国第一个统一公共支付平台,逐步打通财政、执收单位、代收机构和收款银行四大系统。
2016年12月	武汉市硚口区智慧政务平台结合实际,按"3＋3"模式进行规划,打造"一号,一窗,一网,一袋"的政务服务模式。
2017年1月	武汉是国内首个试点"电子身份证"的城市。使用虚拟"电子身份证"的居民人数已突破40万。
2017年2月	贵阳市"筑民生"工程综合服务平台于2017年2月27日实现正式上线首发,实现"一窗受理、一站式服务"。
2017年2月	国脉首发"数据基因"产品,奠基政务大数据体系建设。
2017年5月	国务院办公厅关于印发政务信息系统整合共享实施方案的通知,加快推进政务信息系统整合共享。

续表

时间	数字政府大事件
2017年5月	浙江省《政务办事"最多跑一次"工作规范》正式发布实施,是全国首个"一窗受理、集成服务"省级地方标准。
2017年7月	南京市公安局玄武分局"滴滴警务"平台上线,通过"网约车"式报警和抢单模式,实现接处警的快速匹配。
2017年8月	全国首个"数字公民"试点在福州鼓楼启动,"数字公民"联合实验室同时揭牌。
2017年8月	全国首家互联网法院"杭州互联网法院"正式揭牌,开启网上法庭审判模式。
2017年9月	厦门"e政务"便民服务站全国首创"刷脸认证"和入驻24小时社区便利店新模式。
2017年9月	江西首条"智慧高速公路"——宁定高速公路试运行。
2017年9月	全国首个"eID"(网络电子身份标识)不动产登记应用项目在海南省海口市正式运行。
2017年9月	中国西部首个量子政务平台——昆明高新区量子政务网建成运行。
2017年9月	云南省委办公厅、省政府办公厅印发《关于进一步加强网上信访工作通知》,推行"阳光信访"新模式,打造网上信访新渠道。
2017年10月	三亚市中级人民法院和三亚市司法局合作的三亚"智慧法院电子送达平台"正式上线,成为全国首例文书微信送达小程序。
2017年10月	韶关市行政服务中心办事大厅升级改造完成,市级"一门式一网式"政务服务平台启用。
2017年10月	习近平在中国共产党第十九次全国代表大会上作了题为《决胜全面建成小康社会 夺取新时代中国特色社会主义伟大胜利》的报告。8次提及了互联网,数字中国,智慧社会的概念。
2017年11月	大连国税局自主研发的开放型出口退税服务管理系统"出口退税综合服务平台",将出口退税无纸化与"互联网+"有效衔接。
2017年11月	在武汉交通管理局打造全国第一个无人警局,武汉交警政务服务迈入AI时代。
2017年12月	佛山市数字政府管理局在市公交大厦揭牌,这是全省第一个经批复成立的以数字政府建设为主要职责的地级市政府工作部门。
2017年12月	青海省政务服务集约化平台28号正式启动运行,该平台包括在线咨询、意见征集、便民查询、网上信访等多方面服务。
2017年12月	厦门海沧区创新打造涵盖"智慧政务""智慧治理""智慧办公"三大板块的"慧政通"掌上政务,打造服务型智慧政府。
2017年12月	深圳市南山区充分运用"互联网+"手段,全力打造"亲清政企"综合服务平台。
2018年1月	北京市第四中级人民法院掌上智慧法院平台上线运行。
2018年1月	广东省佛山禅城区已率先实施了一门式、云平台、区块链政务应用的三大改革,正式推动数字政府改革创新建设。
2018年5月	奉化莼湖首创增值税改革政策——"政府靶向服务"模式正式实施,落实和深化"最多跑一次"改革。

新加坡

时间	数字政府大事件
2011年6月	新加坡政府发布了《新加坡电子政务总体规划(2011—2015)》(eGov2015),用以指导下一个阶段新加坡电子政务的建设和发展。eGov2015 的愿景是建立一个与国民互动、共同创新的合作型政府。即借助信息通信技术的力量创造一个政府、私营部门和公众共同努力,无缝融合的互动环境。
2014年年底	新加坡总理李显龙开始推动"智慧国家"政策。政府官员表示,该政策旨在通过科技提高政府的服务质量,让国民联系、沟通更方便,并鼓励民营企业创新。例如在政府管理的老人住宅中,民营企业可安装传感器,侦测老人是否长时间没有走动并通知家属,甚至能记录老人何时如厕。
2016年10月	新加坡成立政府科技局,以信息通信新技术引领政府部门的数字化变革,与其他机构合作推出一系列以公民为核心的新服务。
2017年3月	新加坡政府投资 840 万新元(约合 593 万美元)的网络安全实验室在新加坡国立大学成立,将为学术及产业相关人士的网络安全研究和测试提供支持。
2017年9月	新加坡政府成立数字能力工作小组,在新加坡迈向智慧国之际,确保人人都能受惠。

美国

时间	数字政府大事件
2000年9月	美国政府开通"第一政府"网站(WWW. Firstgov. gov),这个超大型电子网站,旨在加速政府对公民需要的反馈,减少中间工作环节,让美国公众能更快捷、更方便地了解政府,并能在同一个政府网站站点内完成竞标合同和向政府申请贷款的业务。
2002	布什政府颁布《电子政务法案》(E-Govertrment Act),目的在于"确保联邦各机构信息技术活动的有力领导,确保信息安全标准,设定综合性的电子政务框架,确保互联网和计算机资源广泛用于公共服务",这标志着美国电子政务步入了正轨。
2009年1月	美国联邦政府发布《透明开放政府备忘录》,提出建立透明、开放、合作政府。
2012年5月	美国《数字政府战略》发布,旨在为美国民众提供更优质的公共服务。
2015年2月	白宫成立网络威胁与情报整合中心(CTIIC),该机构将协调整合国土安全部、联邦调查局等多部门的情报力量,提高美国防范和应对网络攻击的能力。
2015年4月	美国总统奥巴马发布行政命令,宣布设立针对网络攻击的制裁制度。根据这一命令,美国政府相关部门将有权对通过恶意网络行为威胁美国利益的个人和实体实施制裁措施,包括冻结资产和限制入境等。
2016年12月	美国白宫发布了关于人工智能的报告——《人工智能、自动化与经济》(Artificial Intelligence, Automation, and the Economy)。在报告中,白宫阐述了人工智能发展带来生产效率的提升,自动化水平的进步。这些进步能给社会创造更多的价值,也会带来一些改变。例如一些工作会被机器取代,工人面临再就业等问题。
2017年5月	特朗普签署 13800 号总统行政令——《加强联邦网络和关键基础设施的网络安全》,其中内容之一就是要增强美国应对僵尸网络及其他自动化和分布式威胁的能力。